Christian Mahrt

Bratkartoffeln in Muckefuck

Wahre Erlebnisse und Begebenheiten

ihleo verlag

Bibliografische Information der Deutschen Nationalbibliothek

Die Deutsche Nationalbibliothek verzeichnet diese Publikation in der Deutschen Nationalbibliografie; detaillierte bibliografische Daten sind im Internet über http://dnb.d-nb.de abrufbar.

Impressum

2., erweiterte Auflage

Gesamtherstellung: ihleo verlag – Dr. Oliver Ihle,
Schlossgang 10, 25813 Husum
info@ihleo.de, www.ihleo-verlag.de

ISBN 978-3-96666-001-3

Für Volker und Carsten

Aus dem Inhalt

Entdecken Sie das Glück, in eine Geschichte einzutauchen und etwas von sich selbst darin wiederzufinden!

(Elke Heidenreich)

Ein Leben auf dem Lande

Paul Christian Mahrts Leben ist eine Quelle: Lokale Geschichte und soziale Verortung werden in ihr deutlich und anschaulich. Er ist in einer Lebenswelt aufgewachsen, die über Jahrhunderte gewachsen und beständig war – um festzustellen, dass sich in seiner Generation die alten Gewissheiten, die Regeln und Anforderungen radikal wandelten. Denn nicht einfach die Techniken der Landwirtschaft haben sich geändert, sondern mit ihnen das ganze Leben der Menschen auf dem Land. Landwirt zu sein, bedeutete stets mehr als nur Felder zu bestellen oder Nutztiere zu halten. Es bedeutete, Teil einer Gemeinschaft zu sein, Traditionen zu haben, Erwartungen zu erfüllen.

In der Beschreibung seiner Erlebnisse wird dies deutlich – und auch, dass dies keine Idylle war. Harte körperliche Arbeit, strenge Hierarchien, unabwendbare Pflichterfüllung prägten diese Welt und prägen sie teilweise sogar noch heute. Fragen nach den eigenen Bedürfnissen wurden früher nicht beantwortet. Aber auf der anderen Seite gab es auch diese selbstverständliche Hilfsbereitschaft und eine heutzutage oftmals schmerzlich vermisste Freiheit für Andersdenkende, für Abweichler von der Norm, für Querköpfe.

Die in diesem Werk gesammelten Erinnerungen erheben keinen Anspruch auf Allgemeingültigkeit, sind aber etwas sehr viel Wertvolleres: ein lebendiges, gelebtes Bild einer Biografie als Landwirt in Nordfriesland in den vergangen achtzig Jahren. Sie sind ein – ungemein unterhaltsames! – Zeitzeugnis, eine reiche Quelle.

Oliver Ihle

2019

Unser Leben währet siebzig Jahre,
und wenn's hoch kommt, so sind's achtzig Jahre,
und wenn's köstlich gewesen ist,
so ist es Mühe und Arbeit gewesen;
denn es fähret schnell dahin, als flögen wir davon
90. Psalm

Zum Geleit

Das Jahr 2007 war noch jung, sehr jung sogar. Es war Anfang Januar. Schon damals begann ich ernsthaft zu überlegen, meinen Lebensweg und meine Erlebnisse etwas umfangreicher als in einem allgemeinen Lebenslauf aufzuschreiben. Aus Ermangelung an Zeit, aber auch weil mir davor graute, dieses mit viel Arbeit und viel Nachsinnen verbundene Vorhaben in Angriff zu nehmen, schrieben wir inzwischen März 2015, als ich begann. Wie bei so vielen Dingen in meinem Leben liegen zwischen Überlegen und Verwirklichen häufig lange Zeiträume.

Ich war mir aber immer sicher, dass ich dieses Vorhaben eines Tages angehen würde, wohl auch, weil meine Christine mich immer wieder ermunterte, Erlebnisse und Begebenheiten aufzuschreiben, von denen ich ihr im Laufe unseres gemeinsamen Lebens beiläufig erzählt hatte. Jedenfalls *dann* würde ich eines Tages beginnen, wenn der liebe Gott mir die dazu nötige Zeit schenken würde. Aber auch die Chronik meiner Tante Auguste Friedrichsen-Ketelsen, die ich dankenswerterweise von meinem Cousin Erwin Friedrichsen erhielt, machte mir Mut, an die Arbeit zu gehen.

Obgleich ich in meinem Leben sicher nicht so viel Interessantes erlebt habe wie Millionen andere Menschen, die es nicht aufschreiben, möchte ich es dennoch gerne für meine Söhne tun. Allerdings gebe ich mich keinen Illusionen hin, dass sie meine Erinnerungen mit Begeisterung lesen werden – mit etwas Interesse vielleicht. Einige Begebenheiten sind lustig und von Schabernack gelenkt, andere stammen aus dem beruflichen Alltag und wären kaum des Erzählens wert, wenn sie nicht gleich ein Bild der Zeit widerspiegeln würden. Es geht um begangene Dummheiten aus meiner

Kindheit, meiner Schulzeit und um Begegnungen und Erlebnisse aus meinem späteren Beruf als Landwirt und als Rentner, die lange in Vergessenheit geraten waren. Nicht alle sind hochspannend oder hätten unbedingt festgehalten werden müssen. Dennoch: Sie haben mein Verhalten, meine Gesinnung und mein Denken geprägt.

Merkwürdig scheint mir, dass ich zumindest Teile meiner früheren Jahre deutlich wie eine weite Landschaft nach einem lang ersehnten Regen vor mir ausgebreitet sehe, so als seien sie gestern geschehen. Wohingegen Erlebnisse und Ereignisse, die zeitlich näher liegen, mir entfernter erscheinen. Letztere besitzen teilweise nur noch verschwommene Umrisse.

Beginn

Das Haus „Matthies Peters" und seine Bewohner

Das Haus, in dem ich geboren wurde, war lang gestreckt, niedrig und von einer dicken, tief hängenden Reetschicht bedeckt. Hier beginnt alles, auch die Erzählung der wahren Erlebnisse und Begebenheiten in diesem Buch.

Mein Geburtshaus ist ein im typisch friesischen Stil gebautes kombiniertes Wohn- und Wirtschaftsgebäude mit einem nach Norden im rechten Winkel angebauten Viehstall. Eine quer durch das Haus gezogene massive Wand trennte Wohnbereich und Stall voneinander. Der Dachboden wurde als Lagerraum für Getreide und Raufutter genutzt. In Längsrichtung des Stalles gab es einen etwa anderthalb Meter breiten Mistgang mit Mistkrippen an beiden Seiten. Der Stall war so schmal, dass es keine begehbaren Futtergänge gab. Die Tiere standen mit den Köpfen zu den Außenwänden, so dass alles Futter vom Mistgang aus zwischen zwei Tieren nach vorne zu ihren Mäulern getragen werden musste. Trotz vieler Unzulänglichkeiten des Stalles wurde das Tränkewasser schon in den Jahren meiner Kindheit mittels einer in der Loh an der Wand angebrachten kleinen elektrischen Kolbenpumpe aus einem südlich vor dem Haus liegenden Sod in einen Druckkessel gepumpt und aus diesem über Rohrleitungen morgens und abends durch die Futtertröge geleitet.

So unpraktisch der Stall für die Versorger der Tiere gewesen sein mag, es gab ein Heuloch – einen für uns Kinder hochinteressanten, aus Brettern gezimmerten, quadratischen Schacht. Durch ihn wurden Heu und Stroh vom Boden auf die Stalldiele hinabgeworfen, um von dort zu den

Tieren getragen zu werden. Als wir größer wurden und helfen konnten, war es jedes Mal ein Fest, wenn wir Futter nach unten schmeißen durften und jedem Haufen hinterherspringen konnten.

In Gedanken sehe ich mich als kleinen Jungen auf dem Mistgang stehen und meiner Oma Osten zusehen, wie sie, mit Kopftuch, Sackschürze und Holzschuhen bekleidet, einen Korb mit geschnitzelten Steckrüben tragend oder mit Heu und Stroh in den Armen zwischen den Tieren hindurchläuft und ihnen das Futter bringt. Ich sehe sie auch leibhaftig vor mir, wie sie auf einem Dreibockschemel sitzt und mit den Händen in einen Eimer melkt.

Unter der Decke, über dem Mistgang, verlief ein Draht. Daran hing für jedes Tier ein Ring, an den ein Tau geknotet war. Diese Taue waren in die langen Haare der Schwanzquasten eingeflochten, damit die Schwänze nicht mit Mist in Berührung kommen konnten.

Geburtshaus des Autors, Dorfstraße 57 in Drelsdorf

Der im rechten Winkel angebaute Stall ist, weil er zu unpraktisch geworden war, 1971 abgerissen worden. Inzwischen ist das Bauernhaus längst nicht mehr mit Reet, sondern mit Eternit gedeckt und in Besitz meines Cousins, Johannes Christian Friedrichsen, der dort jedoch keine Landwirtschaft mehr betreibt. Er ist der dritte Sohn meines Onkels Paul Heinrich Friedrichsen.

Ich erinnere mich an keine Toilette im Bauernhaus. Trotzdem wird es eine gegeben haben. Die notwendigen Geschäfte wurden im Stall verrichtet. Wir stellten oder setzten uns hinter die Tiere. 1938 ist dann im neuen Schuppen ein Plumpsklo gebaut worden. Allerdings ist es, zumindest anfangs, wenig genutzt worden. Die Macht der Gewohnheit? Es war aber auch so, dass die neue Toilette nun fünfzehn Meter vom Bauernhaus entfernt war. Alle scheuten diese Distanz, vor allem nachts, bei schlechtem Wetter und im Winter.

Aus der alten Drelsdorfer Chronik von Peter Feddersen geht hervor, dass Matthias Peter Friedrichsen, mein Ururgroßvater (1809–1888), ein Schwiegersohn von Paul Paulsen, dieses Haus 1846 auf dem Stävengrund am östlichen Ende des Dorfes, jetzt Dorfstraße 57, gebaut hat. Nach seinem Erbauer erhielt es den Namen „Matthies Peters". Wenn der Name fällt, weiß heute nach 169 Jahren noch jeder ältere Drelsdorfer, welches Haus gemeint ist.

Matthias Peter Friedrichsen (s. o.) hat das Haus an seinen Sohn Paul Heinrich Friedrichsen (19. Januar 1848–14. April 1937), meinen Urgroßvater mütterlicherseits, weitergegeben. Mein Cousin Erwin Friedrichsen, ein Urenkel von Paul Heinrich Friedrichsen, hat die von Sue Baker (eine durch Heirat entferntere Verwandte des Autors aus Rademakers) und Mary Ann Johnson (eine Cousine mütterlicherseits) in englischer Sprache verfasste Chronik über meine Großonkel in unsere Muttersprache übersetzt. Aus dieser Übersetzung wird hier sinngemäß zitiert: *Es war damals durchaus üblich, dass die jungen Eheleute mit seinen Eltern unter einem Dach lebten, abhängig davon, ob er die Stelle einmal erben würde. Der alte Vater behielt so lange die Kontrolle über den Bauernhof, die Finanzen und die Ersparnisse, wie er lebte, so dass die jungen Leute seinem Kommando gehorchen mussten. Andererseits halfen die Eltern bei den Aufgaben des Haushaltes und den Arbeiten im Garten und passten auf die Kinder auf. Erzählt wird nun aber, dass Paul Heinr. Friedrichsen, genannt Paul Ohm (auf Friesisch für „Großvater"), jedermann so ziemlich alle Arbeiten für sich machen ließ. An vielen Nachmittagen, wenn die jungen Leute am Arbeiten waren, wanderte er den kurzen Weg zum Hause seines Cousins Johann Rademacher, um dort mit ihm stundenlang zu sitzen und zu klönen, wobei sie Johanns Sohn Paul bei der Arbeit zuschauten.*

Üblicherweise wird der Älteste der Hofnachfolger. Der älteste Sohn Matthias Peter Friedrichsen (1875–1951) jedoch entschied sich anders. Er erlernte den Beruf des Zimmerers, trat 1896 in die Armee ein und wanderte 1902 in die USA aus. Noch im gleichen Jahr taten es ihm sein ein Jahr jüngerer Bruder Johann Friedrich Friedrichsen (Fritz, 1876–1970) und seine Schwester Anna Friedrichsen (1878–1941) nach. Auch Siegfried Friedrichsen (Sie, 1881–1975), sein dritter Sohn, machte sich auf nach Kalifornien. Während eines Besuches der ausgewanderten Söhne mit ihren Frauen im Jahre 1922 in Drelsdorf – inzwischen hatten alle bis auf Siegfried geheiratet –, konnte der jüngste Sohn Paul Heinrich (Heine, 1892–1979), der auf dem Hof lebte und dort die Arbeit machte, seine Verwandten aus den USA überreden, ihn und seine Verlobte Anna Sophia Friedrichsen aus Rademakers (1896–1975) mit nach drüben zu nehmen.

Paul Thomas Friedrichsen – mein Opa

Eine Arbeitskraft wurde für den Betrieb gebraucht. Hierfür griff der Alte auf seinen vierten Sohn, meinen Opa Paul Thomas Friedrichsen (24. Mai 1883–4. April 1937), zurück. Er war sein einziger männlicher Nachkomme – August, der jüngste Sohn (1887–1903), war als Jugendlicher gestorben –, der in Deutschland geblieben war. Mit seiner aus Ahrenshöft stammenden Frau Catharina Dorothea, geb. Lorenzen (1. November 1881–8. Juni 1962), und den vier gemeinsamen Kindern Anna Catharina Auguste, Johannes August, Paul Heinrich und Alma Dorothea – später wurde sie meine Mutter – hatte er bis dahin in Bredstedt am Marktplatz im Haus Nr. 1 gewohnt und in der örtlichen Zigarrenfabrik gearbeitet.

Hier wird aus E. Friedrichsens Übersetzung weiter zitiert: *Nach dem Umzug aus dem kleinstädtischen Bredstedt in das Bauernhaus in Drelsdorf mussten die Eltern und Kinder lernen, wie man Vieh hielt und das Land bearbeitete. Alles unter dem Kommando des Altbauern Paul Ohm, der alleiniger Besitzer war und bis zu seinem Tode blieb und der genau kontrollierte, wofür Geld ausgegeben wurde.* (Anmerkung des Autors: Kleine Betriebe, große Familien, da wird es sicher nicht viel zu verteilen gegeben haben.) *Dies war typisch für diesen Berufsstand in dieser Gegend, in dem alle Dinge in patriarchalischer Weise geregelt wurden. Es begann für die einem städtischen Haushalt entrissene Familie, auch wegen der räumlichen Enge, eine sehr harte, karge Zeit. Paul Ohm war kein warmherziger Mensch. Er galt als grob und herrisch, egoistisch und knauserig, als Besserwisser und Phrasendrescher, eine gestrenge Autoritätsperson und Pedant. Dabei mochte er selbst kaum eine Hand rühren. Seiner Meinung nach waren Frauen und Kinder zum Arbeiten da und hatten auf diese Weise dafür zu sorgen, dass er ein gemütliches Leben hatte.*

Ihren Vater – meinen Opa – schilderte Mutter als einen wunderbaren, stillen Menschen, voller Güte und Bescheidenheit, der sich selbst kaum die Butter auf dem Brot gönnte. Leider kann ich mich nicht an ihn erinnern, da er schon 1937 starb. Er war leichtsinnig gewesen und ohne Regenkleidung auf die Jagd gegangen und völlig durchnässt – *he weer klöternatt* – nach Hause gekommen. Das hatte zur Folge, dass er sich zunächst eine Erkältung zuzog. Als Bauer, der seine Arbeiten verrichten musste, konnte er sich keine Erholung gönnen. So artete die Erkältung in eine Lungenentzündung aus, an der er am 4. April 1937 unter fürchterlichen Qualen starb. Sein röchelndes Keuchen soll durch das ganze Haus zu hören gewesen sein. Besitzer der Bauernstelle ist er nie geworden. Er starb 54-jährig, zehn Tage vor seinem Vater.

Es erscheint widersprüchlich, dass mein Opa, trotz seiner Güte und menschlichen Wärme, ein leidenschaftlicher Jäger war. Obgleich auf dem Betrieb viel Arbeit auf ihn wartete, nahm er sich häufig die Zeit, auf die Jagd zu gehen oder das Wild vom Ansitz aus zu beobachten und auch zu schießen, wenn sich die Gelegenheit ergab. Wenn jedoch ein Stück krankgeschossenes Wild abgenickt und aus der Decke geschlagen werden musste, was unvermeidlich war, hatte er Skrupel. Aber es musste getan werden und so kam denn doch das eine oder andere Stück Wildbret mit nach Hause. Die Jagd, mit all ihren Facetten, war an geselligen Abenden für ihn und seine Kollegen ein unerschöpfliches Thema, das oft zu stundenlangen Debatten oder manchmal sogar zu hitzigen Disputen führte.

Ich erinnere mich natürlich nicht, aber Mutter erzählte, dass mein Opa über mich gesagt haben soll: „De dore Jung will ik nie wedder missen.“ (Diesen Jungen will ich nie wieder hergeben.) Seit Mutters Erzählungen, ich sei ein Kind gewesen,

Opa Paul Th. Friedrichsen mit Wildbret

das häufig geweint haben soll – ich war wohl das, was man heute ein anstrengendes Kind nennen würde –, verwundert mich das. Aber das spricht vielleicht auch für seine Güte und Ruhe ausstrahlende Geduld. Während seiner schweren Krankheit lag er im Pesel im Bett und ich, zwei Jahre und vier Monate alt, durfte nicht zu ihm. Immer wieder soll ich auf dem Fußboden mit dem Ohr am Türspalt zum Pesel gelegen und seinem röchelnden Atem gelauscht haben.

Nachdem Opa gestorben war, war es für mich das Schönste, bei meiner Oma schlafen zu dürfen, wenn ich in Drelsdorf war. Sie ließ dann ihre Zähne in ein auf dem Nachtschrank stehendes Glas mit Wasser fallen und wir krochen gemeinsam in das breite Sprungfederbett mit dem dicken, mit schweren Entenfedern gefüllten Unterbett und der etwas leichteren Bettdecke. Bei Oma schlafen zu dürfen hatte den Vorteil für mich mit meiner Konfirmandenblase, dass sie Wert darauf legte, dass immer ein Nachttopf unter dem Bett stand.

Paul Heinrich Friedrichsen und Familie

Nun wurde für den kleinen Hof erneut eine Arbeitskraft gebraucht. Dieses Mal sprang mein Onkel Paul Heinrich Friedrichsen, der zweite Sohn des verstorbenen Paul Thomas Friedrichsen, in die Bresche und wurde dann auch Besitzer. Als gelernter Zimmerer hatte er eine ganz andere Lebensplanung gehabt, hat aber trotzdem den Hof fachmännisch und fleißig geführt und erweitert.

Er heiratete am 20. Mai 1938 die aus Hoxtrup stammende Anna Margarethe Thomsen, genannt Grete. Ihre Eltern sorgten für eine überaus üppige Mitgift. Dazu gehörten u. a. zwei Wiesen in der westlich von Hoxtrup gelegenen Gemarkung. Die eine wurde zur Gräsung[1] von Jungvieh genutzt, die andere, um Heu zu ernten. Es wurde ein großer, teilweise massiver Schuppen mit Schrot- und Häckselkammer für Schweine und Pferde, mit einem Vierkant für Maschinen und aufgedrempeltem Bansenraum gebaut.

Die ganze Familie war äußerst musikalisch. Tante Grete hatte eine Zither mit in die Ehe gebracht, die sie mitunter von der Wand nahm, wenn wir dort waren, und auf der sie bekannte Volkslieder spielte, die wir mitsingen konnten. Drei von meinen Cousins können hervorragend mit ihren Blasinstrumenten umgehen und spielen seit Jahrzehnten in dem örtlichen Feuerwehrmusikzug und im Posaunenchor.

Wegen der beengten Lage im Dorf erhielt Paul Heinrich 1962 im Rahmen der Flurbereinigung einen Aussiedlerhof östlich des Dorfes, den er bis 1971 bewirtschaftete, um ihn dann an seinen ältesten Sohn Paul Matthias (30.9.1938–7.2.2007) weiterzugeben. Inzwischen wird dieser Hof in dritter Generation von dessen Sohn Matthias bewirtschaftet, der ihn umsichtig und mit fleißiger Hand weiter wachsen lässt.

Meine Mutter mochte sich schon mal spitz über ihren wenige Jahre älteren Bruder äußern. Als junger Mann soll er oft vor dem Spiegel gestanden haben, wo er sich endlos lange kämmte, bevor er zu einem Rendezvous zu seiner Grete nach Hoxtrup fuhr. Eine ganz große Geschwisterliebe scheint es zwischen den beiden nicht gewesen zu sein. Als meine Mutter starb – da lebte seine Grete schon seit einer Reihe von Jahren in einem Pflegeheim in Bredstedt und Paul Heinrich wohnte gemeinsam mit seinem Sohn Johannes in „Matthies Peters“ –, fragte Johannes ihn zwecks der Formulierung eines Trauerbriefes, ob er „meine liebe Schwester“ schreiben solle. „Nee, dat ‚liebe‘ laat man wech!“, soll er geantwortet haben.

Das passt genau zu meinen Beobachtungen. Seit Vaters Tod war ich häufig Mutters Chauffeur. Sie hatte genau wie ich immer wieder Heimweh nach ihrer alten Heimat und ihren Menschen. Wenn wir in Drelsdorf waren, gehörte es zum Ritual, bei ihrem Bruder reinzuschauen. Bei diesen Zusammentreffen spürte ich immer wieder eine leichte, unterschwellige Feindseligkeit, zumindest aber eine kühle, knisternde Gereiztheit. Ich möchte nicht so weit gehen und behaupten, sie hätten sich wegen meiner Anwesenheit etwas gebremst, aber für möglich halte ich das durchaus. Nach meinem Gefühl war das Verhältnis der beiden zueinander so etwa wie zwischen Hund und Katze, die sich wechselseitig misstrauisch belauern und beobachten, steifbeinig und mit aufgerichteten Rückenhaaren, aber es aus Respekt vor dem jeweils anderen nicht wagen, sich zu nahe zu kommen.

Vaters Lehrjahre

Vater, Sönke Peter Mahrt (27. Januar 1911–7. Februar 1967), hatte nach seinem Schulabschluss der mittleren Reife eine Banklehre begonnen, sie jedoch vor Ende der dreijährigen Lehrzeit abgebrochen, weil er das Sitzen nicht aushalten konnte. Er hatte kein „Sitzfleisch". Ihn juckte beim langen Sitzen der Hintern, so Mutters Version. Erst im vorigen Jahr habe ich erfahren, dass der wirkliche Grund doch wohl ein ganz anderer gewesen sein soll. Er hatte in einem Nachbarort ein Mädchen kennengelernt, das einen landwirtschaftlichen Betrieb erben sollte. Er hat die Chance gesehen, einheiraten zu können. Vaters Vater, mein Opa, soll sich über den Abbruch der Lehre fürchterlich aufgeregt und rumgebrüllt haben. Und die Sache mit dem Einheiraten hat sich, aus mir nicht bekannten Gründen, zerschlagen.

Vater hat dann trotzdem seinem Vater in der Landwirtschaft und den Mühlenbetrieben geholfen. Er erzählte, wenn er auf Turnschuhen laufend Säcke mit 150 bis 200 Pfund[2] Schrot oder Getreide auf dem Rücken über eine Leiter zum Boden tragen musste, hätte er schreien können, so schmerzten die Füße wegen der ungeeigneten Schuhe mit den zu dünnen Sohlen, die die Füße zu wenig stützten.

Pioniere für den Koog

Im Frühjahr 1937, als ich fünfviertel Jahre alt war, zogen meine Eltern mit mir von Drelsdorf nach Eiderstedt in den Horst-Wessel-Koog, der 1945 in Norder-Hever-Koog umbenannt wurde. Sie hatten hier eine landwirtschaftliche Siedlungsstelle mit gut 35 Demat[3] Land zugesprochen bekommen.

Vater auf seinem Fahr-Haspelbinder 1937

Weil das Siedlungsgebäude noch nicht bewohnbar war, wohnten meine Eltern und ich gemeinsam mit der Nachbarsfamilie und deren Sohn im behelfsmäßig eingerichteten Werkschuppen der abgerückten Deichbauarbeiter, der auf dem Nachbargrundstück stand. Für beide Familien wurden an *einem* Herd die gleichen Gerichte gekocht. Die Geschmäcker der aus Hochfeld im Kreis Norder-Dithmarschen und aus Drelsdorf im Kreis Husum stammenden Familien unter einen Hut zu bekommen, gestaltete sich schwierig. Die Dithmarscher aßen z. B. jeden Freitag Erbsensuppe, sie liebten harte Mehlklöße – mit denen man Fensterscheiben einschmeißen konnte – zur Buttermilchsuppe. Genauso gerne mochten sie Bundmehlbeutel, ein fest in ein Tuch eingebundener Mehlteig mit Eiern und Grieß, der in Wasser gekocht wird. Die Drelsdorfer hingegen bevorzugten weiche Grießklöße oder in einer speziellen Metallform in einem Wasserbad gar gekochten Mehlbeutel. So mussten in dieser einige Monate währenden Übergangszeit mal die einen, dann die anderen Kompromisse eingehen.

Dieser Schuppen wurde noch bis Ende der 1950er-Jahre als gemeinsamer Unterstand für Maschinen genutzt. Als unser Nachbar dann an dieser Stelle einen kombinierten Maschinenschuppen und Schweinestall plante, wurde er in zwei Hälften geteilt und der eine Teil als Sonnenschutz für Sauen auf unserer Kälberfenne abgestellt, wo er dann doch allmählich verfallend noch bis in die 1970er Jahre seinen Zweck erfüllte.

Meine Eltern bezogen im Spätsommer ein nur im Rohbau fertiggestelltes, kombiniertes Wohn- und Wirtschaftsgebäude. Nur im geplanten Schlafzimmer waren bereits Dielenbretter gelegt. Gerade wurden schwere gusseiserne Heizkörper montiert. Einer lehnte im Schlafzimmer lose an

Suhlende Sau unter den Resten des Werkschuppens, etwa 1970. Im Hintergrund der mobile Hühnerstall

der Wand. Als ich ihn berührte, kippte er um und hinterließ tiefe Kerben in den Dielenbrettern, die auch heute nach 79 Jahren noch sichtbar sind. Da fiel Mutter aber doch ein Stein vom Herzen; denn der Heizkörper hätte auch ihren kleinen Hosenscheißer unter sich begraben können. Meine Neugier machte ihr zu schaffen, ich hatte meine Finger überall, musste alles anfassen.

Mein Onkel August

Vater, Onkel August und Peter Brodersen

Hier sei noch eine kleine Begebenheit aus meiner frühesten Kindheit erzählt: Bewunderung empfinde ich für meinen großartigen Onkel, Vaters jüngsten Bruder, August Mahrt, Petersburg-Mühle. Im Sommer 1937 oder 1938 radelte er von Drelsdorf in den Horst-Wessel-Koog, um seinen Bruder und seine Schwägerin zu besuchen. Als ich wegen Heimwehs nach meiner Oma und Drelsdorf nicht aufhörte zu quengeln, wurde kurzerhand ein Kindersitz über den Fahrradlenker gehängt und der Junge hineingesetzt. Nach über fünfzig Kilometern Fahrt lieferte er mich, der inzwischen längst eingeschlafen war, in „Matthies Peters" ab. Diese kleine Geschichte gab er zum Besten, als er mich zu seinem achtzigsten Geburtstag eingeladen hatte, und meinte scherzhaft, dass ich ihm für den Transfer doch eigentlich noch etwas schulde.

Weltweit beste Böden

Zu allen Siedlungs- und den beiden Handwerksbetrieben im Koog gehörte ein unterirdisches Wasserbassin direkt vor dem Haus, in das durch Rohre Regenwasser vom Pfannendach des Hauses geleitet wurde. Von diesem Wasser speiste sich die Schwengelpumpe für Brauchwasser über dem Ausguss in der Waschküche. Obgleich jeden Sommer das Bassin geleert und gereinigt wurde, vermehrten sich darin in den Sommermonaten Wasserläuse. Anfangs waren es wenige, nach kurzer Zeit jedoch wimmelte das Wasser von Läusen. Damit sie nicht in Speisen, Getränke und Waschwasser gerieten, wurde ein Seidenstrumpf als Filter vor den Auslauf der Pumpe gehängt, der dann regelmäßig geleert und gereinigt werden musste. Das Ganze war eine äußerst unhygienische Angelegenheit, weil die Exkremente der Läuse durch den Siebvorgang zu so feinen Partikeln wurden, dass sie sich nicht abfiltern ließen. Ich erinnere mich trotzdem nicht, dass jemals jemand durch dieses dreckige Wasser krank geworden ist. Das lag vermutlich daran, dass immer die Grundregel befolgt wurde, Trinkwasser abzukochen.

Der größte Teil des Kooges war der Nordsee schon 1896 bis 1898 nach dem Motto „Gott schuf das Meer, der Friese die Deiche“ mittels eines Sommerdeiches abgerungen worden. Ein Sommerdeich ist ein niedriger Deich, der das eingedeichte Gelände nur gegen kleinere Hochwasser schützt, so dass die Möglichkeit besteht, es als Grünland zum Gräsen von Schafen, Rindern und Pferden zu nutzen. Schon bei leichten Sturmfluten können Sommerdeiche überspült werden. Von einigen mutigen Binnenländer Bauern, den sogenannten *Randsiedlern*, wurde das Land des Sommerkoogs dennoch teilweise als Ackerland für Sommerungen genutzt.

Nach längerer Planungsphase wurde 1935–1937 streckenweise mit einer Erhöhung des vorhandenen Sommerdeiches zu einem 7,50 Meter hohen, wehrhaften Seedeich begonnen. Dort, wo das Vorland hoch genug aufgeschlickt und somit reif für eine Bewirtschaftung war, wurde der Sommerdeich jedoch eingeebnet und ein neuer Deich weiter nördlich auf dem Vorland gebaut.

So entstand ein 1244 Demat großer Koog, dessen Böden sich wegen ihrer guten Wasserdurchlässigkeit, aber auch wegen ihrer in Trockenzeiten guten Wasserhaltigkeit sowie ihres hohen Bindungsvermögens für Pflanzennährstoffe hervorragend für Ackerbau und Grünlandwirtschaft eigneten. Ein Koog mit jungfräulichen, weltweit besten Böden, in dem 1937 in der ersten Bauphase 31 landwirtschaftliche Betriebe mit kombinierten Wohn- und Wirtschaftsgebäuden errichtet wurden. Je nach Interesse und Liquidität der Siedler bekamen sie Flächen von gerundet 4 bis 60 Demat je Betrieb zugeteilt. Auch zu den beiden gewerbetreibenden Betrieben, Bäckerei und Schmiede, gehörten jeweils ein kleiner Stall und einige Demat Land.

Es waren kleine Klitschen. Und schon sehr bald stellte sich heraus, dass die 35 Demat, die meinen Eltern zugeteilt worden waren, für die Familie, selbst für einen bescheidenen Lebensstandard, nicht ausreichten. Erst nachdem Flächen im Binnenland, und zwar in Osterhever, Westerhever, Poppenbüll, Friedrichstadt und dem Alt-Augusten-Koog, gepachtet wurden und wir den Betrieb übernommen hatten, ernährten sie zwei Familien mit Kindern und Personal. Ohne große Sprünge zwar, sicher, aber was gebraucht wurde und was wir haben wollten, konnten wir bezahlen.

1938 dann, am 2. Oktober, einem Erntedanksonntag, erfolgte die feierliche Einweihung des Horst-Wessel-Kooges mit Ehrengästen und viel angereister politischer Prominenz. Unter großer Beteiligung der hiesigen Bevölkerung wurden hehre Reden gehalten und mahnende Worte über Pflichten der Siedler und ihrer Familien gegenüber Führer, Volk und Reich gesprochen. Aus der Perspektive des Fotografen vermittelt der neue, baumlose Koog, mit seinen in die Landschaft eingesprenkelten Gehöften, einen Eindruck von erhabener Weite und Harmonie.

Einweihungsfeier: Die beiden Töchter des Gemüsehändlers Hinrich Schade aus Garding in ihren Trachten

Trotz vieler Unannehmlichkeiten war es meinen Eltern wichtig gewesen, frühzeitig in den Koog umzuziehen; denn viel Arbeit wartete auf sie. Bis auf eine Fläche von fünf Demat und einen kleinen Streifen, der wegen des Straßenbaus abgetrennt worden war und als Weide für drei Pferde und vier Kühe und zum Mähen für etwas Heu genutzt wurde, mussten die bisher als Grünland genutzten Flächen, die nun als Ackerland genutzt werden sollten, dräniert und mit dem Greed-Pflug[4] umgebrochen werden. Meine Eltern mussten mit der Saatbettbereitung und dem Säen beginnen. Zäune mussten gezogen und Bäume als Windschutz gepflanzt werden, usw.

Vater war gebürtiger Drelsdorfer, also ein Junge von der Geest, wo der Wind wegen des dichteren Bewuchses mit Bäumen und der entfernteren Lage zur See nie so heftig weht wie in der flachen, direkt an der See liegenden Marsch. Oft habe ich ihn laut zu sich selbst sagen hören: „De dore verfluchte Wind!", wenn der ihm wieder mal die Mütze vom Kopf geweht hatte, wenn er um die Hausecke lief. Obgleich Vater schon in den ersten Jahren rund um den Hof viele Bäume als Windschutz gepflanzt hatte, bremsten sie Winde ab Herbst, nach Verlust der Blätter, nur mäßig ab.

Ob der nachfolgend erzählte Streich nun schon im Sommer 1938 oder ein Jahr später erfolgte, weiß ich nicht. Jedenfalls ist noch immer ein größerer, grün-weißer Ölfarbenfleck als Zeichen kindlicher Unschuld an den Verblendern des Hauses im Koog zu sehen. Es ist ein apartes Kunstwerk, das mein Bruder und ich fabrizierten, als wir zwei oder drei Jahre alt waren. Jens Preußler, genannt Jens Pinsel, hatte von meinen Eltern den Auftrag erhalten, die Küchenfenster von außen zu streichen, die Zargen wie damals üblich grün, die Rahmen weiß. Ein Pinsel darf nicht ruhen, so oder ähnlich werden wir gedacht haben, als er ihn niederlegte und in die Küche ging, weil Mutter ihn zum Frühstück gerufen hatte. Alle Versuche, den Fleck im Laufe der Jahrzehnte zu entfernen, scheiterten, so dass er noch im Jahr 2017 das Ziel der Augen aller ist, die den Bewohnern des Hauses einen Besuch abstatten.

Wer recht in Freuden wandern will …

Mutters Vater war kurz vor unserem Umzug nach Eiderstedt gestorben. Es war durchaus üblich, ein Trauerjahr einzuhalten, in dem man dunkle Kleidung trug und keine fröhlichen Feste feierte oder Tanzveranstaltungen besuchte, wenn, wie in Mutters Fall, der Vater gestorben war. Es war jedoch schwer, diese Regeln einzuhalten. Man wurde zu Richtfesten eingeladen, Kinder- und Erntedankfeste wurden gefeiert. Die Leute waren jung und so vergaßen sie ungeschriebene Regeln, wenn sie störten. Die strenge Mutter und Drelsdorf waren weit. Als meine Eltern eines Morgens nach einer Richtfeier bei Ernst Lohff mit anderen Nachbarn der über dem Horizont aufsteigenden Sonne entgegenliefen – über zwei Kilometer waren zu laufen – und nach Hause strebten, sangen sie u. a. gemeinsam das Lied:

Wer recht in Freuden wandern will, der geht der Sonn entgegen.
Da ist der Wald so kirchenstill, kein Lüftchen mag sich regen.
Noch sind nicht die Lerchen wach, und im hohen Gras der Bach
singt leise den Morgensegen.
Die ganze Welt ist wie ein Buch, darin uns aufgeschrieben
in bunten Zeilen manch ein Spruch, wie Gott uns treu geblieben;
Wald und Blumen, nah und fern, und der helle Morgenstern
sind Zeugen von seinem Lieben.
Und plötzlich lässt die Nachtigall im Busch ihr Lied erklingen;
im Berg und Tal erwacht der Schall und will sich aufwärts schwingen,
und der Morgenröte Schein stimmt in lichter Glut mit ein:
Lasst uns dem Herrn lobsingen.

(Worte: Emanuel Geibel, Weise: Franz Gustav Klauer)

Drelsdorf, mein Heimatort

Die Welt, die fremde, lohnt die Kränkung,
was sich umwerbend ihr gesellt.
Das Haus, die Heimat, die Beschränkung,
die sind das Glück und sind die Welt.

(Theodor Fontane)

Nur langsam gewöhnte ich mich im Laufe der Jahre an die spröde, flache, anfangs baumlose Stille des Kooges. Aber die weiche Schönheit der leicht hügeligen Landschaft mit Hohlwegen und Knicks und vor allem die Gerüche meines Geburtsortes habe ich dort nie gefunden.

Einen Teil der großen Ferien verbrachte ich in Drelsdorf. Hier liegen meine Wurzeln und so ist dieses kleine Dorf mit Oma und dem Haus „Matthies Peters" in meinem tiefsten Herzen der Inbegriff von wirklicher Heimat geblieben und der noch heute für mich am stärksten emotional besetzte Ort. Meine frühesten Kindheitserinnerungen an dieses Dorf sind u. a. der Qualm des in den Herden und Öfen verbrannten Holzes oder Torfs, der aus den Schornsteinen stieg, sich niederschlug, sich im ganzen Ort verbreitete und beim Atmen anheimelnd in meine Nase zog. Den Geruch von Sand, Laub, von Humus und Erde verbinde ich mit Besuchen der Familie meines Onkels Paul Heinrich, meiner Tante Grete und den Cousins in dem damals noch reetgedeckten Haus „Matthies Peters", wo auch meine Oma Osten wohnte. Meine Zuneigung und Verehrung für die liebevolle, fürsorgliche Frau waren grenzenlos. Bis heute sind diese Kindheitserinnerungen am stärksten bei mir ausgeprägt.

Das waren Ferien, wie ich sie mochte. Da war Leben auf dem Hof. Mit der kleinen Gummikarre haben wir Sand für die Sandkiste herangekarrt. Am Ochsendrift gab es Himbeeren zu ernten. Eben außerhalb Drelsdorfs gibt es ein kleines Tannengehölz, Burlax genannt. Weil es schnell zu Fuß zu erreichen war, machten wir es häufig zu unserem Spielplatz. Als Mutprobe kletterten wir in einer Tanne hoch, sprangen zur Seite und ließen uns, abgebremst durch die Zweige der dicht zusammenstehenden Bäume, fallen.

Nur schwer kann ich es beschreiben: Für mich ist Drelsdorf Heimatort, Elternhaus und Kindheitsdorf zugleich geblieben. „Und seien es kahle Felsen und öde Inseln und wohnen Armut und Mühe dort bei dir, du musst das Land ewig lieb haben." So schreibt es Ernst Moritz Arndt. Ich habe die Wahrheit seiner Worte schon früh erfahren müssen. In der Fremde erst fühlte ich unter bitteren Heimwehtränen, was Elternhaus und Heimat wirklich bedeuten. Denn das Heimweh nach meinem alten Heimatort und meiner Oma Osten blieb lange und ist sogar heute noch gelegentlich präsent, vor allem die Erinnerung an das verlorene Paradies meiner Kinderjahre.

Das Erbe

Ein Teil von Vaters Abfindung als weichendem Erben stand noch aus. Sein Vater war durch Heirat auch Besitzer der Petersburger Mühle geworden und plötzlich verstorben. Es mag Anfang der 40er Jahre gewesen sein, als zwei meiner Cousins, Söhne von Joh. Chr. Mahrt aus Drelsdorf, mit einem schweren, eisenbereiften Ackerwagen mit zwei davorgespannten Schleswiger Pferden auf den Hof im Horst-Wessel-Koog gefahren kamen. Das Gespann war für Vater die von ihm wiederholt angemahnte einzige Mitgift seiner Eltern. Fünfzig Kilometer mit Pferden und Wagen zu fahren, hatte seine Zeit gedauert. Es war Abend geworden und so wurde beschlossen, die beiden Jungen bei uns übernachten zu lassen. Da es keine Betten für sie gab, bereitete Mutter in der Wohnstube ein Lager direkt unter einer schmucken Blumenampel aus Porzellan, die an drei feingliedrigen Ketten von der Decke hing. Am nächsten Morgen lag sie zersplittert am Boden. Merkwürdig war, dass beide behaupteten, sie nicht berührt zu haben.

Für die Heimreise liefen sie dann zu Fuß zur zwei Kilometer entfernten Busstation nach Osterhever. Von hier fuhren sie mit dem *Tourenauto*, so nannte meine Oma Osten den Bus, nach Husum. Dort mussten sie bei Dragseths Gasthof in das Tourenauto nach Drelsdorf umsteigen. Es war die gleiche Route, die wir nahmen, wenn wir nach Drelsdorf wollten.

Familie Mahrt

Als uns eines Nachmittags Vaters ältester und sein jüngster Bruder besuchten, wurden sie natürlich zum Abendessen eingeladen. Noch haarscharf sehe ich meinen Onkel August auf Vaters Platz am oberen Ende des Tisches sitzen. Die rechte Faust in die Hüfte gestemmt, mit der linken Hand die Gabel mit weit über die Brotschnitte hängendem Schinken zum Mund führend, höre ich ihn sagen: „Mensch, Tante Alma, wat schmeckt mi dat fein bi di.“ (Mensch, Tante Alma, es schmeckt mir prima bei dir.) Zu solchen Anlässen gab es nur vom Besten aus Speisekammer, Keller und Küche. Schon als kleiner Junge fand ich es merkwürdig, dass meine Onkel väterlicherseits meine Mutter, also ihre Schwägerin, immer mit *Tante Alma* anredeten. Selbst als sie alte Männer waren, hielten sie an dieser Anrede fest.

Mutter bediente uns und ich glaube, sie war glücklich in diesem Moment. Sie freute sich, wenn es ihren Gästen schmeckte. Ja, gut und reichlich essen mochten und konnten alle Mahrts, bis auf Oma Mahrt (28. Juni 1873–14. Januar 1962). Sie war seit Kindesbeinen an schwer magenleidend und war entsprechend nur eine kleine Handvoll Mensch. Trotzdem bekam sie neun Kinder und wurde 89 Jahre alt. Aber ein schönes Leben wird es nicht gewesen sein. Neun Kinder – von denen allerdings das Jüngste mit knapp drei Jahren starb – und täglich saßen zwischen fünfzehn und zwanzig Leute am Tisch, bei selten ausreichender Unterstützung im Haushalt. Sehr früh wurde sie schwerhörig. So erinnere ich mich, dass sie stets teilnahmslos lächelnd, fast apathisch und kaum kommunizierend auf dem Sofa saß, wenn wir sie mit unseren Eltern an ihren Geburtstagen besuchten. Wegen ihres geschädigten Gehörs verstand sie nichts von dem, was geredet wurde. Es sei denn, sie wurde direkt angesprochen.

Margarethe Dorothea Mahrt

Gut in Erinnerung ist mir noch eine kleine Erzählung Vaters. Eines Tages saß die große Familie gemeinsam mit dem Personal von Mühle und Landwirtschaft bei Mahrts in Drelsdorf im Flur am langen Tisch. Er erzählte auch, dass es längst nicht alle Tage genügend Sitzplätze gab und einige Kinder oft im Stehen essen mussten. Oma Mahrt hatte Buttermilchsuppe mit Klößen aufgetischt. Nun verabredeten fünf Brüder ein Wettessen. Mein Onkel Georg, der drittjüngste der sieben Söhne, soll bei dieser Wette den Vogel abgeschossen haben. Er verputzte 33 Grießklöße.

Vater und Mutter führten ein offenes Haus. Für die Gäste nur das Beste. So besuchte uns im Koog auch gerne Mutters Bruder von der Landstelle „Matthies Peters“ in Drelsdorf mit seiner Frau, meiner Tante Grete. Aber statt auf dem Fahrrad oder mit dem Bus reisten sie mit der Pferdekutsche an. Als sie uns irgendwann in den Sommerferien besuchten und ich einen Teil meiner Ferien dort verbringen durfte, bin ich abends auf meinem Rad neben oder hinter der Kutsche mit ihnen nach Drelsdorf gefahren.

Oma Osten

Weil sie am östlichen Ende des lang gestreckten Ortes wohnte, nannten wir unsere Oma mütterlicherseits Oma Osten. Ich habe sie als kleine, rundliche Frau mit schaukelndem Gang in Erinnerung. Eigentlich war alles an ihr rund. Der Hintern, die Hüften, der Kopf, die Nase, der graue Haardutt. Sogar hinter dem linken Ohr hatte sie eine dicke, runde Beule. Die hatte ich übrigens auch, vielleicht geerbt? – Ich ließ sie mir später wegoperieren. Das hatte der Chirurg zwar rasch erledigt, er hatte jedoch schludrig gearbeitet. Seit der Operation liegt das Ohr dichter am Kopf als das andere. – Bis auf abends im weißen Nachthemd erinnere ich mich sie nur in schwarzen Wollstrümpfen, langem schwarzen Kleid und einer schwarzen Schürze mit gräulich eingesprenkelten Mustern gesehen zu haben. Außer bei Außenarbeiten, da fehlte nie die standesübliche Sackschürze. Oma Ostens linke Hüfte war erheblich dicker als die rechte. Sie hat in ihrem Leben viel zu hart arbeiten müssen. Sie konnte kein Rad fahren. Ob es der Weg zur Kirche, zum Kaufmann, zum Bäcker oder zum Melken war, alles musste zu Fuß abgetippelt werden. Dabei waren die Hände nie leer, fast immer war Oma Lastesel, immer gab es etwas zu tragen. Wenn sie uns bei Tisch die Essenschüssel reichte, musste sie ihren Ellenbogen auf der Hüfte abstützen. Die Schultern waren völlig verschlissen. Was ich im Nachhinein nicht verstehe, ist, dass sie nie jammerte oder über Schmerzen klagte. Die Zeiten waren damals doch wohl andere. Niemand hätte das heute klaglos mitgemacht. Während ich über meine Oma schreibe, habe ich ein Gefühl, als würde sich mein Herz schmerzhaft zusammenziehen.

Vier eigene Kinder hat sie großgezogen. Dann kam ich, der erste Sohn ihrer jüngsten Tochter. Bald nachdem sie ihre eigenen Kinder groß hatte, begann die Familie ihres zweiten Sohnes zu wachsen, mit der sie zusammen im Haus „Matthies Peters“ wohnte. Sechs Jungen waren zu hüten, zu hegen, zu pflegen und zu verpflegen und Oma immer dazwischen. Über die Jungen hat sie sich aber doch gelegentlich beklagt. Sie waren so fürchterlich laut im Wort. Omas Nerven waren schwächer geworden. So verzichtete sie häufig aufs Abendbrot, setzte sich während der Mahlzeit in die Stube, um wenigstens ein paar Minuten Ruhe zu haben. Als sie eines Abends wieder einmal fehlte, kam das Gespräch auf sie. Fragen wurden gestellt, warum sie sich zurückzog. Niemand fand eine plausible Antwort. Das Thema war beendet, indem mein Onkel sagte: „Ach, se hett je een Vogel.“ So etwas von meinem Onkel über seine Mutter, meine geliebte Oma, zu hören, war für mich ein schwerer Schlag und nicht zu begreifen. Es tat bitter weh.

Ansonsten habe ich meine Oma selten verdrießlich erlebt, im Gegenteil, sie war immer fröhlich und strahlte eine große

Wärme und tiefe Herzlichkeit aus. Es war eben so: Das Leben ist Arbeit und Mühe.

Auf dem Hochzeitsfoto meiner Eltern sieht Oma allerdings überaus betrübt und niedergeschlagen aus. Mutter erzählte, dass sie am Hochzeitstag ihrer Tochter fast nur geweint hatte. Das mag folgenden Grund gehabt haben. Jahrelang hatte sie, sie war die strengere der beiden Elternteile, ihre heranwachsende Tochter ermahnt: „Dat du mi nich mit'n Kind to Huus kummst." Es hatte alles nicht gefruchtet, meine Mutter war neunzehnjährig schwanger geworden. Die Enttäuschung meiner Oma muss maßlos gewesen sein.

Immer wieder erheiternd fand ich es, wie sie sich über ihren Schwiegersohn, meinen Vater, aufregte. Es machte sie ärgerlich, wenn er Mutter, wenn sie nicht anwesend war, „Madam" nannte, was er grundsätzlich tat. Oma dann zu ihm: „Du schass nich immer *Madam* um Alma segn, verdummiholnomal." Ich denke, Oma hatte das Gefühl, Vater verunglimpfe ihre Tochter. Er grinste dann und blieb lernunwillig. Vielleicht hielt er es nicht für so wichtig, sich gut mit seiner Schwiegermutter zu stellen. Obgleich ja nun sie mit dem sogenannten *Jungen Mädchen* den Haushalt schmiss und auch seine Unterhosen flickte.

Noch heute im hohen Alter berührt es mich emotional, wenn ich das Hochzeitsfoto meiner Eltern in die Hand nehme und das unendlich traurige Gesicht meiner Oma sehe.

Der Anblick beim Besuch meiner abgemagerten 80-jährigen, an Krebs erkrankten, todkrank im Pesel in ihrem Bett liegenden Oma hat mich schockiert und hat sich mir bis auf den heutigen Tag unauslöschlich eingeprägt.

Mutter hatte schon weit vor meiner Schulzeit begonnen, mit mir vor dem Einschlafen zu beten. Lernen musste ich ein vierversiges Kindergebet mit je vier Zeilen im Paarreim. Sie hatte es mich so gelehrt, dass ich nach jedem Vers „Amen"

Oben: Die Eltern des Autors. U. v. l.: Catarina Dorothea; Paul Thomas; Paul Ohm – alle Friedrichsen; Margarethe und Aug. Chr. Mahrt

sagen musste. Als Mutter nun für mehrere Tage verreist war und Oma im Koog Haus und Kinder hütete, saß sie neben mir auf der Bettkante und überwachte mein Beten. Das waren ihr jedoch entschieden zu viele *Amens*, die mussten verschwinden. Das war nicht einfach, jahrelang hatten sie zum Ritual gehört. Eine Lösung musste her. Nun hob Oma nach jedem Vers ruckartig Arm und Zeigefinger, um meine Konzentration auf das Weglassen des *Amen* zu lenken. Und es funktionierte nach einer Lernphase auch ohne Omas Armheben.

Müde bin ich, geh' zur Ruh'
schließe beide Äuglein zu.
Vater, lass die Augen dein,
über unserm Bette sein.
Hab ich Unrecht heut getan,
sieh' es, lieber Gott, nicht an.
Deine Gnad' und Jesu Blut

machen allen Schaden gut.
Alle, die mir sind verwandt,
Herr, lass ruhn in deiner Hand.
Alle Menschen, groß und klein,
sollen dir befohlen sein.
Kranken Herzen sende Ruh
Müde Augen schließe zu.
Lass den Mond am Himmel steh'n
und die stille Welt beseh'n.
(Luise Hensel)

In Drelsdorf sprach unsere Oma vor jedem Mittagessen ein kurzes Tischgebet. Dieses Ritual hat Mutter nach dem Umzug in den Koog bei ihrer Familie leider nicht durchsetzen können. Wenn Vater „Mahlzeit" sagte, wusste jeder, die Tafel ist freigegeben.

Hier möchte ich kurz einfließen lassen, dass Vater gelegentlich sehr fröhlich und locker sein konnte und singend durchs Haus lief. Der erste Teil eines seiner Lieder ging folgendermaßen: *Jule mit de Muff hett Flöhn und Wanzen, Jule mit de Muff hett scheeve Been. Jule mit de Muff kann gar ni danzen …* Oder sein zweites Lied: *An der Wolga sitzt 'ne Olga, badet sich die Füße sehr …* Oder er sang: *Oh du leeve Augustin, Augustin, Augustin, alles is wech, Hemd von de bloode Moors is wech, alles is wech …* Leider sind mir *seine* weitergehenden Texte nicht mehr in Erinnerung. Auch das Wolgalied nach der Melodie von Franz Lehár gehörte zu seinem Repertoire:

Es steht ein Soldat am Wolgastrand,
hält Wache für sein Vaterland.
In dunkler Nacht allein und fern,
es leuchtet ihm kein Mond, kein Stern.
Regungslos die Steppe schweigt,

eine Träne ihm ins Auge steigt:
Und er fühlt, wie's im Herzen frisst und nagt,
wenn ein Mensch verlassen ist, und er klagt,
und er fragt:
Hast du dort oben vergessen auch mich?
Es sehnt doch mein Herz auch nach Liebe sich.
Du hast im Himmel viel Engel bei dir!
Schick doch einen davon auch zu mir.

So fröhlich Vater sein konnte, so ungemütlich konnte er werden, wenn, wodurch auch immer, Türen knallten. Darunter litten seiner Meinung nach die gemauerten Wände. Das ist natürlich auch so. So hörte man ihn dann brüllen: „Knall ni so mit de Dören!" Das hatte jeder bald begriffen und achtete dann darauf.

„Na Chrisjan, sollt ihr wieder zur Omma, was!?"

Wenn ich in Drelsdorf war, fühlte Oma sich gelegentlich verpflichtet, etwas für mich zu tun. Dann schnappte sie mich kleinen Jungen, hakte mich unter und führte mich mit ihrem schaukelnden Gang über den Süderweg zu den Ländereien ihres Sohnes, wie Jägerhoch, Bihak, Nedderschiff, früher Nedderschaft. Immer wieder legte sie dabei ihren Arm um mich oder drückte meinen. Bis zur Dinn und zur kleinen Ostenau, weit südlich des Dorfes, sind wir einmal hinunterspaziert.

Fast jeden Sonntag gehörte für Oma der etwa anderthalb Kilometer lange Fußweg zum Gottesdienst in der Drelsdorfer Kirche zum Ritual. Wenn ich in Drelsdorf war, lief ich mit. Unterwegs wurden einige Nachbarn und meine andere Oma, die am Süderweg wohnte, abgeholt. Nun war es bei uns in der Schule Mode geworden, aus Übermut am Weg gefundene Steine steil in die Luft zu werfen. Dieser Versuchung konnte auch ich bei diesem langsamen Spaziergang nicht widerstehen. Plötzlich bekam ich fürchterliche Angst, sah es doch so aus, als wenn ein herunterfallender Stein in die Gruppe Frauen fallen könnte. So brüllte ich denn los: „Oh, passt op, dor kummt een Steen von boben!“ Alle erschraken und guckten hoch, hatten aber natürlich keine Zeit mehr zum Reagieren. Gott sei Dank landete der Stein eben neben der Gruppe im Gras. Aber wir waren ja auch zum Gottesdienst gewesen. Meine Vernunft sagte mir jedoch, nicht *zu* sehr dem lieben Gott zu vertrauen und für heute das Steinewerfen einzustellen.

Jedes Jahr war unsere Familie aus Eiderstedt zu den Geburtstagen unserer Omas eingeladen. Und jedes Mal hieß es, dieser könne deren letzter sein. Um einen oder zwei Tage schulfrei zu bekommen, schrieb Vater einen Zettel an unseren Lehrer mit der Bitte, uns vom Unterricht zu befreien. Gerne hat Herr Geick uns nicht zweimal im Jahr wegen der Geburtstage freigegeben. Er fragte uns dann vor der Klasse: „Na, Chrisjan, sollt ihr mal wieder zur Omma, was?“[5] Für uns war das natürlich unendlich peinlich und für ihn ein scheinbar unverhohlener Genuss, uns zu demütigen.

Für Omas erwachsene Gäste mag es ein Festessen gewesen sein, aber für meinen Bruder und mich: ohauahauaha! Ausgerechnet zu ihrem Geburtstag hatte sie sich Grünkohlsuppe mit Lungenwurst gewünscht. Das konnten wir überhaupt nicht verstehen. Grünkohlsuppe zum Geburtstag? Wir waren entsprechend schnell satt und fragten, ob wir aufstehen durften.

Viele Jahre fuhren wir ab Garding mit dem Zug oder mit dem Tourenauto ab Osterhever nach Drelsdorf. Zur Haltestation in Osterhever gingen wir meistens zu Fuß. Diese Gelegenheit nutzte Mutter, meinem Bruder Paul zivilisiertes

Laufen beizubringen. Immer wieder ermahnte sie ihn, die Fußspitzen beim Laufen nach außen zu stellen. Es blieb vergebliche Mühe. Die Fußspitzen zeigen noch heute beim Laufen nach innen. Paul war als Junge ein schneller Esser, der, wenn es Brot gab, meistens eine halbe Scheibe auf einmal in den Mund schob. Wenn seine Mutter ihm zusah, ermahnte sie ihn: „Schling ni so, Paul, lat di Tied!" Es dauerte Jahre, ehe er lernte, ordentlich mit Messer und Gabel umzugehen. Trotzdem war er wohlgenährt. So hörten wir Vater wiederholt sagen: „Jumbo, Jumbo, du wirst nie ein feiner Mann."

Mit den Jahren wurde Vaters Geld wohl etwas reichlicher, so dass er sich einen Opel Rekord mit Fahrer vom Notschlachter Hugo von Dohlen aus Garding mietete. Der Chauffeur war dessen Sohn, ein Führerscheinneuling, der von seinem Vater die Weisung erhalten hatte, nicht schneller als sechzig Kilometer pro Stunde zu fahren. An die er sich strikt hielt. Als ich älter wurde und Auto fahren durfte, mietete Vater einen Mercedes 170 S vom Chef der Pkw-Repa-

Ein Mercedes 170 S, wie ich ihn fahren durfte.

raturwerkstatt W. Bienek in Osterhever. Eine rote, wunderbar leise laufende Limousine, mit der ich dann meine Eltern nach Drelsdorf kutschieren durfte.

In einem Jahr zur Zeit der Roggenernte wollte Mutter mit meinem Bruder und mir ihre Mutter in Drelsdorf besuchen. Vom Koog bis zur Bushaltestelle in Osterhever waren knapp zwei Kilometer zu laufen. In Drelsdorf von der Bushaltestelle im Westen des Dorfes bis „Matthies Peters“ im Osten war es auch wieder reichlich ein Kilometer. Als wir dort ankamen, waren nur meine Oma und Tante Grete im Haus. Sie bereiteten gerade Brote und Getränke für die Erntearbeiter vor. Nachdem alles verpackt war, bekamen wir jeder einen Korb oder eine Tasche in die Hand gedrückt und liefen zu Fuß hoch nach Hans Bi Stock, um den Leuten die Stärkung zu bringen. Hier wurde fleißig gearbeitet. Eine neue Maschine war angeschafft worden, eine Mähmaschine mit Ableger, speziell für die Getreideernte konstruiert. Zwar bestand nach wie vor ein hoher Personalbedarf, weil die Garben manuell gebunden werden mussten, dennoch war diese Maschine ein gewaltiger Fortschritt und eine große Erleichterung im Vergleich zum Mähen mit der Sense, bei der ein Mann nur ungefähr einen Demat pro Tag schaffen konnte. Ein Helfer führte die mit zwei Pferden bespannte Maschine. Mein Onkel auf einem Nebensitz bediente mit einer speziellen Harke den Ableger und legte immer wieder so viele Halme ab, wie für eine Garbe benötigt wurden. Mit dem Zusammenraffen der Halme und dem Binden der Garben war eine Gruppe Frauen beschäftigt.

Für uns Kinder war es ein erhebendes Gefühl, zwischen den Älteren auf einem Knickwall oder auf einer Garbe zu sitzen. In der einen Hand hielten wir eine Schnitte Brot mit Wurst oder Käse, in der anderen eine Tasse mit gesüßter Buttermilch oder Saft und wir hörten den Erwachsenen zu, wenn sie über Themen wie den Fortschritt der Mechanisierung oder die Organisation der Arbeit, die Erntebedingungen im Allgemeinen oder über das Wetter sprachen.

Oma am Flicken. Links neben ihr der elektrische Heizofen und das obligatorische aufklappbare Nähkästchen

Zwei oder drei Mal im Jahr besuchte unsere Oma Osten uns im Koog. Dann hatten sich so viele Hosen, Kittel, Hemden und Strümpfe angesammelt, die der Reparatur bedurften, dass es hieß: „Oma mutt komen tum Büxen flicken un Strümp stoppen." (Oma muss zum Hosenflicken und zum Strümpfestopfen kommen.) Tagelang saß Oma dann als eifrige Fee hinter Mutters Gritzner Nähmaschine. Unermüdlich wippte sie mit beiden Füßen das breite Pedal, das über eine Stange, die auf einer gekröpften Welle saß, das große, braune Speichenrad an der Seite antrieb. Über das Speichenrad lief ein runder Lederriemen, der oben an der Maschine ein kleineres Schwungrad zum Drehen brachte und über ein Getriebe die Nadel mit rasender Geschwindigkeit durch den Stoff trieb, den Oma mit geschickten Händen lenkte.

Auf uns Kinder übte dieses Wunderwerk der Technik eine magische Anziehungskraft aus. Immer wieder, auf den Knien vor dem breiten Pedal hockend, bewegten wir es mit den Händen schnell und schneller und hörten dem leisen, monotonen Rasseln des komplizierten Mechanismus zu. Wir konnten nicht genug davon bekommen. Mutter dagegen stand unserem technischen Interesse eher kritisch gegenüber und mahnte hartnäckig, uns anderes Spielzeug zu suchen.

Noch heute sehe ich meiner Christine begeistert zu, wenn sie eine leere Spule auf einen dafür passenden Antrieb klemmt und diese, nun elektrisch angetrieben, sich mit rasendem Tempo drehend wieder mit Garn von einer oben auf der Maschine aufgesteckten Garnrolle füllt.

In der Schule gab es mal eine Zeit, da bauten wir aus den extragroßen, leeren Garnrollen Trecker. Hierzu zogen wir einen von einem alten Fahrradschlauch abgeschnittenen Gummiring durch die Mittelöffnung. Auf der einen Seite steckten wir einen kurzen und auf der anderen einen langen Nagel durch den Gummiring. Der kurze Nagel brauchte einen kleinen Stift als Widerhaken. Nun ließ sich der Gummiring durch den langen Nagel aufdrehen, und wenn man die Rolle losließ und auf den Tisch stellte, lief die Rolle einige Zentimeter. Wir waren anspruchslos und bescheiden, aber derjenige, dessen Trecker am weitesten lief, auch ein bisschen stolz.

Frühe Kindheit

Fototermin

Bruder Paul und der Autor in ihren Klunkerblusen

Im Gleichschritt zur Arbeit. Mutter amüsiert sich über ihre beiden.

Einmal in den Sommern der Kriegsjahre lud Mutter ihre Freundin Erna Rathmann zum Fotografieren zu uns ein. Tante Erna hatte eine Agfa-Fotobox. Jaha! Leute mit Fotoapparaten waren damals im Koog dünn gesät. Wir Jungs wurden schick angezogen. Die kurzen Bleylehosen mussten her. Nicht so gerne erinnere ich mich daran, dass mein Bruder und ich jeder eine ganz leichte, kurzärmelige, rosa getönte Seidenbluse bekommen hatten, die wir bei diesem Anlass auch anziehen mussten. Sie ließen sich mit einer dünnen Kordel, die rosa Bommeln an den Enden hatte, am Hals zuziehen. Gut erinnere ich mich an ein Foto von meinem Bruder und mir in diesem Aufzug. Dafür mussten wir uns auf Hocker an unseren kleinen Tisch, den wir zu Weihnachten bekommen hatten, setzen. Der Tisch war in den Garten gestellt worden und darauf flatterten zwei Hakenkreuzfahnen aus Papier.

Hintere Reihe: v. l. Hildegard Timmermann – Pflichtjahrmädchen bei Onkel Johann; Ellen Tegtmeyer – Pflichtjahrmädchen bei uns; Mutter Alma; unten: Elke Rathmann; Annegrete Hinrichs; Joh. H. Hinrichs; Paul Mahrt; der Autor; Marianne und Irene Rathmann

Kalli Bimbam

Und noch zwei Erinnerungen aus meiner frühen Kindheit will ich erzählen. Unsere Eltern waren mit meinem Bruder und mir mit der Pferdekutsche in Garding gewesen. In Poppenbüll gab es einen Gärtner und Bauern, Karl Bohns, Kalli Bimbam genannt, bei dem auf der Rücktour noch einiges für den Garten eingekauft werden sollte. Diesen Spitznamen für ihn hatte sich einer seiner Nachbarn einfallen lassen, weil Kalli immer mit einer halblangen Pfeife im Mund herumlief, wie wir sie von unseren Großvätern kennen, die bei jedem Schritt wie eine Glocke hin- und herschwang. Er war ein unverbesserlicher Romantiker, der den Mond seinen Freund nannte und eine kleine Sternwarte besaß, um zumindest ins nähere All sehen zu können. Alle stiegen wir aus und mein Bruder und ich stromerten in dem riesigen Irrgarten aus Blumen, Obstbäumen, Ziersträuchern und Gemüse umher. Er war so groß oder wir waren so klein, dass wir den Überblick verloren, uns verliefen und den Eingang nicht wiederfanden. Erst als Vater die Geduld verlor, zwei Finger in den Mund steckte und zwei Mal kräftig pfiff, wussten wir, in welche Richtung wir laufen mussten.

Mitunter jagten mein Bruder und ich uns, mal der eine den anderen, mal der andere den einen. So auch an einem frühen Wintermorgen. Im Koog gab es noch kein elektrisches Licht. So verfolgte er mich durch den stockdunklen Stall, in dem mitten auf dem Gang ein Eimer mit kochend heißem Wasser stand, das zum Anmischen von Schrot für die Hühner bestimmt war. Sie bekamen wegen des schlecht isolierten Stalls wintertags eine warme Mahlzeit. Während ich Glück hatte, ohne den Eimer gesehen zu haben, an ihm vorbeigerannt war, stolperte mein Bruder über ihn, warf ihn um und das heiße Wasser lief über seinen Oberschenkel. Um den langen Schafwollstrumpf schnell wegzukriegen, schnitt Mutter ihn mit der Schere auf. Aber es nützte alles nichts, unser Hausarzt Dr. Johannes Staaken aus Garding musste hinzugezogen werden, um die Verbrennungen zu versorgen. Er kam auf seinem Motorrad angefahren und als er seiner Arzttasche das Operationsbesteck entnahm, hatten sich auf dem Bein meines Bruders schon eine Menge halbhühnereigroße weiße Blasen gebildet, die der Arzt direkt über der Haut mit einer Schere abschnitt. Anschließend bestrich er die offenen Wunden mit Brandsalbe und verband sie. Für meinen Bruder waren die Verletzungen sehr, sehr schmerzhaft und der Arzt musste noch mehrere Male kommen.

Bei einem seiner späteren Besuche nahm Dr. Staaken sich Zeit. Er setzte sich im Nebenzimmer zu mir an den Tisch, an dem ich mit meiner kleinen, aufziehbaren Modelleisenbahn spielte. Er erzählte und machte Vorschläge. Dann beugte er sich vom Stuhl zur Seite, öffnete seine Arzttasche, langte hinein und entnahm ihr eine Pappschachtel. Besonders hat sich mir eingeprägt, wie er der Pappschachtel einen kleinen Wattebausch entnahm, ihn zu einem Docht drehte und in den Schornstein der Lok steckte. Soweit die menschliche Seite von unserem Hausarzt. Er war in vielem nicht zimperlich. Deshalb war er im Volksmund als *Jan Ruff* bekannt. Als Allgemeinarzt zog er bei Bedarf sogar Zähne. Nie habe ich ihn im weißen Kittel gesehen. Er verarztete seine Patienten im dunklen Nadelstreifenjackett.

Als Mutter und ich eines Tages bei ihm in seiner Praxis saßen, verließ er diese wortlos und verschwand im Nebenraum. Nach gut fünf Minuten kam er zurück und brachte einen, für Mutters feine Nase, unverkennbaren Duft mit. Sie erzählte mir auf der Rückfahrt, dass er die Praxis verlassen hatte, um zu pupsen. Als er erfuhr, dass wir als Bauern in der

Landwirtschaftlichen Krankenversicherung waren, regte er sich fürchterlich auf, setzte sich umgehend ans Telefon und beschwerte sich in der Zentrale in Kiel. Sein Protest verlief jedoch im Sande; noch heute, als Rentner, sind wir in der LKK versichert.

Im Rahmen der gefühlt mehrmals jährlich in den Schulen wiederkehrenden Schutzimpfungen war auch Dr. Staaken eingesetzt. Als er mir bei so einem Termin die Spritze setzte, verbog die dünne Kanüle. Er darauf mit seiner extrem näselnden Stimme: „Mensch Junge, du hast ja eine Lederhaut wie ein Elefant."

Ein Dilemma war es immer wieder mit unseren Pantoffeln. Sie waren andauernd verschwunden. So liefen wir dann auf Strümpfen, was Vater jedes Mal in Rage brachte. Wie oft mussten wir hören, wie er uns zurief: „Jungs, treckt sik wat över de Fööt!" Er war in Sorge, dass wir uns erkälteten, wenn wir auf Stümpfen auf dem kalten Zementfußboden durchs Haus liefen. Meist mussten wir uns erst auf die Suche nach unseren Pantoffeln machen. Ich habe mich damals immer wieder gewundert, dass Vater seine nie suchen musste. Aber für ihn war das doch wohl einfacher. Er tauschte seine Pantoffeln stets gegen Stiefel oder Arbeitsschuhe, wenn er nach draußen ging. So standen sie immer an der gleichen Stelle in der Waschküche neben der Tür zum Stall.

Sehr ungehalten konnte Vater auch werden, wenn wir uns auch nur aus Übermut oder aus Spaß balgten. „Jungs, laat dat Toben na, glieks weent dor eener!", waren dann seine Bedenken. Und die waren tatsächlich sehr wohl begründet. Er kannte seine Pappenheimer ganz genau. Oft endeten unsere Raufereien – die gegenseitigen Grobheiten wurden im Laufe der Rangeleien meistens härter – mit Tränen des einen oder anderen, oder gar von beiden.

Strafe muss sein

Als ich ein kleiner Junge und Vater Soldat war, habe ich es meiner Mutter wohl nicht immer leicht gemacht. Mir fehlte, ich muss es zu meiner Schande gestehen, der nötige Respekt vor ihr. Ich muss schwer zu lenken und oft ungehorsam und widerspenstig, manchmal vielleicht sogar frech zu ihr gewesen sein. Das blieb so, bis Vater eines Tages Urlaub von der Front bekam, den Kindersitz an den Fahrradlenker hängte, mich hineinsetzte und zu unseren Tieren in der Pachtfenne in den Alt-Augusten-Koog fuhr. Unterwegs redete er zwar leise, aber bestimmt auf mich ein, ich möge doch artiger, braver, gehorsamer sein – an seine genauen Worte erinnere ich mich nicht mehr –, gerade wenn er nicht daheim sei. Mutter hatte sich also beklagt. Auch meinen jüngeren Bruder soll ich als kleiner Junge häufig mit ausgebreiteten Ellenbogen einfach umgelaufen haben, erzählte Mutter jedenfalls. Ich kann mir ein so grobes Verhalten von mir überhaupt nicht vorstellen. Heute behaupte ich, allerdings mit einem Augenzwinkern: „Ich bin ein Mann des Friedens." Schwer war es allerdings immer, mich zu etwas zu bewegen, was ich partout nicht wollte.

Die nachfolgende Niederschrift erhärtet dies an einigen Beispielen: Ein Pferdehändler war bei Mutter und hatte ein Pferd gekauft, das ich nun von der Weide holen sollte. Als der Pferdehändler und Mutter insistierten, weigerte ich mich und rannte um Haus und Misthaufen herum weg. Der Viehhändler hinter mir her. Im Gegensatz zu ihm wusste ich, dass an jeder Seite hinter dem Misthaufen Abflussrinnen für Jauche waren, und bin über sie hinweggesprungen, während er hineinstolperte. Er hat ein fürchterliches Spektakel gemacht, gebrüllt, ich solle zurückkommen. Obgleich ich mich nun auch nicht gut fühlte – nun hatte ich Angst vor ihm und sogar vor meiner Mutter – und obwohl ich wusste, dass er mich nicht einholen konnte, tat ich ihm nicht den Gefallen und bin weitergerannt. Nur weg, waren meine Gedanken. Bis zum späten Abend habe ich mich versteckt gehalten und habe mich im Dunkeln ins Bett geschlichen.

Wenn wir nicht vorher ausrissen, konnte Mutter sich oft dadurch Respekt verschaffen, indem sie damit drohte, uns *in dat swarte Loch* zu sperren. Damit meinte sie den stockdunklen Hohlraum unter der Treppe, die vom Flur und vom Stall aus zum Kornboden führte. Dessen niedrige Klappe im Flur ließ sich mit einem Schieberiegel abschotten. Dort drinnen sollte es einen gefährlichen Buschemann geben. Also mit Angstpädagogik sollte Gehorsam erzwungen werden. Nur wenige Male haben wir dort kurzzeitig eingesessen. Weil das Im-Dunklen-Eingesperrtsein furchtbare Angstgefühle in uns auslöste, auf die wir mit anhaltendem, lauten Geplärre reagierten, erbarmte Mutter sich meist bald wieder über uns, und wir hörten von innen das leise Schieben des Riegels. Meistens reichte allein ihre Drohung mit dem Buschemann, um uns handzahm werden zu lassen.

Wir hatten im Koog Besuch von meiner Tante Lina, die ungefähr einen Kopf größer als Mutter war und Erfahrung mit ihren älteren Kindern hatte. Für Mutter sollte ich etwas erledigen, das ich mich strikt weigerte auszuführen. Sie drohte mir, ich blieb hartnäckig. Nun nahm auch noch meine Tante eine drohende Position ein: „Di Kröööt warr ik kriegen!“ Aber Christian wollte diesmal nicht. Als ich weglief, verfolgte sie mich. Schneller werdend bemerkte ich, dass sie mir trotzdem näher kam. Meine Beine waren kürzer als ihre. So warf ich mich in der entferntesten Ecke im Stall – hier ging es nicht weiter, ich hatte mich festgelaufen – auf den Betonboden. Mit beiden Beinen wild strampelnd, konnte ich sie mir vom Leibe halten. Sie hatte mich unterschätzt.

Laut schimpfend und pustend lief sie zurück zu Mutter. „Dat is je een dulle Bambuus, de du dor hest.“ Das wusste Mutter allerdings schon.

Eines Sommertages war ich auf dem Hof unseres Nachbarn und stromerte alleine durch Ställe und Scheune, als ich plötzlich Stimmen hörte. Unsere Nachbarin hatte Besuch bekommen, dem sie die saubere und aufgeräumte Scheune zeigen wollte. Für mich war es immens wichtig, nicht gesehen zu werden. Blitzschnell bin ich über die hohen Kastenbretter des auf der Loh stehenden Wagens geklettert und habe mich flach auf dessen Boden gelegt. Obgleich unsere Nachbarin und ihre Gäste direkt neben dem Wagen stehen blieben und sich unterhielten, blieb ich unentdeckt. Aber das Tempo meines Pulses – oh Mann! Oh Mann! Bestraft wurde ich umgehend. Als ich mit einer Flanke über die hohe Wagenkante nach unten sprang, landete ich mit dem Kinn auf einem der eisenbereiften Wagenräder, was wie ein schwerer Kinnhaken wirkte. Mein Kopf wurde zurückgeschleudert und es gab eine blutende Wunde am Kinn, deren Narbe noch heute fühlbar ist.

In tiefer Trauer

Auch in einem dieser Jahre kann es gewesen sein, dass auf unserem Hof eine graue Jungkatze aufgezogen wurde. Ich war so vernarrt in das Tier, dass ich es oft auf den Arm nahm und streichelte oder kraulte. Eines Nachmittags meinte ich, es auf unserem leichten Bauernwagen in der Scheune spazieren fahren zu sollen. Ich setzte sie also auf den offenen Wagen und schob ihn unermüdlich auf dem Dielenboden aus Beton hin und her. Plötzlich sah ich, dass sie hinuntergesprungen und eines der eisenbereiften Räder direkt über ihren Kopf gerollt war. Beide grauen Augen waren weit herausgedrückt worden. Vor Trauer laut heulend, bin ich mit ihr zu meiner Mutter gelaufen. Aber das änderte nichts, für dieses Tier es gab keine Rettung. Das Bild dieser toten Katze kommt mir noch heute gelegentlich in Erinnerung.

Singe, wem Gesang gegeben

Schon im Vorschulalter lernte ich von meiner Mutter das folgende Lied mit seiner wohlklingenden, getragenen Melodie, eines, das ich sie nicht oft genug singen hören konnte:

Alle Tage ist kein Sonntag, alle Tage gibt's keinen Wein,
aber du sollst alle Tage recht lieb zu mir sein.
Und wenn ich einst tot bin, sollst du denken an mich,
auch am Abend eh du einschläfst, aber weinen darfst du nicht.
Lass grünen, lass blühen, lass reifen das Korn,
lass welken die Blätter von Zweig und von Dorn.
Verschneit unser Garten, wir warten, wir zwei,
denn wir glauben alle Tage die Mainacht herbei.
Alle Tage scheint nicht die Sonne vom blauen Himmelszelt,
und kann es nicht immer Mai sein in unserer Welt.
Und wenn ich auch fern bin, darfst du nicht traurig sein,
meines Lebens liebe Sonne bleibst du nur allein.
Und wird es dann dunkel, graues Haar und grauer Sinn,
lass leuchten, lass leuchten, wie froh ich dann bin.
Und wenn ich einst tot bin, sollst du denken an mich,
auch am Abend eh du einschläfst, aber weinen darfst du nicht.

(Text: Carl Ferdinand, Melodie: Carl Clewing)

Mutter hatte, bis sie 1988 mit 72 Jahren nach einer verschleppten Erkältung schwer an Asthma erkrankte, eine wunderschöne, glockenhelle, melodische Sopranstimme. In ihrer

Jugend war sie Mitglied im Drelsdorfer gemischten Chor gewesen. Während des Krieges sangen Mutter, das jeweilige Pflichtjahrmädchen[6] und ich oft die zackigen Soldatenmärsche mit, die wir aus dem runden Lautsprecher des schicken, akkubetriebenen braunen Bakelitgehäuses des Volksempfängers mit seiner aparten halbkreisrunden Senderskala hörten. Die Verknüpfung dieses Gerätes mit dem NS-Regime zeigte sich schon bei der Typenbezeichnung „VE301", die sich auf die Machtergreifung Hitlers am 30.1. bezog.

Nur an vier dieser vielen Soldatenmärsche aus dieser Zeit erinnere ich mich noch: das *Horst-Wessel-Lied*, *Auf der Heide blüht ein holdes Blümelein und das heißt* (in die Atempause hinein zwei Trommelschläge, bumm, bumm) *Erika*, *Denn wir fahren Engeland* und natürlich an den *Badenweiler Marsch* mit seinem einleitenden schmissigen Fanfarenmotiv der Blechbläser, der, wie Mutter erzählte, auf Weisung Hitlers nur vor seinen Reden vor Publikum und im Rundfunk erklingen durfte und mich damals mitriss.

Schulkind

Es klappert die Mühle am rauschenden Bach …

1942, gegen Ende der großen Ferien. Ein paar Tage vor meiner Einschulung hatte Willi Graßmann, der Schulleiter der Volksschule Osterhever, eine Einladung an Eltern und Abc-Schützen in spe zu einem ersten Kennenlernen geschickt. Mutter, unsere Nachbarin mit ihrem Sohn und ich, sechs Jahre und sieben Monate alt, tippelten die knapp zwei Kilometer den Norderdeich entlang. Dann ging es über den Stockensteig, einen schmalen durch die Fennen gelegten

Steinsteig, über mehrere schmale Holzbrücken, die breite, tiefe Gräben überquerten, zur neunklassigen Lüttschool.

Die Männer waren eingezogen worden. Deswegen hatten die großen Jungen an diesem warmen, sonnigen Sommertag auf dem kleinen Schulhof Bänke, Tische und Stühle aufgestellt. Größere Mädchen und Mütter hatten die Tische mit leckeren Kuchen fein gedeckt. Die Mütter tranken Tee, für uns Kinder gab es roten Saft. Obgleich ich sehr schüchtern und zurückhaltend war, wurde Elke Dohrn meine Platznachbarin. Sie war ein niedliches Mädchen mit Zöpfchen, Sommersprossen und roten Haaren. Obgleich sie jünger und noch nicht schulpflichtig war, hatte sich ihre Pflegemutter mit ihr auf den Weg gemacht. Elke ist die Erste, die mir in den Sinn kommt, wenn ich an diesen Tag denke. Aber mir war auch bewusst, dass mit diesem Tag der Ernst des Lebens für mich nicht weit war. Die ersten Wochen meines ersten Schuljahres waren sehr, sehr schlimm. Ich hatte ganz einfach fürchterliches Heimweh, obgleich der Unterricht täglich nur ein paar Stunden dauerte und ich mittags wieder nach Hause kam. Während der Abwesenheit von zu Hause hatte ich das Gefühl, als stecke mir ein dicker, schmerzhafter Kloß im Hals, und ich konnte die Tränen nicht zurückhalten. Herr Graßmann, mein gutmütiger, warmherziger Lehrer, hat mich in manchen Pausen wie einen Säugling auf den Arm genommen, gewiegt, mir gut zugeredet und mich getröstet. Noch oft denke ich mit Dankbarkeit an diesen gutmütigen Lehrer.

Die Monate gingen ins Land, ich wurde vernünftiger, die Heulattacken gehörten der Vergangenheit an. – Allerdings habe ich nahe am Wasser gebaut, daran hat sich bis heute wenig geändert. Ob traurige Lieder, eine berührende Geschichte, ein sentimentaler Film, der mich emotional berührt – die Tränen sitzen locker. Mir ist es dann immer peinlich, wenn ich nach einem Taschentuch suche oder mein Platznachbar beim Gespräch meine nassen Augen bemerkt.

Es klappert die Mühle am rauschenden Bach, klipp klapp. Bei Tag und bei Nacht ist der Müller stets wach …, war das erste Lied, das wir bei Herrn Graßmann lernten. Dann kam: *Wenn die Soldaten durch die Stadt marschieren, öffnen die Mädchen die Fenster und die Türen. Ei warum? Ei darum! Ei nur wegen dem Tschingderassassa, Bummderassassa …*

Muttersprachlich plattdeutsch aufgewachsen, erlernte ich meine erste Fremdsprache in diesen Wochen im Alter von sechs Jahren, der Einschulung sei Dank. Bei nur einem oder zwei meiner Mitschüler war die Muttersprache Hochdeutsch. Im Großen und Ganzen ging dieser Lernprozess flott und ohne Schwierigkeiten vonstatten. Allerdings ist Grammatik eine meiner Schwächen geblieben. Auch geschliffenes Hochdeutsch spreche und schreibe ich nur mangelhaft. Ein Hochdeutscher merkt rasch, dass Hochdeutsch nicht meine Muttersprache ist.

Das Klassenzimmer der neunklassigen Schule in Osterhever war ein riesiger Raum mit ausgetretenen Dielenbrettern und vier Fenstern nach Süden. In der Mitte der Nordwand neben dem Schornstein stand ein fast bis an die Decke reichender runder, schwarzer, gusseiserner Ofen, der im Winter auch mal glühen musste, um den Raum zu erwärmen. Die Wände waren etwa bis hundertachtzig Zentimeter hoch mit blauer, glänzender Ölfarbe gestrichen. Oberhalb dieser blauen Wände verlief rundherum ein ca. vierzig Zentimeter breiter Streifen mit Märchenbildern, die mich immer wieder fesselten. Diese Kunstwerke hatte der örtliche Malermeister, Jens Preußler, von allen „Jens Pinsel" genannt, mit Hilfe von Schablonen gefertigt. Sie waren auch viele Jahre später noch erhalten, als die Schule längst verkauft war und der Klassenraum einer Autoschlosserei als Werkstatt diente.

Auch meine Eltern waren Kunden von Jens Pinsel und ließen ihre neue Wohnung nach ihrem Einzug von ihm streichen. Wir Kinder konnten ihm lange begeistert zusehen, wenn er die Türen mit Ölfarbe strich und natürlich aussehende Holzmaserungen mit einem Zahnspachtel herstellte. Die Vorderseite seines Halses war stark verdickt, wohl eine Art Kropf. Wir Kinder guckten immer wieder fasziniert dorthin. Sein Sohn ist in die Fußstapfen seines Vaters getreten und war ein gleicher Typ wie er. Er hatte eine unwahrscheinliche Mähne, die keinen Platz unter seiner Mütze fand und dauernd unter ihr hervorquoll. Er war ein flotter Schlittschuhläufer. Beispielsweise raste er auf ein Mädchen zu, ergriff es und lief mit ihm unter den Arm geklemmt weiter.

Meine erste kindliche Schülerliebe in meinem ersten Schuljahr war Christa Alberts, ein Blondkopf mit kurzen Zöpfen und rundem Gesicht, bei der in all unseren gemeinsamen Schuljahren beim Lachen die Tränen rannen. Immer wieder soll ich meiner Mutter von ihr vorgeschwärmt haben. Später beichtete Mutter mir, dass sie sich amüsiert und innerlich gegrinst hätte, wenn ich ihr von meinem Mädchen erzählte. Im zweiten Schuljahr richtete sich meine Zuneigung auf Elke Graßmann, die Tochter meines gütigen Lehrers. Auch sie war gemeinsam mit mir eingeschult worden. Eines Tages nach Schulschluss setzten wir uns draußen vor die Eingangstür zur Schulgarderobe auf einen von der Sonne erwärmten Stein, plauderten und vergaßen die Zeit. Die Familie, die eine Lehrerwohnung im Schulgebäude hatte, hatte längst zu essen begonnen. Irgendjemand hat dann doch bemerkt, dass eines der fünf Kinder fehlte. So lief ihre Mutter, um nach ihr zu suchen. Sie wurde rasch fündig und nahm Elke mit hinein und auch ich machte mich auf den langen Heimweg in den Koog.

Die Familie Graßmann bestand aus sieben Personen. Entsprechend viel Milch wurde täglich verbraucht. Erwin Homfeldt, der Sohn des Meieristen, war Schüler von Herrn Graßmann und bekam jeden Tag eine leere Zweiliterkanne mit, die er am nächsten Morgen gefüllt zurückbringen musste. Diese täglichen Aufträge war er so leid, dass er vor Ärger gelegentlich mit der Kanne Fußball spielte. Mit den entsprechenden Folgen für das dünne Blech. Herr Graßmann verteilte in solchen Fällen mit seinen Händen, die enorm lange, dünne Finger hatten, schmerzhafte Ohrfeigen. Dem älteren Bruder von Hans Hermann Wegener, von dem ich später erzählen werde, hat er mit einer Ohrfeige ein Trommelfell zerschlagen.

Senge von Stine

In diesen knappen Jahren war es üblich, bis spät in den Herbst hinein barfuß zur Schule zu laufen. Viele Jungen machten es so. Hargen Hinrichs, unser Nachbarsjunge, und ich liefen hintereinander in der Mitte der Grasbankette neben der Chaussee und traten so jedes Jahr aufs Neue einen kleinen Pfad aus, ähnlich den Schafspuren am Außendeich. Im Spätherbst war es morgens mitunter bitterkalt, wenn die tropfnassen mit Raureif ummantelten Gräser beim Laufen gegen unsere nackten Beine schlugen.

Mehrere Wintertage hatte es leicht gefroren. Hargen und ich machten uns, wie fast täglich, gemeinsam auf den Weg zur Schule. Um uns den langen Umweg über den Stockensteig zu ersparen, liefen wir querfeldein über die Fennen. Für diese Abkürzung mussten wir drei breite, tiefe Gräben überwinden. Das Eis war noch brüchig und so brachen wir mehrfach ein. So klitschnass konnten wir nicht stundenlang in der Schule sitzen. Deswegen mussten wir vor der Klasse unsere nassen, kribbelnden, kratzenden wollenen Strümpfe ausziehen. Herr Graßmann wrang sie aus und hängte sie an den Ofen.

An einem Frühjahrstag waren Hargen und ich wieder mit langen, schwarzen Wollstrümpfen zur Schule gewesen. Nördlich der Grootschool, auf der anderen Straßenseite, war ein breiter Graben, in den die Abwässer der Gastwirtschaft geleitet wurden. Auf dem Wasser wuchs eine dicke Grasschicht. Wir prüften ihre Festigkeit und meinten, dass sie uns tragen könnte. So stiegen wir auf die Grasschicht, um gleich darauf bis über die Knie einzusacken. Nasse schafwollene Strümpfe auf nackten Beinen sind nicht auszuhalten. So rollten wir sie runter und liefen mit bloßen Beinen nach Hause.

v. l.: Der Autor – nicht mal beim Fototermin kann er die Klappe halten – und sein Bruder Paul in ihren „Lieblingspullovern" aus echter Schurwolle

Ich weiß nicht, wer sie gestrickt hatte und in welchem Jahr wir Weihnachten feierten, als mein jüngerer Bruder und ich je einen nach gleichem Muster aus Schafwolle gestrickten

Pullover bekamen. Beide hatten wir empfindliche Haut und die Freude über die Pullover hielt sich in Grenzen; denn sie kratzten und kribbelten unerträglich an unseren nackten Armen. Wir ließen keine Ruhe und jammerten Mutter die Ohren voll und drohten, sie nicht mehr anzuziehen. Mutter: „Wat jem immer hem." Aber wir bekamen sie weichgeklopft. Schließlich resignierte sie, nahm Maß, setzte sich an den Nähtisch, schnitt ein Paar ausrangierte Seidenstrümpfe zurecht und passte sie in die vier Ärmel ein und schon war Frieden im Haus.

In einer neunklassigen Schule haben die Kleinen oft Probleme mit den Großen oder auch umgekehrt. Da gab es ein Mädchen, runde drei Jahre älter als Hargen und ich, die in unserer Nähe wohnte. Wir hatten also den gleichen Schulweg. Ihr Spitzname *Stine Stut* war allgemein bekannt. Wie haben wir sie mit unseren großen Klappen geärgert. Natürlich sollten wir Senge bekommen, aber wir hatten flotte Beine. Trotzdem hat sie uns mehrfach einholen können. So stellte sie uns denn vor die Wahl, entweder Senge oder Abbitte tun. Dazu mussten wir vor ihr niederknien und ihr mit erhobener Schwurhand nachsprechen: „Liebe, liebe Christine, wi wööt nie woller Stine Stut to di segg'n." Es nützte alles nichts, sie war die Überlegene, wir mussten zu Kreuze kriechen. Unser Schicksal war, dass wir unsere heilig geschworenen Eide schnell vergaßen, meineidig wurden und wiederholt vor ihr in die Knie gehen mussten. Wir wussten, dass es nicht schmerzhaft war, Meineide zu schwören, im Gegensatz zu Senge von Stine. Allerdings wussten wir schon, dass es eines Tages gefährlich für uns werden könnte, Meineide zu schwören, denn bei Lehrer Geick hatten wir gelernt: Wer Meineide schwört, wird eines jämmerlichen Todes sterben. Wir verdrängten die Drohung. Wir waren jung, der Tod weit ab und Stine zu ärgern machte Spaß.

Sommer, große Ferien und andere Begleiterscheinungen

In den großen Ferien fand zwischen unseren Familien in Eiderstedt und Drelsdorf ein reger Austausch der schulpflichtigen Cousinen und Cousins statt. Leider waren es hauptsächlich Cousins. Cousinen in unserem Alter waren in beiden Familien knapp. Der Hintergedanke bei diesem Austausch war sicherlich, dass wir einander besser kennenlernen sollten. Zweitens sollten wir lernen und erfahren, wie es ist, in fremder örtlicher und familiärer Umgebung zu leben. Während ich am liebsten wegen meiner Oma Osten und meinen sechs Cousins in das Haus „Matthies Peters" ging, ging mein Bruder gerne in das Haus Mahrt, in dem Vaters Mutter mit ihrer Familie wohnte.

Als ich eines Tages sah, wie mein Onkel P. Heine mehrere Fliegen mit der Fliegenklatsche tötete und ich ihn fragte, warum er das tat, und anfügte, dass sie doch sicher gerne leben würden, überraschte mich seine harte Antwort: „Töte die Fliegen, Christian, sonst töten sie dich." Manchmal kommt mir der Gedanke, dass dieser eine in meiner Kindheit gehörte Satz mich möglicherweise, zumindest teilweise, für mein späteres Leben mitgeprägt hat.

Im Haus Mahrt wohnte auch Christas bildhübsche jüngere Schwester Herta. Sie sollte und wollte wohl auch acht Tage ihrer Ferien bei uns im Koog verbringen. In jeder Mittagspause wurden die Pferde für etwa zwei Stunden auf die Weide gebracht, damit sie fressen, saufen und verschnaufen konnten. Nach der Mittagsstunde, Herta war gerade einen Tag bei uns, sollten wir die Pferde holen. Um sie zu locken, bekamen wir für jedes Pferd einen Knust Brot mit und marschierten los. Die beiden, der *Helle* und der *Groote,* kamen angelaufen. Nun war der Helle ein launiger, falscher Fuffziger, der, wenn er sich geärgert fühlte, zuschlug. Herta hielt ihn zum Narren. Mehrere Male, wenn er nach dem Knust schnappte, zog sie ihn zurück. Das ließ er sich nicht gefallen. Er stellte sich auf die Hinterbeine und schlug ihr mit dem Vorderhuf direkt auf den Kopf. Das tat höllisch weh und sie begann zu weinen. Mit den Schmerzen kam das Heimweh. Beides drückte auf die Stimmung, so dass es mit den Ferien im Koog vorbei war. Herta wollte nach Hause.

Auch ich habe zweimal die Hinterhältigkeit unseres Hellen zu spüren bekommen. Wir holten die Pferde nach einer Mittagspause aus der Pachtfenne im Alt-Augusten-Koog. Wir zogen sie am Zügel. Fiede Gleunoog mit dem Hellen voraus und ich mit dem Grooten hinterher. Mir ging es nicht rasch genug und ich klatschte dem Hellen mit der flachen Hand auf den Hintern. Prompt schlug er aus und traf mich genau am Bauch. Ein anderes Mal traf er meinen Hintern. Man sollte meinen, dass man dort allerlei vertragen kann. Trotzdem, es tat höllisch weh.

Zu allem Übel war der Helle ein übler Fresssack und Drückeberger. Sowie sein Maul auch nur in die Nähe von etwas Fressbarem kam, sei es auch nur der kleinste oder trockenste Halm, er langte danach. Hatten wir, um seine Reichweite einzugrenzen, den Zügel seines Zaumzeugs kurz geschnallt und oben am Geschirr eingehakt, so dass er mit dem Maul nicht nach unten konnte, ging er in die Knie.

Entweder war er so gerissen, so schlau oder sein Instinkt sagte ihm, dass er nicht so viel ziehen musste, wenn er fünf oder zehn Zentimeter hinter seinem Partner zurückblieb. Wenn er wegen seines steten Zurückbleibens öfter die Peitsche zu spüren bekam, so kümmerte ihn das wenig. Er zog zwar kurzzeitig an, um aber bald wieder zurückzufallen. Er mag ein etwas besserer Futterverwerter als der Groote gewesen sein, aber ich denke, vor allem wegen seiner Fresssucht und Drückebergerei hat er immer etwas wohlgenährter als sein Partner ausgesehen.

Viele Male bin ich in meiner Kindheit und Schulzeit von Pferden gefallen, erinnere mich aber nicht, mich je dabei gestoßen oder verletzt zu haben. Wenn es irgend möglich war, hängte ich mich einfach so lange an den Hals des Pferdes, bis es zum Stehen kam. Das gelang natürlich nicht jedes Mal. Wenn man aber die Kraft hat und es gelingt, sich so zu halten, ist es nicht sehr gefährlich. Die Tiere stoppen dann umgehend. Auch bemühen sie sich, nicht auf am Boden Liegende zu treten.

Wie üblich sollten die Pferde vor der Mittagspause in unsere Pachtfenne in den Alt-Augusten-Koog gebracht werden. Wenn es nach getaner Arbeit zum Fressen in die Fenne oder in den Stall ging, gaben sie alles. So auch dieses Mal. Fiede kam mit ihnen von der Feldarbeit nach Hause. Sie wurden bis auf die Zaumzeuge abgeschirrt und ich musste sie zur Weide bringen. Ich setzte mich auf den linksseitig stehenden Hellen und nahm den Zügel vom Grooten in die rechte Hand. Eben hatten wir die Hofauffahrt verlassen, gingen sie auf der Grandchaussee sofort in einen gestreckten Galopp über. Jeder wollte der Schnellere sein. Die Gefahr, die in der nur ein paar Hundert Meter entfernten Neunziggrad-Linkskurve lauerte, hatte ich nicht bedacht. Der Groote ließ sich aus der Kurve treiben. Obgleich ich bemerkte, dass ich ihn wahrscheinlich nicht würde halten können, wollte ich seinen Zügel nicht loslassen. So zog er mich, der ich ohne Sattel auf dem Hellen saß, seitlich vom Pferderücken. Mein Schutzengel muss in unmittelbarer Nähe gewesen sein. Ich fiel, ohne mich zu stoßen oder zu verletzen, den Grooten noch immer am Zügel haltend, auf die Grandchaussee.

Wohl der Herdentrieb ließ den Hellen stoppen. Ich setzte mich auf den Grooten, ritt auf den ein paar Meter entfernt Wartenden zu und griff mir seinen Zügel. Etwas Wesentliches hatte mich dieses Malheur gelehrt: Der Zügel vom Grooten würde zukünftig um den Hals des Hellen gelegt werden oder er würde mit einem Zwischenzügel an seinem Zaumzeug eingehakt werden.

Obgleich wir Nachbarskinder uns alle Jahre bestens verstanden haben, auch später, als wir auf den Betrieben unserer Eltern mitarbeiteten, kam es eines Tages in den Sommerferien zum Streit. Zwei Cousins unserer Nachbarskinder waren in den großen Ferien für acht Tage Gäste der Familie. Alle vier – auch Hargens jüngere Schwester Annegrete war dabei – spielten auf dem Hofplatz. Ich kam mit meinem Cousin, der unser Feriengast war, dazu und wir ärgerten sie. Plötzlich sprang Hargen auf, um uns zu vertreiben. Um in keine Prügelei verwickelt zu werden, ergriffen wir das Hasenpanier. Alle liefen barfuß. Nun hatte er in seinem Ärger nicht bemerkt, dass auf seiner Verfolgungsstrecke ein Holzpflock aus dem Boden ragte, gegen den er mit den ungeschützten Zehen rannte. Nun ging er in die Knie, umfasste seine Zehen und stöhnte und weinte bitterlich. Es muss sehr schmerzhaft gewesen sein und wir waren diesmal nicht schadenfroh. Nein, wir haben ihn ehrlich bedauert, Frieden geschlossen und zu sechst gespielt.

Durch das ständige Barfußlaufen bildete sich mit der Zeit unter unseren Füßen eine harte Hornhautschicht. Wir konnten auch auf Stoppelfeldern und scharfsteinigen Grandchausseen laufen, ohne dass es schmerzte. Den Nachweis führten wir, indem wir mit nackten Füßen den mit Disteln bewachsenen Außendeich hinunterrannten. Aber die Hornhaut hielt nicht allem stand. Manchmal kam es zu tieferen Verletzungen, die sich entzündeten und vom Arzt aufgeschnitten werden mussten, meistens waren Dornen schuld, auch gemähte, getrocknete Disteln waren gefährlich. Mich hatte es eines Tages so schlimm erwischt, dass Dr. Jacobsen, der einige Jahre nach dem Krieg in Osterhever praktizierte, hinzugezogen werden musste. Eltern, Brüder, unser Junges Mädchen, sogar Willy, alle standen um mein Krankenlager. Der Arzt setzte eine sehr schmerzhafte Spritze direkt neben den Entzündungsherd, worauf ich mit einem gellenden Schrei reagierte. Dann hörte ich Vater. „Ah, nun man ganz ruhi, mien Söhn."

Auch Frauke, die jüngste Tochter von Onkel Johann, hatte sich etwas in den Fuß getreten, der sich so schlimm entzündete, dass die Entzündung durch den Fuß lief und auch am Spann eiterte.

Mit Verletzungen kamen wir Kinder oft nach Hause. Wenn Oma da war, hatte sie fix ein Pflaster oder einen Verband zur Hand. Sie wusste ganz genau um die psychologische Wirkung eines Verbandes, der zwar die Schmerzen nicht verringerte, aber die Verletzung war nicht mehr sichtbar und wir waren getröstet. Eines Tages hatte ich mir beim Schnitzen an einer Weidenrute einen halben Daumennagel abgeschnitten. Ein anderes Mal war ich auf der Grandchaussee gestürzt, wobei sich unbemerkt ein Splintsteinsplitter tief in den Daumenballen drückte. Jahrelang hat er mich gequält, ist vier Zentimeter unter der Haut entlanggewandert und wuchs schließlich schmerzhaft mit der Spitze voraus wieder durch die Haut nach außen.

Ein Besuch bei meinem Schulkameraden Boye Gertz ist mir in keiner guten Erinnerung geblieben. Wieder einmal hatte ich beim Spielen die Zeit vergessen, so dass ich mich im

Dunkeln zu Fuß auf den Nachhauseweg machen musste. Nun wusste ich, dass unser etwas weiter entfernter Nachbar Joh. Wegener, an dessen Haus ich vorbeimusste, einen großen schwarzen Hund hatte, vor dem wir Kinder alle außerordentlich großen Respekt hatten. Nun meinte ich, ihn schemenhaft in der Hofeinfahrt liegen zu sehen. Ich traute mich nicht vorbei, begann zu flennen und blieb stehen. Aber eine Lösung musste her. So bin ich dann zum etwas weiter zurückliegenden Nachbarn – übrigens Stines Vater – gelaufen und habe ihn um Hilfe gebeten. Der nahm seinen Handstock und wir liefen zusammen zum vermeintlichen großen Hund. Er sah auch die dunkle Erhebung in der Auffahrt, klopfte mit dem Handstock darauf, aber es regte sich nichts. Bei näherem Hinsehen bemerkten wir, dass es ein Haufen Erde war. So habe ich mich höflich bei ihm bedankt und konnte die letzten vierhundert Meter nach Hause unbesorgt zurücklegen.

Ruck, zuck übern Zaun

Kleine Kinder, auch wenn sie schon zur Schule gehen, gehören früh ins Bett. Jeden Abend, so lange ich zurückdenken kann, war das ein Grauen für mich. Was sollte ich dort, wenn ich ohnehin nicht einschlafen konnte? Stundenlang habe ich damals jeden Abend singend versucht, Schlaf zu finden.

Vater hatte mal wieder „Betttied, Jungs!" gerufen. Meine Stunde war noch nicht gekommen, so verkroch ich mich unter den Küchentisch, um den die Eltern, das Junge Mädchen und die Jungen Männer saßen und sich unterhielten. Dort verharrte ich. Meine Eltern wollten mich heute nicht zwingen. Heute Abend wollten sie mich ignorieren und abwarten, wer die besseren Nerven hatte. Na ja, die hatten sie dann doch, aber es hatte lange, sehr lange gedauert.

Ein als kurios zu bezeichnendes Erlebnis, eine Begegnung der besonderen Art aus einer Nacht in meiner frühen Schulzeit ist mir noch in Erinnerung. Wieder einmal hatte ich stundenlang singend wach gelegen, an Einschlafen war nicht zu denken gewesen. Da öffnete sich ganz leise die Schlafzimmertür, jemand schlich an mein Bett und setzte sich, ohne ein Wort zu sagen, auf die Kante. Meine Angst kann ich nicht beschreiben. Ich begann zu schwitzen, die Zunge wurde trocken, ich wagte kaum zu atmen, noch mich zu rühren. Die Zeit zog sich scheinbar endlos hin. Bis die oder der JEMAND aufstand und leise hinausschlich, war ich völlig durchgeschwitzt. Nie habe ich eine Erklärung für diese gespenstische Begebenheit gefunden.

Einige Jahre später meinten wir, auf dem Nachhauseweg von der Schule unbedingt etwas aushecken zu müssen. Und sei es, aus Tante Marthas Garten Äpfel zu klauen. Ihr Apfelbaum der Sorte Martini stand direkt auf der anderen Seite des schmalen Chausseegrabens in ihrem Garten und lockte überhaupt nicht mit rotbackigen Äpfeln. Trotzdem war der Reiz, sich einige zu holen, so groß, dass wir ihre Reife nicht abwarten wollten. So futterten wir denn die kleinen, sauren, halb reifen Früchte, obgleich Mutter längst mit dem Mittagessen auf uns wartete.

Obwohl wir meinten, alles unter Kontrolle zu haben – wir hatten das Haus beobachtet und nahmen an, dass alle auf dem Feld arbeiteten –, waren wir gesehen worden. Tante Martha zu Vater: „Du, Peter, dien Junges sind bi mi in de Appeln ween." Tja, da hatten wir den Salat. Wir waren nette Spione gewesen. Vater hatte nicht gedacht, dass seine Jungs so etwas tun würden, schließlich hatten wir selbst einen Obstgarten, natürlich auch mit einem Baum der Sorte Martini. Es gab einen Riesenanschiss und ich meine, wir sind einsichtig geworden: Stehlen gehört sich nicht. Schon gar nicht bestiehlt man seine Nachbarn.

Ebenso gierten wir Kinder nach Süßigkeiten, die es kaum gab. Das hatte ein cleverer Zahncremefabrikant erkannt. Er stellte eine süßlich schmeckende Zahnpaste her. Dass es sie gab und dass sie auch noch schmeckte, sprach sich unter den Kindern schnell herum. Nun gehörte es eine Zeit lang zum guten Ton, an einer Zahnpastatube als Bonbonersatz zu nuckeln. Viele taten es. Wir waren anspruchslos und bescheiden. Not machte uns erfinderisch. Vater sagte mitunter: „In der Not frisst der Teufel Fliegen." Ja, wir alle waren in dieser Zeit wohl mehr oder weniger arme Hunde, wir merkten es nur nicht. Wir kannten es nicht anders.

Schadenfreude

Mein Bruder hatte eine Reihe Schulfreunde zu seinem Geburtstag eingeladen. Ich bin zwar ein Jahr und fünf Monate älter als er und gehörte nicht seinem Schuljahrgang an, trotzdem gehörte ich mit zu seiner Geburtstagsclique. Wir beschlossen, zum Außendeich zu laufen und in *unserem* Priel zu baden. Nur Uwe Alberts wollte nicht. Unser Priel war ihm zu klein, zu flach. Er wollte in Grünbergs Priel, einen Kilometer weiter westlich gelegen, baden. Dieser war tatsächlich etwas breiter und tiefer. Trotzdem liefen wir gemeinsam zum Außendeich, wo er trotzig auf der Innendeichseite sitzen blieb. Als wir badeten, sah einer von uns Uwes Kopf über die Deichkrone lugen. Sofort begannen alle, mit den Fingern auf ihn zu zeigen und hämisch zu brüllen. Wir lachten ihn wegen seiner Trotzigkeit aus und in dem Moment zog er seinen Kopf zurück. Natürlich wurde mir schon bald klar, dass unser Verhalten nicht in Ordnung war. Zumindest mein Bruder und ich hätten uns nicht beteiligen

Pauls Geburtstagsclique. V. l.: Boye Gertz; Richard Jacobs; Urban Hansen; Uwe Jans; der Autor – kann wieder mal die Klappe nicht halten; Jacob Hinrichs; unten: Franz Heitmann; Reimer Hinrichs; S. Peter Mahrt; J. Hargen Hinrichs; Paul Mahrt; Uwe Alberts

dürfen. So geht man nicht mit Gästen um. Es heißt ja oft, Kinder seien grausam. So ist es wohl auch. Aber meist raufen sie sich doch bald wieder zusammen.

Zu Geburtstagsfeiern gerade nicht, aber nach dem Baden starteten eine Reihe Jungen und Jugendlicher gelegentlich einen von albernem Gelächter begleiteten Weitpinkelwettkampf. Motto: Pinkeln über den Priel. Hierbei waren keine Preise zu gewinnen, es ging um die Ehre. Dafür mussten die Badehosen runtergeschoben und die „kleinen Männer" aufs Ziel – das gegenüberliegende Ufer – ausgerichtet werden. Dann wurden auf ein Kommando die Schleusen geöffnet. Gewinner war derjenige, der mit seinem Strahl dem Ziel am nächsten kam. Je nach Breite des Priels war das Ufer nicht jedes Mal erreichbar.

Nicht alle Badenden beteiligten sich an solch ominösen Wettstreiten. Nicht jeder war bereit, seinen „kleinen Mann" anderen gegenüber zu entblößen. Aber für diejenigen, die mitmachten, waren es tolle Gags und war es mit viel Juchhei und Klamauk verbunden.

Das Boot

Eines Tages, es war noch während des Krieges und wir waren inzwischen eine Reihe Jahre älter geworden, waren wir mit einer Handvoll Kinder am Deich und interessierten uns für die Loren, mit denen die Fiskusarbeiter Erde transportierten. Sie standen leer auf Feldbahngleisen. Nun kam jemand auf die Idee, sie in den Priel zu schieben. Das war für uns Kinder ein schweres Stück Arbeit. Trotzdem meinten wir, dass es getan werden musste. Wir wussten, dass wir sie auf der Grasnarbe nicht bewegen konnten. Erst mussten die Flansche der Gleise gelöst werden. Nach dem Prinzip *vier Kinder, vier Ecken* legten wir sie einzeln Richtung Priel und verschraubten die Flansche. Die Gleise hatten Anschluss an eine Umlenkweiche (Drehscheibe), auf die wir die Loren einzeln schoben. Dann drehten wir die Weiche auf die von uns in Richtung Priel gelegten Gleise und schoben sie mit möglichst hohem Tempo in den Priel, und zwar so viele, bis keine mehr hineingingen. Nichts ist uns passiert, nicht einmal darauf angesprochen worden sind wir. Wie die Fiskusarbeiter die Loren ohne Bagger wieder aus dem Priel geholt haben, ist mir bis heute rätselhaft. Im Nachhinein ist mir klar, dass wir diesen groben Unfug niemals so unbeobachtet hätten durchführen können, wenn unser Nachbar, der Schäfer, schon aus der sowjetischen Gefangenschaft zurückgekehrt wäre.

Einige Jahre später, es wehte ein steifer Westwind. Wieder waren wir, eine Handvoll Kinder, am Außendeich und

v. l.: Auf einer mit Faschinen beladenen Schute im Porenritt. Der Autor; Schulfreund Franz H. Heitmann; Paul Mahrt, der uns erklärt, wie man einen Schifferstick knotet; Cousin Heinrich Friedrichsen

sahen im Westen, in etwa eineinhalb Kilometer Entfernung im Porenritt, ein unbemanntes, vor Anker liegendes Boot. Wir enterten es, lichteten den Anker und ließen uns, mit den Rudern steuernd, durch Wind und Strömung so weit ostwärts treiben, bis wir nur noch über den Deich zu laufen brauchten, um nach Hause zu kommen. Dachten wir jedenfalls. Hier gingen wir vor Anker. Aber der nächste Weg nach Hause führte über den Deich, direkt an unserm Nachbarn, dem Schäfer, vorbei. – Er hielt damals um die zweihundert Mutterschafe. – Er hatte uns längst beobachtet und fing fürchterlich an zu brüllen, als wir uns ihm näherten. Er bestimmte, dass wir das Boot sofort wieder an seinen alten Liegeplatz zurückbringen sollten, und ließ uns nicht vorbei. Wir wussten, dass wir ein so großes Boot niemals gegen Wind und Strömung würden rudern können. Aber um ihn zu beruhigen, liefen wir über das Vorland zurück Richtung Boot, schwenkten schließlich vorzeitig im rechten Winkel einige Hundert Meter Richtung Westen, bogen dann noch einmal Richtung Deich links ab, stiegen über den Schafzaun, sprangen über den Sielzug und liefen über die Fennen nach Hause. Wegen unseres Nachbarn mussten wir zwar einen Umweg von etwa einem Kilometer machen, aber das war für uns eine Kleinigkeit. Wir hatten einen alten Störenfried überlistet. Auch nach diesem Streich hat es keinen weiteren Ärger gegeben. Schon jahrelang versuchte er, über seinen gepachteten Deichabschnitt und auch über das davor liegende Seegebiet wie ein kleiner König zu herrschen. Wir mussten ihm einmal seine Grenzen aufzeigen.

Amüsiert haben wir Jungen uns an einem schönen Sommertag über ihn, als er mit hochgekrempelter Hose, aus der unten die lange Unterhose herausguckte, und mit Quatsch-Quatschgeräuschen, verursacht durch seine großen Latschen, die Betontreppe zum Außendeich hinaufstieg. Über seinen Schwager ist mir noch eine kleine Episode in Erinnerung: Er kam bei einem Nachbarn in die Küche, in der die Frauen dabei waren, Schlüpfer zu flicken. Diese gemütliche Situation kommentierte er spöttisch mit seiner schleppenden, rauen, sonoren Stimme: „Na, hemm de Frunslüd wa de Kiel ut de Büxen, wa?!“

In einem neuen Koog waren Wege immer ein Problem. In nassen Witterungsphasen waren sie grundlos. Während längerer Trockenzeiten waren sie staubige Pisten. So auch der Weg zum Außendeich. Diesen Umstand nutzten wir, wie gewohnt eine Horde Jungen unterwegs zum Baden oder vom Baden kommend, einen Landschafts- und Stillleben-Maler zu triezen, der zuweilen auf einem Hocker am Wegrand saß und Landschaftsbilder malte. Wir nebelten ihn bei richtig stehendem Wind ein, indem wir trabten, dabei die Zehen unter den Sand schoben und ihn so zu einem kleinen Sandsturm aufwirbelten. Frech, wie wir waren, stellten wir uns dann zu ihm, bewunderten und beurteilten, Fachmänner mimend, seine Arbeit. Rätselhaft ist mir bis heute seine ruhige, höfliche, verbindliche Gelassenheit uns gegenüber geblieben, obwohl wir ihn, wenn die Windrichtung stimmte, schikanierten. Aber ernst genommen hat er uns natürlich auch nicht. Egal was wir auch mit ihm zu reden versuchten, es war, als wenn sein ganzes Sprachrepertoire aus einem einzigen Satz bestand. In rasendem Tempo wiederholte er immer wieder: „Oaaah, da komm' i' mal wieder."

Schlitten und andere Fahrzeuge – Hannes und sein Unikat

Der Tischlermeister Johannes Hahn war im Gegensatz zu seinem gertenschlanken Sohn Johannes Carl von kleiner, fast kugeliger Statur. Trotz seines kahlen Kopfes lief er immer ohne Mütze. Als ortsansässiger Handwerker bekam er auch von unseren Eltern gelegentlich Aufträge. So bekamen eines Jahres Hargen und ich jeder einen von ihm gebauten Schlitten unter den Tannenbaum gestellt. Leider waren sie für uns kleine Jungen ein paar Nummern zu groß und zu schwer. Es war mühselig, sie den Deich hochzuziehen. Aber sie waren entsprechend stabil, so dass sie auch für Transportzwecke genutzt werden konnten. So kam es mehrfach vor, dass unsere Flüchtlinge mir meinen Schlitten bei Schlittenpartien wegnahmen, um mit ihm etwas von Garding nach Hause zu transportieren. Hin und zurück waren das immerhin zwanzig Kilometer, die von Flüchtlingen immer wieder zu Fuß gelaufen wurden. Ich stand dann enttäuscht und verärgert ohne Schlitten da. Der Spaß war mal wieder für einen Nachmittag vorbei.

Die geschickten Hände von Johannes Hahn fertigten jedes Jahr auch den Holzvogel zum Kindervogelschießen. Angestrichen wurde er natürlich von Jens Pinsel.

Als Johannes Hahn eines Tages bei unserem Bäcker werkelte, der zwei Jungen im schulpflichtigen Alter hatte, die gerne Schabernack mit älteren Leuten trieben, bekamen sie schweren Ärger mit ihrem Vater. Sie hatten sich auf die Treppe gesetzt und hinter dem Rücken des fleißigen Handwerkers zu krähen begonnen. Werner, einer der Brüder, war immer dabei, wenn es darum ging, andere zu ärgern. Auf dem Neuland unseres Nachbarn war ein Zimmerergeselle namens Johannes Friedrichsen – genannt Hannemann – dabei, den nicht mehr benötigten Werkschuppen der Deichbauarbeiter abzubrechen. Er werkelte mit dem Hammer auf dem Dach. So stellten wir uns unten in sicherer Entfernung hin und sangen immer wieder das Lied: „Hannemann kummt von Jütland an und hett son groote Holtschoh an, Hannemann mut sik Stäveln koppen, denn kann Hannemann beter lopen." Hannemann schimpfte tüchtig und riet uns zu verschwinden. Wir fühlten uns sicher und ignorierten seine Drohungen so lange, bis er wütend mit seinem Hammer nach uns warf. Da bekamen wir es dann doch mit der Angst zu tun und trollten uns. Zumal Hannemann nun vom Dach musste, er brauchte ja seinen Hammer.

Den elegantesten Schlitten hatte ein anderer Hannes, genauer Johannes Sältz, der Sohn unseres Nachbarn und Schmiedemeisters Paul Sältz. Es ist ein Unikat, das sein Urgroßvater aus T-Eisen zusammengenietet hatte. Hannes war uns allen mit seinem Schlitten überlegen. Seiner glitt wegen des geringen Gewichts und der schmalen Kufen wesentlich weiter als unsere. Er federte sogar leicht und bügelte dadurch teilweise kleine Unebenheiten in der Schlittenbahn aus.

Das aparte Gefährt aber hat bei einer etwa fünf Kilometer langen Fahrt als Anhänger hinter dem Milchwagen gelitten. Die Grandchaussee war nur teilweise mit Schnee bedeckt, so dass er zeitweise über rohen Grand gezogen wurde. Hierbei schliffen die Kufen so stark ab, dass er zum Schlittenfahren nicht mehr zu gebrauchen war.

Trotzdem hält Hannes dieses uralte Schmuckstück immer noch in Ehren. Er hat es aufs Altenteil nach Garding mitgenommen, wo es auf dem Spitzboden seines Hauses das Gnadenbrot erhält.

Hannes war, obgleich fast drei Jahre älter als ich, ein angenehmer Schulkamerad, jemand, vor dem wir Kleinen keine Angst zu haben brauchten wie vor manchen anderen großen Jungen. Aber reinlegen mochte er uns Kleine schon, wenn sich die Gelegenheit dazu bot. Nachfolgend ein Beispiel: Vor seinem Elternhaus gab es eine Wasserkuhle, die jeden Winter überfror und somit ein Schlittschuh-Dorado für uns war. Hannes und einige Kumpel hatten als Falle ein Loch ins Eis geschlagen und so geschickt präpariert, dass es nicht zu erkennen war. Ich, der später dazukam, war dann derjenige, der bis zum Hintern in diese heimtückische Falle geriet. Ein unbändiges, schadenfrohes Gejohle der Umstehenden brach los. Das eigentliche Ziel war erreicht, die Arbeit hatte sich gelohnt. Einer hatte einen nassen Arsch bekommen und musste sich, doch etwas beschämt und eben gekommen, wieder auf den Weg nach Hause machen.

Wenn beim Einbrechen nur ein Fuß nass geworden war, regelten wir es gewöhnlich so, dass wir die Socken – wir waren wintertags grundsätzlich mit zwei übereinandergezogenen Paaren unterwegs – auswrangen und tauschten, so dass sich die Nässe auf beide Füße verteilte. Mitunter waren die Strümpfe bis zum Abend getrocknet. Im Nachhinein wundert es mich schon, dass wir trotz steifer, eiskalter Ostwinde und Minusgrade von 5, 10 oder 12 Grad, obwohl wir keine langen Unterhosen kannten, selten froren. Als wir das Alter erreicht hatten, in dem wir keine langen Wollstrümpfe mehr anhaben wollten, genügte uns eine einfache lange Hose.

Einst hatte Hannes' Mutter ein nagelneues Fahrrad bekommen. „Es läuft fast alleine", sagte Hannes und hatte große Bedenken, uns darauf fahren zu lassen. Er warnte mich: „Es ist zu riskant, es läuft dir weg." Ich bettelte so lange, bis er schließlich einwilligte. Ich war so klein, dass ich den Sattel nicht erreichen konnte und im Stehen die Pedale treten musste. In meiner kindlichen Unbekümmertheit ignorierte ich alle Warnungen und trat immer schneller in die Pedale, bis ich sie unter meinen Füßen verlor, ins Schleudern geriet, mich aber wieder fing. Jetzt hing ich mit den Händen am Lenker und Stiefelspitzen und Knie schleiften auf der Grandchaussee. Das Rad war mir tatsächlich weggelaufen. Verlegen und reumütig, mit aufgeschürftem Knie und an den Pedalen wundgestoßenen Schienbeinen brachte ich das Rad zu Hannes zurück. Er hatte mich gewarnt. Für mich aber war entscheidend, dass das Rad keinen Schaden genommen hatte. Alles andere würde rasch heilen.

An einem stürmischen Herbstnachmittag planten mein Bruder und ich, trocken zu segeln. Dazu beluden wir unseren eisenbereiften Blockwagen so hoch wie möglich mit Strohbunden und schoben ihn mit viel Mühe ungefähr einen Kilometer auf der Grandchaussee gegen den Sturm nach Westen. Hier wendeten wir, stellten zum Steuern die Deichsel hoch und setzten uns auf den Wagen, in der Hoffnung, der Sturm würde uns nach Hause schieben. Tat er aber nicht. Mal musste einer laufen und schieben, zeitweise stiegen wir beide ab. An Tante Marthas Gartenpforte lauerte uns ihr Schwiegervater auf, der dort zu Besuch war. Ein großer, hagerer, alter Mann mit einem langen, weißen Rauschebart. Er fragte, was wir denn vorhätten. Als wir antworteten, dass wir segeln wollten, entgegnete er mit seiner Greisenstimme, das *i* doppelt oder dreifach gedehnt: „Jem hem je een Splien!" Genau genommen sagte er: *Speliiihn*. Was so viel heißen sollte, wie: Ihr seid ja verrückt!

Alltagsleben in der Kriegs- und Nachkriegszeit: Das Oberkommando der Wehrmacht gibt bekannt …

In den Kriegsjahren kam es immer wieder zu längeren Unterrichtsausfällen, weil meistens tagsüber US-Bomber, nachts schwere britische Lancaster- und Halifaxbomber über unsere Halbinsel hinwegflogen, um ihre Bombenlast über südliche und südöstliche deutsche Großstädte abzuwerfen. Zur Sicherheit wurden die Schüler dann aus den Schulen evakuiert und auf umliegende Höfe und Häuser verteilt. Dann wären bei einem Einschlag in die Schule nicht alle hopps.

Auch für die Landbevölkerung gab es Fliegeralarm. Die Stimme aus dem Lautsprecher des Volksempfängers informierte die Menschen mit der Warnung: „Achtung, Achtung, Luftlagemeldung! Das Oberkommando der Wehrmacht gibt bekannt: US-Bomberverbände nähern sich aus nordwestlicher Richtung kommend dem Reichsgebiet …" In solchen Nächten weckte unsere Mutter uns. Dann mussten wir im dunklen Zimmer warten, bis das unheimliche Dröhnen der Bombermotoren – es war, als wenn die Luft vibrierte – abebbte. Eines Nachts sahen wir im Süden, nur wenige Kilometer Luftlinie entfernt, einen hellen Feuerschein. Am nächsten Tag hörten wir, dass das Haus des Maurermeisters Knutzen in Poppenbüll getroffen worden war. Man vermutete, dass es kein gezielter Abwurf gewesen sei. Einer der vielen zurückkehrenden Bomber hätte wohl eine letzte Brandbombe verloren. Das mag einer glauben oder nicht, jedenfalls hatte die Familie von Maurer Knutzen kein Dach mehr über dem Kopf. In Warmhörn gab es einen größeren Mühlenbetrieb, der mehrfach Ziel von Bomben werden sollte. Wiederholt überflogen sie ihn, warfen ihre Last ab, verfehlten ihr Ziel jedoch immer wieder. Die Bomben fielen in die umliegenden Fennen. Es wurde allgemein vermutet, dass es sich hierbei um Übungsabwürfe mit Restbomben handelte.

Das könnten der Autor und sein Bruder Paul sein. Außergewöhnliche Gewichte erfordern außergewöhnliche Handhabung! Kaliber derartiger Größe gehörten allerdings nicht zu unseren Funden.

Mehrere Male fanden wir Kinder im Laufe des Krieges scharfe Karabiner-, aber auch Maschinengewehrmunition. Nun hatte ich einmal zugesehen, wie Onkel Johann die Patronen zerlegte. Dazu klemmte er die Hülsen in einen Schraubstock und drehte die Geschosse mit einer Zange heraus. Wir hatten es auf die Messinghülsen abgesehen, man hatte uns aber gewarnt, dass das Zerlegen der Patronen gefährlich war, und so fragten wir ihn, ob er das für uns machen würde. Er war gerade damit beschäftigt, gemeinsam mit seinem französischen Gefangenen einen Betonsteig von der Straße durch seinen Garten zum Haus zu bauen. Ohne uns anzusehen oder mit uns zu reden, bückte er sich, steckte die Patronen zu unserer maßlosen Enttäuschung in den Beton und deckte sie mit weiterem Beton ab.

Bewundert habe ich meinen Klassenlehrer Herr Graßmann. Er stellte sich breit lachend vor uns Schüler und ließ uns wissen, dass er nun doch noch eingezogen werden sollte. Er hatte einen Stellungsbefehl erhalten. Ich bewunderte ihn deshalb so, weil er doch um die Gefahr wissen musste, im Krieg verwundet oder getötet zu werden, und trotzdem unbekümmert lachte.

Nun wurde es schwieriger mit dem regelmäßigen Unterricht. Auch andere Lehrer wurden nach und nach zum Kriegsdienst eingezogen. Allenthalben kam es nun zu Lehrerwechseln. Von den Springern sind mir in Erinnerung geblieben: Ruth Schaar, Helga Thiessen, die später Johannes Carl Hahn heiratete, auf den ich noch zu sprechen kommen werde. Auch Felizitas Schmidtke, die von uns, jedenfalls hinter vorgehaltener Hand, nur *Filli* genannt wurde, und Carl Paulsen haben uns aushilfsweise unterrichtet. Er war ein korpulenter Herr, der im grauen Tweedanzug zur Arbeit kam. Ein studierter Kunstmaler. Der arme Teufel fuhr zum Unterrichten täglich runde zwanzig Kilometer auf dem Fahrrad von Tönning nach Osterhever. Entsprechend erschöpft kam er dann dort an. Es passierte immer wieder, dass er den Kopf auf die Arme legte und am Katheder sitzend einnickte.

Die Lehrerinnen ließen sich, was das Prügeln anging, nicht lumpen. Auch von ihnen gab es oft Backpfeifen oder Dresche mit einer Weidenrute. Damit die Hosen spannten, wurden die Köpfe nach unten gedrückt. Als besonders hinterhältig empfanden wir es, wenn sie die Weidenrute auf die nackten Waden oder in die Kniekehlen sausen ließen, sobald sie merkten, dass die Hosen die Schläge zu sehr abfingen. Das machte Werner so wütend, dass er einmal über Fräulein Schmidtke sagte „Wenn ik chroot bin un ehr irgendwo dropen do, krich se ordentli een an't Muul." (Wenn ich groß bin und sie irgendwo treffen sollte, bekommt sie ordentlich einen in die Fresse.)

Die mäandernde Eider

Zeitweise unterrichtete uns Johannes Carl Hahn, der Sohn des Tischlermeisters Johannes Hahn aus Osterhever. Er war ausgebildeter Lehrer und von schlanker Statur, hatte eine schmale, aber große, krumm nach oben gebogene Nase und sprach mit näselnder Stimme. Nach Kriegsbeginn war er zur Infanterie eingezogen worden und rasch zum Leutnant und Truppführer aufgestiegen, wurde aber bald schwer am Knie verwundet. Während der Rekonvaleszenz war er Springer und zeitweise unser Klassenlehrer. Sein verletztes Bein blieb auf Dauer stark nach außen gebogen. Er unterrichtete uns in seiner Offiziersuniform mit langen Stiefeln und Reithosen. Meistens hatte er die Finger der rechten Hand, Napoleon nachahmend, in Brusthöhe zwischen zwei Knöpfe seiner Jacke geschoben. Ich denke, er war mit Recht stolz auf seinen militärischen Rang.

Wohl, weil Johannes Carl Hahn noch so jung war, erlaubte er uns, ihn mit Hanne Carl und *du* anzusprechen. So habe ich es jedenfalls verschwommen in Erinnerung. Ganz sicher bin ich mir aber nicht. Andere Mitschüler sagen, dass diese Regelung nur außerhalb des Unterrichts galt. Aber egal, trotz seiner Jungenhaftigkeit nahm er seinen Auftrag, uns etwas zu lehren und uns zu erziehen, ernst. Und es gab tüchtig Senge, wenn er meinte, wir hätten sie verdient. Eines Tages hatten Hargen und ich, seiner Meinung nach, Unfug gemacht. Oder waren wir nur etwas zu spät gekommen? Da packte er unsere Köpfe und schlug sie mehrere Male zusammen. Prügel von Lehrern gehörten in diesen Jahren zum Schulalltag dazu.

Meistens kamen die Schüler, wenn sie zu spät gekommen waren, mit der Entschuldigung: „Unsere Uhr geht zu spät." So auch Ingold Jacobs. Seinem Platznachbarn vertraute er dann jedoch an: „Mensch, ik kunn hüt morgen överhaupt nich von de Wust kamen."

In einer Heimatkundestunde nahm Hanne Carl die Eider mit uns durch. Als er sich der Landkarte zuwandte, schnitt Peter Andresen, genannt Pelein, sein Nachbar in Osterhever, Grimassen, in der Annahme, er bekäme es nicht mit. Das Schicksal wollte es, dass Hanne Carl sich in dem Moment umdrehte und ihn dabei ertappte. Pelein sollte nun erklären, was er ausdrücken wollte. Er begründete seine Grimassen mit dem mäandernden Lauf der Eider durch die flache schleswig-holsteinische Landschaft. Das wollte Hanne Carl nicht akzeptieren und versohlte ihm das Fell. Pelein weinte bitterlich und knetete sein nasses Taschentuch.

Ein etwas älteres, schon aus der Schule entlassenes Mädchen wurde von allen Hanna Hex genannt. Nun nannte Pelein sie in Anwesenheit von Hanne Carl so. Den ärgerte das und er schickte ihn zu dem knapp drei Kilometer entfernten Elternhaus Hannas, damit er sich bei ihr entschuldigen sollte. Das sah Pelein nicht ein. Er lief zwar in die richtige Richtung, nahm dann aber einen anderen Weg und lief nach Hause. Am nächsten Morgen wurde er verhört, musste gestehen und bekam erneut das Fell versohlt.

Hanne Carl kam gelegentlich zu meinen Eltern. Aus den Gesprächen hatte sich ergeben, dass er nach Husum musste.

Ich sollte ein Paar neue Schuhe bekommen und so wurde verabredet, dass wir gemeinsam mit dem Bus nach Husum fahren und Hanne Carl mir beim Aussuchen behilflich sein sollte. Wir entschieden uns für ein Paar gelbbraune hohe Schuhe. Wegen der aparten Farbe hänselten mich meine Schulkameraden. Vielleicht aus Neid? Nein, wahrscheinlich nicht. Die Schuhe sahen eben anders aus als gewöhnlich. Nun quietschte der eine auch noch. Tja, meinte Hanne Carl, eine alte Regel sagt, wenn Schuhe quietschen, sei das ein Zeichen dafür, dass sie nicht bezahlt seien.

Als ich Hanne Carl viele Jahre später als alten Mann in Husum traf, freuten wir uns beide. Aus Respekt vor meinem alten Lehrer habe ihn dann doch lieber mit Herr Hahn angesprochen, während er wie früher beim *Du* und *Christian* blieb. Vor einigen Jahren ist mein damals junger Lehrer gestorben.

Pee Schmök

Peter Cornils, für uns Kinder Onkel Peter, betrieb in Osterhever eine kleine Landwirtschaft, erwirtschaftete sein Haupteinkommen jedoch als Tagelöhner. Er war auf seine Art gerade kein Sonderling, aber doch irgendwie ein Unikum. Trotz seines Alters hatte er dichte rote Haare. Wegen seines sehr starken Rauchens – seine Pfeife erkaltete nur nachts für einige Stunden – wurde er allgemein *Pee Schmök* oder *Peter Priem* genannt. Neben dem Rauchen priemte er nämlich, so dass an jeder Seite seines Mundes fast ständig schwarze Priemspeichelspuren sichtbar waren. Immer lief er in einer leicht gebückten Haltung, aber mit einem spitzbübischen Grienen auf den Lippen herum, schnitt Grimassen oder zog uns Kinder mit irgendeinem Unfug auf. Er war ein tüchtiger Arbeiter und der Spezialist dafür, Dränagerohre mit richtigem Gefälle zu legen. Ohne Onkel Peter wagte sich auf vielen Betrieben niemand an eine so komplizierte Arbeit.

Seine leicht gebückte Haltung rührte sicher vom ständigen schweren Arbeiten her. Neben seiner Arbeit auf seinem kleinen Betrieb und als Tagelöhner, wobei ihm meistens die schwereren Arbeiten übertragen wurden, war er viele Jahrzehnte als Kirchendiener tätig. Auch diese Nebentätigkeit war mit schwerster körperlicher Anstrengung verbunden. Denn zu seinen Aufgaben gehörte auch das Ausheben der Gräber. Die extrem klebrige Kleierde der Kirchwarft in Osterhever musste er hochnehmen und auf der Kante ablegen. Bei gefrorenem Boden war das eine unsägliche Plackerei mit Spitzhacke, Spaten und Schaufel, die oftmals nicht an einem Tag zu schaffen war. Ein Problem bei widrigen Verhältnissen war, dass diese nicht zusätzlich honoriert wurde. Diese Tätigkeiten wurden im Akkord oder, wenn man will, zu Festpreisen erledigt und schmälerten so den damals ohnehin nicht gerade üppigen Stundenlohn.

Eine ebensolche Schinderei war das Läuten der Kirchenglocken von Hand. Einmal durfte ich als kleiner Junge mit Onkel Peter auf den Turm und ihm dabei zusehen. Auch nach so vielen Jahren bin ich noch tief beeindruckt und sehe in Gedanken, wie er, mit beiden Händen das dicke Reep umfassend, fast vom Turmboden abhebt, wenn er die schwere Glocke in Gegenrichtung zurückzieht.

Leider ist er nicht alt geworden, er wurde nur 62 Jahre. Das hatte sicher auch mit seiner Sucht nach Nikotin zu tun. Er bekam zunehmend Probleme beim Atmen.

Onkel Peters jüngste Tochter Rita war im gleichen Alter wie mein jüngerer Bruder und so lud sie uns, wir mögen sieben oder acht Jahre alt gewesen sein, zu ihrem Geburtstag ein.

Sie hatte drei wesentlich ältere Brüder, ein paar schlimme Jungs, die Kinder und auch Erwachsene genauso aufziehen und ärgern mochten wie ihr Vater. An diesem Geburtstag machten sie meinen Bruder und mich so ausgiebig und penetrant zu ihren Opfern, dass wir, ohne uns zu verabschieden, nach Hause wollten. Das waren immerhin fast zwei Kilometer zu laufen. Auf dem Köömdiek holten die drei Lausbuben uns ein und schafften es, uns zu überreden, wieder zurückzukommen. Ihre Eltern hatten sie wegen ihres Verhaltens scharf gemaßregelt und gelehrt, dass man so nicht mit Gästen umgehen dürfe. Anschließend haben wir gemeinsam einen ganz einfachen Papierdrachen steigen lassen. In guter Erinnerung ist mir die *Drachenpost* geblieben, die einzige, die ich in meinem Leben erlebt habe. Dazu wurde über eine leere Klopapierrolle ein rundes oder auch eckiges größeres Stück Pappe geschoben und das zusammen auf die Drachenleine gesteckt. Indem der Wind dieses Konstrukt erfasste, schob er es nach oben Richtung Drachen. Die Bezeichnung *Drachenpost*, fanden wir, war hier richtig gewählt. Wir jedenfalls waren begeistert und machten Frieden mit den Dreien.

Eines Tages pflügte Willi Cornils, der dritte der älteren Söhne von Pee Schmök, auf unserem Neuland. Ich musste ihm ein paar Brote zum Nachmittagskaffee bringen. Ich bewunderte seine gerade gepflügten Furchen. Er erklärte mir, wie er es machte. Er erzählte, er riefe den Pferden alle paar Meter „prr!“ zu, so dass sie stoppten. Während des Stopps drehe er sich in der Furche stehend um, nähme seine beiden erhobenen Zeigefinger in vierzig und siebzig Zentimeter Abstand voreinander vor die Augen und visiere die Furche an. „Bloß so cheiht dat“, meinte er. Damit hatte er, genau wie es sein Vater gerne tat, die Gelegenheit genutzt, mich, der ich deutlich jünger war, aufzuziehen.

Onkel Peter mit seiner Hede

Wie Onkel Peter die Lippen verziehen konnte, kann ich nicht beschreiben. Seine Grimassenschneidereien waren so unnachahmlich und furchterregend, dass Hargen, wenn er zu uns rüberkam, sofort vor Angst heulend wieder nach Hause floh. Noch flotter rannte er, wenn Onkel Peter sein Taschenmesser quer zwischen die Zähne nahm, dabei unmenschliche Geräusche von sich gab und drohte, ihm die Ohren abzuschneiden. Wegen dieser Eigenheiten hatten Nachbarn, Bekannte und Verwandte einen weiteren Spitznamen für ihn: *Peter Menschenfredder.*

Auch als wir größer geworden waren und Vater Soldat war, fragte Onkel Peter immer wieder, ob unsere Mutter uns noch stille. „Na, hem jem hüüt Nach wa bi jem Mudder anne Titt leg'n wa? Hä, wie mögen jem dat bloß? Dat dore dicke, sliemige Kram steit inne Pann." (Na, hat eure Mutter euch heute Nacht wieder gestillt? Hä, wie mögt ihr das nur? Diese dicke, schleimige Milch steht in der Pfanne.) Solche und ähnliche

Sprüche mussten wir uns fast täglich anhören, wenn Onkel Peter bei uns half.

Gegen Ende des Winters wird gewöhnlich der im Herbst mit einer dünnen Schicht Stroh und einer dicken Erdschicht eingedeckte Winterkohl aus den Mieten genommen und für die Vermarktung geputzt und verladen. Onkel Peter hatte zwei seiner Söhne mitgebracht. Das tat er gerne, so konnten sie sich etwas dazuverdienen. Mit einem auf ein Lattengerüst genagelten Rapslaken hatten sie sich einen Windschutz gebaut, hinter dem sie arbeiteten. Diese drei sowie Nikolaus und Pawel, unsere sowjetischen Kriegsgefangenen, waren mit der Arbeit scheinbar nicht ausgelastet, jedenfalls hatten sie Unsinn im Sinn. So fragte mich Onkel Peter, ob ich Lust hätte, mir fünf Mark zu verdienen. Das wollte ich natürlich gerne. Als Gegenleistung sollte ich meinem kleinen Bruder Paul einen Eimer kaltes Wasser über den Kopf gießen. Zwar habe ich meinen Bruder damals nicht immer geliebt, aber so mit ihm umzugehen, entsprach dann doch nicht meinen Vorstellungen von Sitte, Moral und meinem Ethikkodex, jedenfalls dann nicht, wenn er mich nicht geärgert hatte. Außerdem sagte mir schon als kleiner Junge mein gesundes Misstrauen, dass ich Geld, das mir Onkel Peter versprach, wohl in den Mond schreiben könnte.

Figaro der Familie

Als Vater Soldat war, wurde Peter Cornils verantwortlicher Betriebsleiter auf unserem Hof, der wichtige Entscheidungen mit Mutter absprach und dann entsprechend handelte. Daneben war er auch Hausfriseur für uns Kinder. Eines Tages sollte er mir, wie damals üblich, einen Fassonschnitt verpassen. Ich saß draußen vor der Stallmauer auf einem Hocker.

Daneben tobten Hargen und mein Bruder und machten Unfug. Ich musste immer wieder über die beiden lachen, drehte den Kopf hierhin und dorthin, saß unruhig. Mehrere Male war ich verwarnt worden, still zu sitzen, was ich wohl ignorierte. Plötzlich bekam ich eine fürchterlich schmerzhafte Ohrfeige von Onkel Peter. Er hatte wirklich hart zugelangt. Ja, was er machte, wollte er ordentlich machen. Das ging nicht mit einem wackelnden Delinquenten.

Wiederholt drohte er uns damit, seinen Riemen tanzen zu lassen, sollten wir seinen Weisungen nicht flott genug folgen. Zwar ist dieser Kelch alle Jahre an uns vorbeigegangen, aber wir wussten genau, was er damit meinte. So öffnete er blitzschnell seinen Ledergürtel, zog ihn aus den Schlaufen, legte ihn doppelt und schlug sich damit drohend in die linke Hand. So konnte er uns augenblicklich übers Knie legen und den Hintern versohlen.

Auf der anderen Seite stand sein oft wiederholter Schnack, wenn er mit uns zufrieden war, weil wir aus seiner Sicht etwas gut oder richtig gemacht hatten: „So wüll de Recherung dat hem." (So will es die Regierung haben.)

Sogar singen hörten wir Onkel Peter gelegentlich: „Es geht alles vorüber, es geht alles vorbei, mein Mann ist in Russland, ein Bett ist noch frei …"

Wenn mal wieder über die ungewollte Schwangerschaft eines jungen Mädchens getratsch wurde, kommentierte Onkel Peter sie meistens mit den Worten: „Jo, jo, dat is mol wedder typisch: Mit Musik herin und mit de Brummbass wa rut."

In der Kriegszeit war über ihn eine lustige Geschichte im Umlauf: Er war im Dunkeln ohne Licht auf dem Fahrrad unterwegs gewesen. Das war streng verboten. Dabei wurde er von seinem Nachbarn, dem Ortspolizisten und Vornamensvetter, Peter Andresen, genannt Peter Katzenauge, erwischt.

Onkel Peter sollte eine Mark Strafe zahlen. Sie kannten sich gut und sagten im normalen Umgang *du* zueinander. Aber Peter Andresen war nun als Beamter unterwegs und im Dienst. Onkel Peter begann zu betteln, er möge ihm doch die Strafe erlassen. „Och Peter, laat mi doch, sie doch nich so, do doch so, as wenn du mi nich sehnt hess, dat Cheld is doch so knapp, Peter." Darauf sagte sein Nachbar als diensthabender Beamter scharf zu Onkel Peter: „Nix to Petern, nix to Petern, bitte bezahlen Sie eine Mark."

Ob er gerne mit schwerer Erde arbeitete, weiß ich nicht, aber jedes Frühjahr in den 1940er Jahren engagierte Mutter ihn für ihren Garten, den er wie ein gelernter Gärtner herrichtete. Schon als kleiner Junge habe ich mich über die akkurat ausgeschaufelten Steige und die mit Schnur und Spaten rechtwinklig angelegten Beete freuen können. In der Mitte beider Rasenflächen gab es Rondelle, bei denen er die Kanten jedes Frühjahr sauber abstach. In der Mitte des einen Rondells stand eine prächtige Bauernrose. Rundherum waren Gladiolen gesetzt – für mich die Königin der Blumen. In der Mitte des anderen Rondells stand eine in die Erde einbetonierte, weiß angestrichene hölzerne Gabel für einen umlegbaren Fahnenmast. Jeder Siedler, auch die Arbeitnehmerstellen, gönnte sich einen aufrichtbaren Fahnenmast. Zu besonderen öffentlichen Anlässen oder Feiertagen wurde die in diesen Jahren übliche Hakenkreuzflagge aufgezogen.

Über die ganze Länge des hölzernen Windschutzzaunes zwischen Hofplatz und Garten grub Onkel Peter jedes Frühjahr Dahlienknollen ein. In jedem Sommer zierte eine farbenprächtige Blumenreihe die Ostseite dieses Zaunes. Im Herbst mussten die verblühten Blüten und Stängel abgeschnitten, die Knollen ausgegraben und im Stall auf ein über einem Schweinekoben aufgehängtes Regal zum Trocknen gelegt werden.

Ich will nicht sagen, dass meine Eltern jede Mode mitmachten, aber ganz frei davon waren sie nicht. Eines Jahres meinten einige Bauern im Koog, selbst Spargel anbauen zu müssen. Auf dem Markt war es ein teures Gemüse. Aber Spargel braucht sandigen Boden, den es in unserem Garten nicht gab. Es gab ihn auf unserem Neuland, dort, wo der alte Sommerdeich eingeebnet worden war. Also wurde wieder einmal ein Wagen mit Pferden bespannt. Obwohl mein Bruder und ich nicht viel mehr als eine leere Schaufel tragen konnten, ließen wir uns gerne in die Pflicht nehmen und setzten uns neben Onkel Peter und Vater auf den Wagen. Nun wurden viele Fuhren Sand geholt. Der musste in der Nähe des Gartens auf Schiebkarren umgeladen und dort abgekippt werden, wo die Spargelbeete angelegt werden sollten. Es wurde eine Menge Sand benötigt, um die beiden langen Dämme anzulegen, und es war eine immense Plackerei. Ich kann mir schwer vorstellen, dass Vater wirklich hinter dem Projekt gestanden hat, und beide, Mutter und er, hatten den Aufwand wohl unterschätzt. Im Nachhinein denke ich, Mutter hat ihn beschwatzen können, aber sie musste die schwere Arbeit ja auch nicht machen.

Einige Jahre hat Onkel Peter, wie man es von ihm gewohnt war, die aufwendige Pflege der Sanddämme übernommen, sie jedes Frühjahr akkurat aufgeschichtet und Seitenwände und Oberkanten mit der Schaufel gerade geklopft. Dann haben meine Eltern wohl eingesehen, dass Aufwand und Ertrag in keinem vernünftigen Verhältnis standen. Die Dämme wurden eingeebnet und der Spargel, Mutter wird ihn dann etwas seltener gereicht haben, gekauft.

Über Vater, wegen seiner Geschäftstüchtigkeit allgemein bekannt, hatte Onkel Peter folgende Meinung: „Ehr annern de Büx rünner hem, hett he all lang scheeten.“ Hierzu ist mir *ein*

Beispiel in Erinnerung, auf das er sich im Besonderen bezog. Direkt in Onkel Peters Nachbarschaft in Osterhever hatte Vater ein Haus mit übermäßig großem Grundstück gekauft. Kurze Zeit später verkaufte er einen Teil des Grundstücks an die Post, die dort dann eine Telefonvermittlungsstelle baute. Vater hatte geplant, mit Mutter in dieses Haus zu ziehen, wenn er seinen Betrieb an mich übergeben würde. Diesen Plan hat er dann aufgegeben. Er überschrieb das Haus auf meinen zweiten Bruder und ließ für sich und Mutter ein Abnahmehaus neben dem Hof bauen.

Um Onkel Peters These zu bekräftigen, möchte ich noch ein Beispiel anführen: Die Wirtschaft war nach dem Krieg weitgehend gelähmt. Seit Mitte der 1930er Jahre und während der Kriegsjahre war es, vorwiegend zur Finanzierung der deutschen Rüstungsproduktion, zu einer massiven Ausweitung des Geldvolumens gekommen. Im Ergebnis und aufgrund der enormen Kriegszerstörungen, wodurch die dem Geldvolumen gegenüberstehenden Sachwerte drastisch reduziert waren, hatte die Reichsmark nach dem Krieg nur noch geringe Kaufkraft. Eine Währungsreform war unumgänglich geworden. Mit ihr wurden nach dem 21. Juni 1948 alle Reichsmarknoten und -münzen (bis auf die 50-Pfennigmünzen!) als Zahlungsmittel ungültig.

Das hatte Vater hellhörig gemacht und es gelang ihm, Hunderte Geldrollen mit je 40 Stück, also 20 Reichsmark dieser silbrig glänzenden Münzen mit ihren geriffelten Rändern, ich denke, legal und ohne Banküberfall zu ordern. So lange der Vorrat reichte, wurden nun alle Barforderungen an Haushalt und Betrieb mit Rollgeld beglichen. Auch der Tagelohn für Onkel Peter.

Am Währungsstichtag erhielten Private im Umtausch gegen Altgeld ein Kopfgeld von 40 Deutsche Mark, zu dem später 20 DM hinzukamen. So gelang es Vater zusätzlich zum Kopfgeld einen Teil seiner Barwerte in die neue Währung zu retten.

Aber auch Onkel Peter war einer der Ersten, die auf der Matte standen, wenn es galt, ein Schnäppchen zu schlagen. Vater hatte drei Demat Weißkohl angepflanzt. Es war ein fürchterlich nasser Sommer, der zwar den Kohl, aber auch das Unkraut üppig wachsen ließ. Durch all den Regen war der Boden so fest und zäh, dass man das Gefühl hatte, als müsste man mit der Hacke durch eine Gummi- oder Lederschicht. Vieles von dem abgehackten Unkraut wuchs wegen des unbeständigen Wetters erneut an. Besonders ärgerlich und frustrierend mag für Vater gewesen sein, dass der Kohl im Herbst nichts kostete, er war nicht abzusetzen, der Markt war übersättigt.

Das rief nun Onkel Peter auf den Plan. Er verhandelte mit Vater über zwei Bauernwagen voll Kohl für seine Tiere und bot ihm fünf Mark pro Wagen. Die beiden wurden handelseinig. Besser zehn Mark, als den Kohl unterzupflügen, wird Vater gedacht haben. Damit möglichst viel geladen werden konnte, wurden zwei von unseren Wagen zusätzlich mit Aufsatzbrettern versehen und unsere Pferde davorgespannt. Auf der Chaussee wurden die voll beladenen Wagen zusammengekoppelt und Onkel Peter glitt zufrieden damit ab. Ich erinnere mich nicht genau, aber ich meine, ich hätte auch noch beim Beladen der Wagen geholfen. Natürlich hatten die zehn Mark damals einen erheblich höheren Wert als heute zehn Euro. Ich denke, er hatte ungefähr 55 Zentner Kohl geladen. In normalen Jahren bekamen die Bauern, je nach Nachfrage und Angebot, zwei bis drei Mark fünfzig je Zentner, manchmal etwas weniger. So hatte Vater seinen Kohl für etwa achtzehn Pfennig je Zentner verscherbelt. Es war ein sozialer Preis, weil Onkel Peter oft bei uns aushalf. Dieses Geschäft hat Vater viel Geld gekostet. Wenn der Kohl auf dem Feld geblieben wäre, wäre sein Düngewert wesentlich höher als zehn

Mark gewesen. Es floss natürlich kein Geld von Onkel Peter. Er verdiente sich seinen Kohl durch Dienstleistungen.

Mein Onkel, der Müller Joh. Chr. Mahrt aus Drelsdorf, hatte mit seinem Lastauto eine Fuhre Tannenzweige zum Verbrennen gebracht. Die mussten, um in den Herd zu passen, mit einem Handbeil in zehn bis fünfzehn Zentimeter lange Stücke gehackt werden (*Spruck hau'n*). Unermüdlich war Onkel Peter ungefähr vierzehn Tage mit dieser nicht gerade schweren, aber tristen Arbeit beschäftigt. Er hatte sie in Akkord angenommen. Ich weiß aber nicht zu welchem Preis. Um diese kurzen Stücke zu trocknen, wurden sie nach einer Lagerzeit draußen, meist im Stall in einer leeren Schweinebucht oder im Wagenschuppen, gelagert. Um Schimmelbildung zu vermeiden, musste so ein Haufen mit einer Rübenforke mehrfach umgeforkt werden.

Auch Kohlstrünke konnten noch genutzt werden. Sie wurden aus dem Boden gezogen, durch Gegeneinanderschlagen von Erde befreit und dann zum Vortrocknen auf Haufen geworfen. Da mussten wir Jungen mit ran. Nach einigen Tagen schmissen wir sie auf einen Wagen und breiteten sie irgendwo auf der Hofstelle zum endgültigen Trocknen aus. Wenn sie wirklich trocken waren, transportierten wir sie mit der Schiebkarre in eine leere Schweine- oder Kälberbucht. Von hier trugen die Mädchen oder Mutter sie in die Küche, wo sie sie je nach Bedarf zum Kochen im Herd verbrannt wurden.

Bleisoldaten am Biwak

Schon als wir ganz kleine Buben waren, brachte uns der Weihnachtsmann – Onkel Peter – ein stattliches geschecktes Schaukelpferd aus Gips, mit einem Schwanz aus Hanffasern und Lederohren. Wir haben es einen Winter lang geritten,

Mutter mit ihren beiden Ältesten

dann brach es ein Bein, wurde zum Boden gebracht und vergessen. Eine Reihe Jahre später brachte der Weihnachtsmann es erneut. Wir erkannten es wieder, schwiegen aber. Es waren knappe Zeiten und wir wussten, warum es so war. Mutter hatte es in die Hände von Tischlermeister Hahn zum Reparieren gegeben. Jens Pinsel peppte die Farben auf.

An einem Weihnachtsfest wurde ich mit einer Dampfmaschine mit flach liegendem Messing- oder Kupferkessel beschenkt, in dem das Wasser mit Brennspiritus zum Kochen gebracht wurde. Obgleich die Antriebswelle mit einer Riemenscheibe ausgestattet war, reichte die Kraft der Maschine nicht aus, Geräte anzutreiben. Aber dem Schwungrad zuzusehen, wie es sich mit rasender Geschwindigkeit drehte, und dem schmatzenden und spuckenden Geräusch der Maschine zuzuhören, war Augenweide und Ohrwurm zugleich.

In den Kriegsjahren war es auch Usus, dass Mutter uns zum Spielen mit Kriegsmaterial beschenkte. Wir nannten sie Bleisoldaten, weil sie weich und schwer waren. Angeblich soll für ihre Herstellung jedoch kein Blei verwendet worden sein. Ich erinnere mich an Soldaten mit an Koppel gehängten Gasmasken oder Karabinern im Anschlag oder Soldaten, die um ein batteriebetriebenes Biwak kauerten. Jedes Jahr musste die Sammlung ergänzt werden, weil die schweren Imitate häufig runterfielen, dabei verbogen meistens die Beine, die irgendwann vom wiederholten Richten abbrachen. Die Industrie hatte sich beim Gießen viel Mühe gemacht, die Soldaten mit ihren Stahlhelmen oder Ferngläsern wirklichkeitsnah aussehen zu lassen. Ich erinnere mich noch genau an einen Soldaten, der durch ein auf ein dreibeiniges Stativ montiertes Scherenfernrohr in Feindesland blickte. Weiter gehörten zum militärischen Sammelsurium fast original nachgebildete Panzer, Kanonen und Flugabwehrgeschütze.

Mutters Offenbarung

Zwei oder drei Tage vor dem Fest war die Tür zur guten Stube abgeschlossen, so dass das Schlüsselloch eine magische Anziehungskraft auf uns ausübte. Alle Jahre sorgte Mutter dafür, dass irgendjemand am Heiligen Abend kurz vor der

Bescherung draußen klingelte. Der Tannenbaum war von uns unbemerkt geschmückt und die Kerzen angezündet worden.

Der Teufel mag wissen, wie Mutter es geschafft hat, uns so lange – ich war gerade neun geworden, mein Bruder gut siebeneinhalb Jahre alt – an den Weihnachtsmann glauben zu lassen. Jedes Jahr allerdings war Onkel Peter im langen Mantel und mit durch Schafwolle verdecktem Gesicht gekommen und hatte uns, wenn auch bescheiden, beschert. Eine eigentlich belanglose Geste vom Weihnachtsmann an einem Heiligen Abend hat sich fest in mein Langzeitgedächtnis gebrannt. Ich sehe sie noch nach über siebzig Jahren deutlich vor mir. Leicht gebeugt stehend, mit der linken Hand den Sack mit Geschenken haltend, stützte er sich mit der Rechten auf seinen Handstock, den er in Abständen aus dem Handgelenk hin und her drehte. Natürlich gehörte es dazu, dass wir einen kleinen Vers auswendig rezitieren mussten.

Am Heiligabend 1944 wollte Mutter Onkel Peter nicht mehr zumuten, auf dem Rad von Osterhever in den Koog zu kommen. Sie hatte schon längst den Verdacht, dass wir ihr weismachten, noch immer an den Weihnachtsmann zu glauben. So klärte sie uns kurz vor diesem Fest auf. Ich kann mit gutem Gewissen sagen, dass für meinen Bruder und mich eine Welt zusammenbrach. Wir machten unserer großen Enttäuschung Luft, in dem wir bedauernd im Chor sagten: „Aach, Mama, worum hess du uns dat vertellt!?“

Genau so erging es uns mit dem Glauben an den Klapperstorch. Runde drei Wochen nach diesem Weihnachtsfest wurde mein zweiter Bruder geboren. Uns ist aber erzählt worden, er sei vom Storch gebracht worden. Und als Beweis zeigte Mutter uns ihren verletzten, blutigen Unterschenkel, in den der Storch sie gebissen hätte, wofür mir übrigens heute noch eine plausible Erklärung fehlt. Was sollten wir kleinen Buben machen? Man belog uns sicherlich nicht in böser Absicht, aber letzten Endes wurden wir belogen und glaubten noch eine Zeit lang weiter an den Kinder bringenden Klapperstorch. So war es damals. Jedenfalls bei uns. Es war so leicht, uns etwas vorzumachen.

Jäger und Gejagte

Ab 1940 ersetzten französische Kriegsgefangene nach und nach die eingezogenen Väter und Helfer auf den Betrieben. Bei uns arbeiteten sie unter Leitung unseres Tagelöhners Peter Cornils. Von unserem Nachbarn bekamen wir den Franzosen de Lüttje Paul. Er wechselte die Stelle, weil er dort nicht so gerne sein mochte. An seinen Kollegen erinnere ich mich nicht mehr. Wir Kinder haben immer wieder ihr schnelles Reden bestaunt. Sie quasselten wie die Kesselflicker. Dabei klebte ständig eine Zigarette an ihrer Unterlippe, die beim Sprechen auf und ab wippte. Der Kleine Paul konnte zaubern. Er schmiss ein Fahrradvorderrad von sich und es rollte wieder zu ihm zurück. Wir Jungs bemerkten nicht, dass er dem Rad einen drehenden Schwung mit auf den Weg gegeben hatte, wodurch es wieder zu ihm zurückkam.

Eines Tages sollten die beiden Franzosen unter einem dreihundert Meter entfernten Weg ein neues Siel eingraben. Wir Kinder, auch mit einem kleinen Spaten ausgerüstet, liefen mit ihnen zur Arbeitsstelle und begannen zu graben. An diesem Tag bot sich uns plötzlich die Gelegenheit, direkt über unseren Köpfen einen Luftkampf zwischen einem abgedrängten viermotorigen US-Bomber und deutschen Jagdflugzeugen zu beobachten. In Eiderstedt scheinen Flakgeschütze stationiert gewesen zu sein, denn der Himmel hoch über uns war voller kleiner dunkler Wölkchen der explodierenden Granaten. Gefesselt vom Geschehen ließen wir keinen Blick von diesem wilden Duell und verfolgten es mit angespannter Erwartung, bis der Bomber in den Schussbereich des Maschinengewehrs eines Jägers kam oder von den Splittern einer Granate getroffen wurde.

Die Franzosen machten sich scheinbar Sorgen um uns, vielleicht auch um sich selbst, und strebten mit uns nach Hause. Ob nun ein Jäger oder die Flak den Treffer gelandet hat, ist mir nicht bekannt. Vielleicht weiß das niemand wirklich. Der schwere Bomber war am Leitwerk getroffen worden, war somit nicht mehr steuerbar. Er ging, sich langsam um die eigene Achse drehend, im flachen Winkel über uns an Höhe verlierend, kurz vor dem Heverstrom im Watt nieder.

Da sich die Kampfszene weiter weg verlagert hatte, gab es für uns Kinder nun kein Halten mehr. Wir rannten los zum Deich, wollten zum Flugzeugwrack, kamen natürlich zu spät. Der Übergang zum Deich war, wie in solchen Fällen üblich, in kürzester Zeit von Militär und Polizei abgesperrt worden. Immerhin konnten wir beobachten, dass sieben Besatzungsmitglieder noch in der Luft aus dem trudelnden Bomber aussteigen konnten und nun an Fallschirmen nach unten schwebten. Obgleich sie vom Wind weit auseinandergetrieben wurden, wurden sie an ihren jeweiligen Landeplätzen sofort von Polizisten und Militärangehörigen gefangen genommen. Dem trudelnden Flugzeug und der an Fallschirmen hängenden Besatzung zuzusehen, hat sich mir unauslöschlich eingeprägt. Angeblich sollten zehn Soldaten an Bord gewesen sein. Zeugen berichteten, dass in der Nähe des Wracks bzw. im Innern drei tote US-Soldaten gelegen haben sollen. Über deren Schicksal wussten wir damals noch nichts. Für uns Kinder war dieses atemberaubende Schauspiel viel zu schnell vorbei.

Nach Feierabend mussten die französischen Gefangenen immer in ihr Sammellager, die alte Schule in Osterhever, zurückkehren. An schönen Sommerabenden begleiteten wir sie gelegentlich. Sie nahmen uns an die Hand und lehrten uns französische Wörter und kurze Sätze. Alfred, mein musikalischer Schulkamerad, hat sogar ein Lied in französischer Sprache, das ihn Gefangene gelehrt hatten, vor unserer Klasse zum Besten gegeben.

Zwischendurch hatten wir einen Serben, der partout nicht arbeiten wollte. Bekam er beispielsweise eine Feldarbeit zugewiesen, so setzte er sich hin und tat nichts. Als Vater auf Urlaub kam und Mutter oder Peter Cornils ihm ihr Leid über ihn geklagt hatten, hat er ihn sich vorgeknöpft. Er hat ihn nicht verprügelt, aber mir ist noch deutlich das Bild in Erinnerung, wie er auf dem im Stall niedergerungenen Serben sitzt und ihn drohend verwarnt.

Krieg, Gefangene und Lungenzüge

Je mehr sich der Verlauf der Westfront den Grenzen Schleswig-Holsteins näherte, desto lauter war sogar im weitab vom aktuellen Kriegsgeschehen liegenden Eiderstedt fast ständig ein entferntes Grollen, ähnlich einem in der Ferne aufziehenden Gewitter, zu hören. Wir hörten die Abschussgeräusche und die Explosionen der Granaten aus den schweren Geschützen, die die Luft zum Vibrieren brachten und die Häuser leicht beben ließen.

Immer wieder lagen am Weg zum Deich, direkt gegenüber von unserem Hof, bis zu einen Meter große Seeminen, die sich irgendwo aus ihren Verankerungen gerissen hatten und am Außendeich angeschwemmt und entschärft worden waren. Viele durch Unterwasserexplosionen fürchterlich verstümmelte und zerrissene Seehunde und massenhaft bräunliche Schwerölklumpen von untergegangenen Schiffen trieben damals an unseren Strand.

1942 oder 1943 bekamen wir zwei sowjetische Kriegsgefangene, Nikolaus und Pawel. Sie wurden von einem Polizisten gebracht, mussten sich im Stall neben die Tür auf ihre Bündel setzen und wurden in Anwesenheit von Mutter und uns Kindern von ihm eingewiesen. Auch diese beiden, der etwas ältere, große, ruhige, dunkelhaarige Nikolaus und der vielleicht zwanzigjährige, kleinere, blonde, hitzige, rundgesichtige Pawel wurden schnell Freunde von uns Kindern. Oft saßen wir lange zusammen auf der Schrotkiste im Stall und hörten begeistert ihrem Kauderwelsch zu. Ich könnte mir vorstellen, dass Pawel gelernter Goldschmied war. Er konnte aus Zehnpfennig- und Markstücken mit Hilfe einer selbst gebauten, handbetriebenen Bohrmaschine Fingerringe herstellen. Oft saß er im Winter im offenen Strohschuppen und bohrte und feilte. Dabei sang er melancholische russische Lieder, manchmal so schwermütig, dass es einem das Herz brechen wollte. *Maschina stalabatschina* ist mir noch in Erinnerung. Mutter, Therese und wir Kinder, alle trugen nun einen Fingerring aus einem Geldstück.

Aber Pawel konnte auch anders. Eines Tages kam er aufgebracht in die Küche gepoltert, stellte sich vor Mutter hin und brüllte in gebrochenem Deutsch: „Was, Frau, du kochen für Essen? Gestern Suuppe,[7] heute Suuppe, morgen Suuppe!“ Ob das berechtigt war, ob Mutter ihnen anderes Essen als uns vorsetzte, weiß ich nicht. Natürlich war auch bei uns manches knapp. Vieles war außerdem rationiert. Lebensmittel wurden damals auf Karten zugeteilt. So war es auch häufig auf dem Land eine Herausforderung, ausreichend Lebensmittel für den täglichen Bedarf zu organisieren – besonders in den Wintern, wenn der Garten nichts hergab. Außerdem gab es eine unschöne, aber strikte behördliche Weisung, dass die Kriegsgefangenen nicht zusammen mit uns deutschen Familien am Tisch essen durften.

Die Kriegsgefangenen waren für die Verrichtung der täglich anfallenden Arbeiten zuständig. Westlich des Stalles waren Futterrüben in einer langen Miete eingelagert worden, die mit Stroh und einer dicken Erdschicht bedeckt waren. Nun war in diesem extrem harten Winter die Erdschicht völlig durchgefroren, so dass es enorm schwierig war, an die Rüben ranzukommen. So machten sie in der Mitte der Miete mit einer Spitzhacke ein kleines Loch zum Durchkriechen, um die Rüben hierdurch in eine Schiebkarre zu schmeißen. Jede Rübe in der Miete, auch die weiter entfernt liegenden, musste in gebückter Haltung einzeln zum Loch getragen werden. Zuletzt war die Miete völlig ausgehöhlt und hielt sich durch die gefrorene Erde. Sie wurde nun zu unserem Geheimversteck. Hier waren wir sicher vor der Entdeckung durch Mutter. Auf einem Bund Stroh sitzend lernten wir von Pawel, wie mit Hilfe von Zeitungspapier Zigaretten gedreht wurden und wie wir möglichst viel Rauch in unsere Lungen ziehen konnten. Hier machten wir unsere ersten tiefen Züge. Mit anschließendem fürchterlich krächzendem Husten.

Viele Jahre später, als Vater längst aus der Gefangenschaft entlassen worden war, haben wir immer wieder versucht, verbotenerweise zu rauchen. Er machte sich zwar nicht die These seines Vaters zu eigen: „Drinkt leever mol'n Punsch, as dat jem anfangen to schmöken." Aber weil er selbst rauchte und so um dieses leidige, gesundheitsgefährdende, kostenträchtige Laster wusste, hat er mit der Androhung von Strafen versucht, uns den Zugang zu Tabak zu erschweren. Mit der Angst im Rücken, ertappt zu werden, und ohne wirklichen Genuss am Rauchen fanden wir trotzdem Wege zum Tabak.

Es war der Reiz des Verbotenen. Um nicht nach Tabakqualm zu riechen, aßen wir beim Bäcker gekaufte Lakritzpfeifen oder kauten Petersilie, bevor wir nach Haue gingen.

Bei einigen von ihnen wurde aus Üben Sucht. V. l. Ove Ketels; Jacob Hinrichs; Urban Hansen; Franz Heitmann; Paul Mahrt; Thomas Clausen

Wegen der überaus kalten Winter in diesen Jahren war es selbst in dem mit Tieren vollgestellten Stall, in dem sich die Gefangenen in ihrer Freizeit aufhielten, zugig und kühl. Um dem abzuhelfen, flochten Nikolaus und Pawel aus weichem Haferstroh Bänder und nagelten diese vor die Spalten von Türen und Fenstern. Dank der warmen Ausdünstungen der Tiere wurden so fast wohnliche Temperaturen erreicht.

Gerne mochten wir leiden, wie die Gefangenen an warmen Sommertagen herumliefen, und äfften es nach. Sie zogen ihre Oberhemden so weit aus den Hosen, dass sie über die Gürtel hingen und pluderten. Schick fanden wir es auch, die langen Ärmel der Oberhemden statt, wie *wir* es gewohnt waren, nach außen, nach innen aufzurollen, wie es die Gefangenen taten. Obgleich es unpraktisch war, weil sich die Ärmel beim Bewegen oft wieder abrollten, machten wir es ihnen nach. All das zum Missfallen unserer Mutter. Ständig mussten wir unser Nachäffen ihr gegenüber rechtfertigen. Sie lehnte derartiges Gehabe ihrer Kinder strikt ab.

Alle russischen Gefangenen der näheren Umgebung mussten jeden Abend fast drei Kilometer laufen, um zu ihrer Unterkunft, dem Müllerhaus, zu gelangen. Wir nannten es das *Russenhaus.* Es lag am westlichen Ende des Neu-Augusten-Kooges. Dort wurden sie des Nachts von einem einzigen Polizisten bewacht. Morgens liefen sie wieder zurück zu ihren Arbeitsstellen.

Nach der Kapitulation brauchten sie nicht mehr zu arbeiten und wurden in Osterhever in der bis zum Rohbau fertiggestellten Schule einquartiert. Der Bau war vor Kriegsbeginn begonnen, dann aber unterbrochen worden. Nun hatten die Kriegsgefangenen Gelegenheit, ihre künstlerischen Fähigkeiten zu zeigen. So bastelten einige von ihnen richtige kleine Kunstwerke aus Holz: Kühe auf Rädern, die durch die Räder über Drähte angetrieben ihre Beine bewegten; Geflügel, das ebenso Beine und Flügel bewegte; Affen, die auf einem Rad auf einem locker hängenden Seil, die Beine strampelnd und die Pedale bewegend, hin- und herfuhren. Andere sägten Tiere aus oder klebten Viehställe aus Sperrholz zusammen.

Eines Tages organisierten sie einen Tag der offenen Tür, bei dem sie ihre Produkte zur Schau stellten und verkaufen oder tauschen wollten. Viele Dorf- und Koogbewohner waren auf den Beinen, um die natürlich aussehenden, mit bunten Tusche- oder Ölfarben angestrichenen Tiere zu bewundern.

Unsere Therese hat einem Russen bei dieser Gelegenheit einen schmucken Hahn auf Rädern, mit sich bewegenden

Flügeln, gestohlen. Sie klemmte ihn sich unter den Arm und rannte über den Stockensteig davon. Er hat vergeblich versucht, sie einzuholen.

Ich hoffe, dass den Gefangenen im Nachhinein klar geworden ist, dass das Schicksal es gut mit ihnen gemeint hat. Sie waren dem Chaos des Krieges rechtzeitig und heil entkommen, hatten ein Bett, wenn auch nur mit einer Strohmatratze, brauchten nicht in Unterständen oder Schützengräben zu hausen noch welche auszuheben und bekamen jeden Tag zu essen. Auch wenn die deutsche Kost sicher für manchen von ihnen gewöhnungsbedürftig gewesen sein mag. Allerdings haben es auch in Deutschland längst nicht alle Gefangenen so gut getroffen. Rund anderthalb Millionen sollen in deutschem Gewahrsam wegen Mangelernährung oder mangelnder medizinischer Versorgung ums Leben gekommen sein. Man erzählte später, dass sie teilweise so ausgehungert waren, dass sie die Rinde von Bäumen gegessen haben sollen. Entsprechend waren sie gesundheitlich geschwächt.

Schweigegeld in Naturalien

Was die Ernährungslage angeht, hatten es Bauernfamilien als sogenannte *Selbstversorger* in den Kriegs- und Nachkriegsjahren besser als die Stadtbevölkerung, wenngleich ihnen auf den Lebensmittelkarten noch weniger zugeteilt wurde als den dortigen Menschen. Aber auch die Rationen für die städtische Bevölkerung, häufig nur 900 Kilokalorien täglich, reichten nicht aus, um den Körper auf Dauer bei Kräften zu halten. Es musste also gestohlen, gebettelt oder gehamstert werden. In all diesen Hungerjahren – ja, für viele waren es wirklich welche – hat unsere Mutter dafür sorgen können, dass wir nie hungern mussten, auch unsere Gefangenen übrigens nicht. Dabei hat Mutter gelegentlich auch nicht ganz legale Wege beschritten, um zumindest einen Teil des Ablieferungssolls zu umgehen, wohl wissend, dass die Nichterfüllung des Ablieferungssolls und Schwarzschlachten mit hohen Strafen geahndet wurden. Beides wurde meines Wissens zumindest nach dem Krieg vielerorts riskiert. Denn längst nicht alle auf dem Lande hatten genug zu essen. Allenthalben bettelten Arbeiterkinder in den Schulpausen um ein Stück Brot. Mag sein, dass die Mutter des einen oder anderen Kindes auch mal vergessen hat, ihrem Sprössling ein paar Brote zu schmieren. Gut möglich ist es aber auch, dass einfach nichts da war. Sicherlich war es hart, anderen beim Essen zuzusehen, vor allem dann, wenn derjenige noch nicht mal beim Frühstück richtig satt geworden war.

Wir Kinder sahen es damals als selbstverständlich an, uns jeden Tag satt essen zu können. Aber heute ist es mir im Nachhinein rätselhaft, wie unsere kleine Mutter – ich glaube, sie war nur 155 bis 160 Zentimeter groß – es in all den Kriegsjahren und der schweren Zeit danach gemeistert hat, fünf Mal am Tag – damals gab es für Frühaufsteher vormittags noch ein zweites Frühstück – etwas Nahrhaftes auf den Tisch zu stellen, das uns meistens auch noch schmeckte. In all diesen Hungerjahren hat sie dafür sorgen können, dass sie und nicht Schmalhans das Kommando in der Küche behielt. Noch deutlich sehe ich in Gedanken, wie sie hier noch einen Schuss Sahne in die Soße goss oder einen Klumpen Butter im Gemüse verrührte. Gesund war das gerade nicht, aber das wusste sie nicht. Sie meinte es gut und es schmeckte gut.

Schwarzsauer mochten wir allerdings nicht. Trotzdem stellte sie keine Alternativen für uns auf den Tisch. Wir nahmen uns dann Kartoffeln und schöpften ein paar Tropfen Schwarzsauer als Soße darüber. Weder Schwanz, Bauchspeck mit Gesäuge, Ohren oder Rüssel vom Schwein rührten wir an. Vor all diesen für die Älteren so leckeren Stücken ekelten wir uns. Sie waren zu fett und zu speckig. Allenfalls für ein Stück trockenes Nierenfleisch konnten wir uns erwärmen. Auch war es uns zuwider, wenn unsere Schulbrote mit Blutwurst belegt waren. Sogar Spargel, heute auch für uns ein Edelgemüse, verschmähten wir.

Zweimal jährlich fanden auf den Höfen Viehzählungen statt. Die zuständigen Behörden wussten also ziemlich, aber eben nur *ziemlich* genau über die Bestände Bescheid. Sicher wurde damals auf allen Höfen schwarzgeschlachtet. Mit Schafen war das risikoloser als mit Schweinen. Schafe starben lautlos. Alle Hausbewohner, auch die Heimatvertriebenen und Flüchtlinge – denn das Haus war voll belegt –, waren informiert und bekamen ihr entsprechendes Schweigegeld in Form von Naturalien. Die Schafe wurden auf dem oberen Getreidespeicher geschlachtet und zugehauen. Wasser musste zwei Treppen hoch- und wieder runtergeschleppt werden. Es wurde weder Arbeit noch Mühe gescheut. Wer essen wollte, musste arbeiten und schweigen.

Einer unserer Hausschlachter war Hannes Plähn, ein etwas weiter entfernt wohnender Bauer aus dem Westen des Kooges. Er konnte gut mit uns Kindern umgehen. Er zeigte uns unter anderem, wie man mit Hilfe der Schweinsblase einen Rummelpott macht. Er konnte uns Kinder immer wieder tief beeindrucken. Wenn er sich eine Zigarre anzünden wollte, nahm er mit seinen bloßen Fingern ein Stück glühende Kohle oder ein Holzscheit aus dem Herd und hielt sie als Feuergeber an seine Zigarre. So harte, verhornte Finger hatte er. Um Streichhölzer zu sparen, drehten andere Raucher sich Fidibusse aus Zeitungspapier und zündeten sie an der Herdglut an.

Ich greife, um bei Onkel Hannes zu bleiben, etwa vierzig Jahre vor. Ausgerechnet dieser Mann hat sich, wie sicher einige andere auch, durch mein Verschulden fürchterlich über mich geärgert. Durch den Kauf von Ländereien waren wir Landnachbarn, inklusive des dazugehörenden Grenzgrabens, geworden. Ich wollte den Graben kleien lassen. Eine ungeschriebene Regel besagt: Damit sich die Kosten etwa gleichmäßig auf beide Parteien verteilen, bezahlt derjenige das Kleien, der kleien lassen will. Dafür muss die andere Partei den Aushub übernehmen und kann darüber nach ihrem Gutdünken verfügen. Meine Unterlassungssünde war, dass ich nicht Rücksprache mit ihm gehalten habe. Um ihm Kosten zu ersparen, habe ich in meiner Unbedachtheit kleien lassen und die Kleierde auf unserem Acker ablegen lassen. Nun war Holland in Not. Einen Spitzbuben hat er mich genannt. Er wollte seinen Anteil an der Kleierde haben. Den sollte er bekommen. Das war für mich kein Problem. Ich habe den Lohnunternehmer angewiesen, die Kleierde über den Graben hinweg auf seinen Acker zu lagern. Für mich war das Schlimmste das Getratsche der guten Freunde, getreuen Nachbarn usw. Niemand spricht das Thema in meiner Gegenwart an, vielleicht aus Höflichkeit. Aber man weiß genau, jeder denkt sich seinen Teil.

Fleischbeschau etc.

Wenn ein Schwein geschlachtet worden war, dauerte es nicht lange und Fleischbeschauer Bormann stand vor der Tür, um das Fleisch auf Trichinen zu untersuchen. Natürlich schauten mein Bruder und ich neugierig zu, wenn er die herausgeschnittenen Fleischstücke zwischen zwei Glasscheiben legte, diese zusammenschraubte und die Fleischstücke durch sein Mikroskop begutachtete. Aber noch mehr wurden unsere Blicke von seinem riesengroßen Mittelfinger angezogen, der doppelt so groß wie ein normaler Finger war.

Die zugehauenen Stücke wurden dann in der Küche von Mutter, unserem Jungen Mädchen und Tante Frauke Schumann weiterverarbeitet und in Dosen oder Gläsern eingeweckt. Die gefüllten Dosen kamen auf den zweiten Boden und wurden dort im Getreide versteckt. Zur Sicherung der wertvollen Rationen bekam Tischlermeister Hahn den Auftrag, extra eine abschließbare Bodenluke einzubauen.

Im Keller hatte Mutter schon in den ersten Jahren im Koog ein Pökelbassin aus massivem Beton mauern lassen, in dem die großen Fleischstücke zum Haltbarmachen in Salzlake eingelegt wurden. Auch wir Kinder mussten einen Tag nach dem Schlachttag, an dem das über Nacht ausgekühlte Fleisch zerlegt wurde, immer wieder an den Fleischwolf, um die Kurbel zu drehen.

Die Schinken, die Backen und Teile des Bauchspecks brachten meine Eltern nach Garding in die Räucherei Rudolf Schwanz. Der hauptberufliche Stellmacher betrieb mit den in seiner Werkstatt anfallenden Sägespänen eine Räucherei. Wir Kinder fuhren immer gerne mit, um ihm bei der Arbeit mit den zahlreichen Maschinen zuzusehen. Eine besondere Faszination übte dabei die Bandsäge auf mich aus, die im Leerlauf leise surrte und im Betrieb nicht so lärmte wie eine Kreissäge.

Für jedes Schlachtfest engagierte unsere Mutter Tante Frauke als Fachfrau zum Würzen und Kneten der verschiedenen Wurstsorten. Sie war die Frau des Milchwagenfahrers Peter Schumann und bekam ihren Stundenlohn und nach getaner Arbeit einen Braten mit nach Hause. Sie war eine große, schwere Frau mit einer tiefen, fast männlichen Stimme, der der Schalk auch bei der anstrengenden Arbeit des Wursteigknetens im Nacken saß. Sie war scheinbar immer guter Laune und trieb gerne ihren Schabernack mit uns Kindern und auch mit den Erwachsenen. Immer guter Laune kann natürlich niemand sein. Auch Tante Frauke war es nicht. Eine Zeit lang wurde gemunkelt, sie kommuniziere nicht mehr mündlich, sondern nur noch schriftlich mit ihrem Mann.

Ich war inzwischen über 25 oder 26 Jahre alt und wollte mit Vaters Käfer meine Freundin Christine in Engerheide besuchen. Nun war abgesprochen worden, dass ich Tante Frauke, die an der Strecke wohnte, mit nach Hause nehmen sollte. Als sie sah, dass ich vor dem Spiegel stand und mich kämmte, damals hatte ich noch eine kaum zu bändigende Mähne, sagte sie: „Dat Kämmen kannst du die sporn, Chrüschon, dien Hoor strakel ik di sowieso all wa mang'nanner." Ja, wir mochten sie, unsere Tante Frauke, Mutters Stütze und Beraterin bei den Schlachtfesten.

Schlachtfest mag sich makaber anhören. Dieser in Eiderstedt gängige Begriff hängt sicher mit dem allgemein üblichen Brauch zusammen, dass der Hausherr den Hausschlachter und die anderen Helfer zu einem Umtrunk mit Teepunsch in die Küche einlud, nachdem das Schwein, das Schaf oder das Rind an der Leiter hing und das Geschirr gereinigt war. Abends, wenn die Frauen die gröbste Arbeit in der Küche getan hatten, wurde wieder Tee aufgegossen und die Köömbuddel kam auf den Tisch. Nun gehörten auch sie mit zur gemütlichen Runde. Hausschlachtungen waren damals mit einer Unmenge Arbeit, schmierigen Fußböden und Töpfen verbunden und ein paar Punsch wohlverdient und gerne gegeben.

Die erste Partie Flüchtlinge

Am 30. März 1945 trafen auf unserem Hof die ersten Flüchtlinge ein. Es war Frieda Schumacher mit ihren Kindern Ursula und ihrem jüngeren Bruder Dieter sowie Frau Schumachers Mutter, Frau Fengler. Zu ihnen gehörte eine weitere ältere Frau. Im Melderegister im Amt in Garding ist eine Anna Simon eingetragen. Hier scheint mir etwas nicht schlüssig; denn uns war die dritte Frau als Oma Duve vorgestellt worden, an deren Verwandtschaftsgrad zur Familie ich mich nicht erinnere. Vielleicht bestand auch keiner. Unsere Mutter wies ihnen ein Zimmer auf dem teilweise ausgebauten Kornboden zu. Trotz großer Wohnungsnot stellten sie Ansprüche. Das Zimmer war ihnen nicht würdig, nicht groß genug. War es auch wirklich nicht! So wurde denn das Schlafzimmer meiner Eltern hergerichtet, fünf Betten hineingestellt und in der Innenecke, direkt am Schornstein, ein Ofen für Kohle, Holz und Torf angeschlossen. An weitere Einzelheiten kann ich mich nicht erinnern. Es muss aber ein fürchterliches Gewühl gewesen sein, wie sie dort zu fünft gehaust haben.

Frau Schumachers Mutter, für uns Oma Fengler, war die Fliegen- und Mückenfängerin. Eigentlich war sie mehr eine Fliegen- und Mückentotschlägerin. Mit einer riesigen Lederklatsche, die an einer flachen Latte befestigt war – kein Schlag konnte damit fehlgehen –, stellte sie dem Ungeziefer gnadenlos nach. Alles, was an Insekten seinen Weg in das Zimmer der Familie Schumacher fand, wurde an Wänden, Decken und Mobiliar breit geschlagen. Noch heute sehe ich in Gedanken die dicht an dicht mit schwarzen Punkten gesprenkelten Wände und das Mobiliar deutlich vor mir.

Aber Oma Fengler konnte noch mehr. Einen herrlich schmeckenden oberschlesischen Streuselplattenkuchen konnte sie backen, von dem sie auch großzügig an uns verteilte. Schwarzbrot bestrich sie ein paar Stunden *vor* den Mahlzeiten mit auf dem Hof selbst gekochtem Zuckerrübensirup, damit er Zeit hatte, das Brot zu durchtränken. Weil der Sirup durchsickerte, legte sie die Brotschnitten auf ein Backblech oder einen Teller. Auch solche einfachen Brotschnitten haben uns Kindern köstlich geschmeckt. Wer nicht allzu hohe Ansprüche ans Essen stellte, dem schmeckte auch ein Stück Schwarzbrot mit weißem Schweineschmalz und etwas darübergestreutem Zucker. Unser Zusammenleben mit der Flüchtlingsfamilie beruhte auf Gegenseitigkeit. Der eine gab, der andere revanchierte sich. Ich denke nicht, dass sich jemand zu kurz gekommen oder betrogen gefühlt hat.

Mit Ursula hatte ich an einem schönen Sommernachmittag ein *Date*, so würde man es heute nennen. Von anderen unbemerkt waren wir durch eine Lücke der dichten Reihe der am Steig stehenden Hecke aus Ziersträuchern gekrochen, über einen Staketenzaun in die mit Obstbäumen bestandene und hohem Gras bewachsene Kälberfenne gestiegen. Hier in dieser abgeschiedenen, vom Haus und vom Steig aus nicht einsehbaren Ecke hatten wir uns ins Gras gesetzt, sie Schlüpfer und ich die Hosen ausgezogen. Für mich war ein ungehinderter Blick auf den unteren Teil der weiblichen Anatomie Neuland und aufregend zugleich. Schließlich hatte ich keine Schwester. Ursulas Mutter hatte wohl ein ungutes Gefühl beschlichen. Plötzlich hörten wir: „Ursel, Ursel!“ Ganz wohl war uns da auch nicht mehr. Beide antworteten wir nicht. Wir brauchten ein ganz klein wenig Zeit, um Schlüpfer und Hosen wieder anzuziehen. Ich erinnere mich noch ganz genau, wie ich meinen wummernden Herzschlag bis in den Kopf spürte. Mir war, als hörte ich mein Blut rauschen. Die Kehle wurde mir trocken und das Schlucken fiel schwer.

Nach diesen Symptomen zu urteilen, muss ich wohl ein sehr schlechtes Gewissen gehabt haben.

Die Zeit bei uns im Koog blieb für diese Flüchtlingsfamilie letztlich nur ein kurzes Intermezzo. Wegen der räumlichen Enge zog sie am 1. Oktober auf den Spiekerhof, einen geräumigen Haubarg in der Gemeinde Tetenbüll. Gegenseitige Besuche wurden aber aufrechterhalten.

Einige Tage nach ihrem Auszug sollten mein Bruder und ich die Familie besuchen und Frau Schumacher fragen, ob sie Mutter demnächst einen halben Tag zur Hand gehen könne, wie sie es zuvor auch schon gelegentlich getan hatte. Als Älterer musste ich das Fragen übernehmen. Den ganzen Nachmittag war ich tief bedrückt. Ich brachte es nicht fertig, das Thema anzusprechen. Es war für mich eine fast nicht zu tragende Last. Erst unmittelbar vor unserem Aufbruch nahm ich allen Mut zusammen. Ich musste es ja tun und mir fiel ein Stein vom Herzen, als die Frage heraus war. Frau Schumacher willigte sofort und gerne ein.

Von diesem Spiekerhof, der etwas über vier Kilometer von uns entfernt liegt, musste jeder Zeitungsabonnent aus dem Koog drei Mal in der Woche seine Zeitung abholen, weil es keinen Zustelldienst gab. So mussten mein Bruder Paul und ich abwechselnd die Laufburschen machen. Ständig kam es zum Streit darüber, wer dran war. Es war zeitaufwendig, Räder hatten wir noch keine. Weil selten Einigkeit herzustellen war, endete es meistens damit, dass wir beide gehen mussten. Etwas leichter machten wir uns auf diese Tour, wenn das Eis hielt. So konnten wir auf Schlittschuhen den Sielzug nutzen.

Wegen der mit Menschen vollgepfropften Wohnung bestand auch ein Mangel an guten Betten mit guten Matratzen. Wir Kinder mussten mit den einfachsten, billigen Stahlrohrbetten, mit in der Mitte tief durchhängenden Federrosten aus Draht, vorlieb nehmen. So schliefen mein Bruder und ich mit Vaters beiden Jungen Leuten und unserem Flüchtling Herbert (Frau Kuczeras jüngerer Bruder) in einem Zimmer. Es wäre ja noch erträglich gewesen, wenn einem so ein Bett allein zur Verfügung gestanden hätte. Aber immer wieder mussten wir Betten mit einem unserer Brüder oder Cousins teilen. Wegen der Kuhle in der Mitte rutschten wir stetig stramm gegeneinander. Die Nächte in diesen Betten waren Tortur und Zumutung zugleich. Aus heutiger Sicht waren das natürlich unvorstellbare Zustände. Vaters hartnäckige Meinung damals war jedoch: „Jede Kummer ward to Gewohnheit." Eigentlich waren wir alle arm. Wir merkten es nur nicht, weil es, mit kleinen Unterschieden natürlich, überall ähnlich bescheiden zuging; denn Standesunterschiede in Kleidung, Essen und Lebensgewohnheiten hatten sich längst angeglichen oder verschwanden.

Kuczeras

Gerhard Kuczera war der Vater der Kinder unserer zweiten Flüchtlingsfamilie, die vom 19. November 1946 bis zum 4. Juli 1949 bei uns untergebracht war. Er war bei seiner Ankunft vierundzwanzig Jahre alt und hatte mit seiner Frau Hildegard zwei Kinder, Manfred und Waltraut. Er war Uhrmacher und hatte rasch Arbeit in Husum gefunden. So fuhr er täglich mit dem Tourenauto zur Arbeit. Wenn er nun gefragt wurde, wie es ihm gehe oder was es an Neuem in Husum gäbe, antwortete er meist mit weit aufgerissenen Augen: „Huunger,[8] Huunger!" Das ist eine Kindheitserinnerung aus der Zeit, in der alles knapp war und sich vieles, um nicht zu sagen fast alles, ums Essen drehte. Ja, trotz Bettelns, Schwarzschlachtens und Hamsterns blieb das Thema Essen bzw. die Frage, wie werde ich täglich zumindest einigermaßen satt, für viele Menschen viele Jahre das Gesprächsthema Nr. 1. In dieser Zeit wuchsen Schwarzmärkte aus dem Boden und Schieber machten ihr Glück (oder landeten im Gefängnis).

Eine Reparatur der Poppenbüller Kirchenuhr stand an. Onkel Gerhard, wie wir Kinder ihn nannten, sollte sich darum kümmern. Viereinhalb Kilometer waren für eine Tour mit einer Kiste Werkzeug und einer Tasche Proviant in den Händen zu laufen. Er musste auf den Turm und ich bettelte, dass er mich mitnahm. Ich habe ihm bei der Arbeit zugesehen und die entsprechenden Werkzeuge gereicht. Dabei habe ich aus Versehen eine Dose mit Öl umgestoßen. Er hatte natürlich keinen Ersatz dabei und war entsprechend verärgert. Die lockere Stimmung war dahin.

Die Kuczeras waren nette, anhängliche Leute. Bis zu Mutters Tod im Jahre 2004 kam jedes Jahr zu Weihnachten oder zu ihrem Geburtstag im Januar Post von der Familie aus Pforzheim. Dort hatte sie nach ihrem Wegzug aus Eiderstedt ihre dritte Heimat gefunden. Drei Mal haben sie uns im Laufe der Jahre im Koog besucht.

Während eines Besuchs bei Mutter ist Gerhard Kuczera eines Nachts mit mir in seinem kleinen Auto nach Husum zum Augenarzt gefahren. Ich hatte meine Augen beim elektrischen Schweißen verblitzt. Aber da konnte der Doktor nicht helfen. Hier musste die Zeit heilen.

Nachdem Kuczeras in den Westen Deutschlands gezogen waren, gestalteten sich die wohnlichen Verhältnisse etwas lockerer. So bezogen mein Bruder und ich nun die leer gewordene Stube auf dem Getreideboden. Sie war mangelhaft isoliert. Also an heißen Sommertagen ein Brutofen und im Winter ein Eisloch. Trotzdem war es uns wichtig, auch bei Minusgraden und Schneetreiben bei offenem Fenster zu schlafen. Unter unseren dicken Federdecken konnten wir uns auch gut warm halten. Wir glaubten, uns so abhärten zu können. Vaters Meinung war: „Was uns nicht umbringt, macht uns hart“, und das wollten wir sein bzw. werden. Aber ich denke, wir wollten uns auch wichtig machen damit. Nach Frostnächten hatte sich durch unseren Atem eine dünne Eisschicht auf unseren Decken gebildet. Wintertags kam es immer wieder vor, dass wir durch das offene Fenster reingestaubten Schnee wegräumen mussten. Auch der Inhalt des Pinkelpotts – weil es kein Klo auf der Etage gab, wurde einer genehmigt –, war nach kalten Nächten überfroren. Schon abends grauste uns davor, morgens aus unseren warmen Betten raus zu müssen; denn in der Stube war es fast so kalt wie draußen.

Arbeit(en) auf dem Hof

Männerarbeit

Meinem Bruder und mir kam es so vor, als gäbe es gerade an Sonntagen besonders viel Arbeit auf dem Betrieb. Jedenfalls schmiss Vater uns, am einzig schulfreien Tag der Woche, zeitig aus den Betten. „Antreten zum Arbeitseinsatz“ hieß es dann. Entweder es mussten sommertags Tiere umgetrieben oder wintertags umgestallt werden oder es ging zum *Kütt jüden/jäten.* Das bedeutete, die Kornfelder systematisch abzulaufen und den blühenden wilden Senf auszureißen, unter dem Arm zu sammeln und auf dem Vorgewende in Säcke zu stecken. Ebenso wichtig war es, den *Wilden Hafer,* auch Flughafer oder Windhalm genannt, auszureißen und zu sammeln – ein Unkraut mit enorm starker Ausbreitungstendenz, auch dadurch, dass die vor der Ausreife der Kulturfrucht reifen Körner zu Boden fallen und dort nach Vermischung mit ihm bis zu sechs Jahre überdauern können, ohne ihre Keimfähigkeit einzubüßen.

Eigentlich hatten wir für solche Extraarbeiten überhaupt keine Zeit, weil wir gerade über den Sonntag besonders viele Hausaufgaben aufgetragen bekamen. Mehrseitige Niederschriften oder Aufsätze mit Skizzen oder Zeichnungen mussten erarbeitet werden.

Milch und Sahne

In dieser Zeit, in der fast alles knapp war und es kaum etwas zu kaufen gab, war es auf allen Höfen gang und gäbe, gelegentlich Kuhmilch zu entrahmen, was im Übrigen streng verboten war. Wenn sich Gäste angemeldet hatten oder für Nachschub an Butter gesorgt werden musste, stellte Mutter trotzdem ein bis zwei Tage vorher zwei oder drei Porzellanschüsseln mit warmer Vollmilch in den Keller. Die leichtere Sahne stieg nach oben und auch wir Kinder mussten sie mit einem flachen Löffel abschöpfen, einmal, mitunter zweimal täglich.

Mit viel körperlicher Anstrengung verbunden war es immer, wenn Sahne zu Schlagrahm steif geschlagen werden musste, weil sie nie kalt genug war. Niemand hatte damals einen Kühlschrank. Ich sehe mich noch auf der unteren Treppenstufe im Keller sitzend. Den Schneebesen nahm ich mal in die eine, mal in die andere Hand. Scheinbare Ewigkeiten mühte ich mich, den Rahm zu bearbeiten. Die Erfindung von Sahnesteif brachte zwar etwas Erleichterung, mühsam blieb es aber trotzdem.

Auch Butter selbst herzustellen, war sehr aufwendig und eine ähnliche Tortur. Hierzu wurden drei, vier oder fünf Liter Sahne in unsere Zehnlitermilchkanne gegossen und einer musste sie so lange mit einem selbst gebauten Stampfer stampfen, bis sich Butter und Buttermilch trennten. Die Restflüssigkeit musste mit einer Butterkelle herausgeknetet werden.

Die Aufbewahrung des Räucherschinkens war immer eine problematische Angelegenheit. Er hatte bei uns seinen Platz in einem Hohlraum des Schornsteins, der von einer Blechluke verschlossen wurde, so dass möglichst keine Madeneier legenden Fliegen hinein konnten. Wie groß war der Schrecken, wenn trotz aller Sorgfalt festgestellt wurde, dass wieder einmal ein Schinken *lebendig* geworden war, was leider nicht selten vorkam. Große Stücke musste Mutter dann wegschneiden und vernichten und alle ekelten sich beim Anblick dieser kurzen, weißen Dickwanste.

Das Herstellen von Zuckerrübensirup war eine zeitaufwendige und mühselige Knochenarbeit. Um den Zucker besser und zügiger herauslösen zu können, muss die Oberfläche der Zuckerrüben vergrößert werden. Hierzu nahmen wir ein auf einen Stiel gesetztes, stabiles s-förmiges Messer und stampften hiermit die Rüben zu Schnitzeln. Diese kamen in den Waschkessel und wurden stundenlang mit Buschholz, Torf oder Holzkloben am Kochen gehalten. Kohle nahmen wir dafür selten; denn sie war sehr, sehr knapp. Diesen Sirup habe ich als dunkle, fast schwarze, dickflüssige und klebrige Masse in Erinnerung. Sie schmeckte herb und war schier[9] kaum genießbar. Sie gehörte aufs Brot oder sie wurde zum Backen verwendet.

Schnaps brennen …

Trotzdem wollte man in dieser trüben Zeit nicht nur Trübsal blasen. Und das ging wohl, weil man es von jeher so gewohnt war, nicht ohne Hochprozentiges. Auch Vater kaufte Zuckerrübenaktien und begann, Zuckerrüben anzubauen. Nun konnten wir außer Sirup auch Schnaps selbst herstellen. Allerdings eine völlig neue Herausforderung: Denn erstens war es streng verboten und zweitens konnten einem die gläsernen Röhren für den Destillierprozess bei unsachgemäßer Handhabung durchaus um die Ohren fliegen. Gut präsent sind mir noch die im leeren Pferdestall stehenden, mit Kuhdecken abgedeckten Baljen, in denen geschnitzelte Zuckerrüben zum Vergären standen, um später Schnaps aus ihnen zu brennen. Ich erinnere mich auch daran, wie die Männer in der verdunkelten Küche mittels verschiedener komplizierter Geräte echten, allerdings widerlich schmeckenden Schnaps brannten, den man nur sparsam *genießen* sollte, weil er sonst unerträgliche Kopfschmerzen verursachte.

Hinter vorgehaltener Hand wurde bei uns darüber getuschelt, dass einer meiner Cousins sich schwerste Verbrennungen an Brust und Bauch zugezogen haben soll, als ihm beim Brennen von Alkohol sein Destilliergerät explodiert sein soll.

Ich nehme an, dass auch das Gewinnen von Speiseöl aus Raps illegal war. Denn die winzige, mitunter Tag und Nacht leise summende, elektrisch betriebene Ölmühle stand auf dem zweiten Kornboden. Hierbei mussten wir Kinder höchstens mal Raps nachfüllen und gewonnenes Öl in Flaschen gießen.

In der waschmaschinenlosen Zeit wurde der Waschkessel für vieles gebraucht, nicht nur für das Naheliegende – an Waschtagen wurde sämtliche Kochwäsche in ihm gekocht –, sondern auch zum Sirupkochen. Zudem wurde Seife darin hergestellt und an Schlachttagen kochten wir darin Sülze in Dosen und in ausrangierte, passend zurechtgeschnittene Zeltbahnen eingenähte Grützwurst oder in umgedrehten Pansen Saure Rollen.

Es gab allerdings ein immer wiederkehrendes Problem bei der Befeuerung des Kessels. Und das lag am Schacht für den

Rauchabzug. Vater hatte sich die Kosten für den Bau eines zweiten Schornsteins gespart. Stattdessen wurde der Rauch durch einen Schacht unter dem Fußboden der Küche hindurch zum Schornstein geleitet. Der Rauch musste zunächst nach unten durch den kalten Schacht und so etwas mag Rauch im Allgemeinen nicht. Beim Anheizen und danach verqualmte er das Haus, sofern der Schacht nicht vorher mit reichlich angezündetem Papier erwärmt worden war. Vor allem bei dunstigem und windstillem Wetter war das eine langwierige Prozedur, ehe ausreichend Zug im Schornstein den Qualm mitnahm.

Einer von gut dreißig Bauherren im Koog hatte das gewusst, geahnt oder sich klug beraten lassen. Er hatte in seiner Bauvoranfrage den Antrag für zwei Schornsteine gestellt und nach Genehmigung entsprechend gebaut.

Im Nachhinein denke ich, dass Mutter Vater gut bezirzen konnte. Sie war, wenn ich mich richtig erinnere, die Erste im Koog, die eine Waschmaschine bekam. Eine Miele mit Anwurfmotor und einer Vorrichtung zum Anbau eines elektrisch betriebenen Wäschewringers mit Gummirollen. Die Maschine war noch nicht so ausgereift konstruiert, dass sie Wasser heiß machen konnte. Trotzdem nehme ich an, dass es das Modernste war, was der Markt hergab. Die Probleme mit dem Anheizen des Kessels löste sie also nicht. Schmutzwäsche musste wie eh und je erst im Kessel eingeweicht, dann in Seifenwasser gekocht werden und dann zusammen mit dem heißen Wasser in die Maschine umgefüllt werden. Aber das leidige Rubbeln der Wäsche mit den Händen auf dem verzinkten, gewellten Waschbrett, das über die Kante einer dreibeinigen Balge gelegt wurde, und die für die Frauen schwere Arbeit des Auswringens hatte ein Ende. Ihnen grauste nicht mehr ganz so sehr vor den Waschtagen.

Auf Rattenjagd – gefährliche Ideen

Westlich unseres Hofes hatte Vater schon im zweiten Jahr im Koog einen Obstgarten angelegt, ihn für Hühner eingezäunt und in der nordwestlichen Ecke einen Kükenstall gebaut. Dort verbrachten die geschlüpften Küken ihre ersten Lebenswochen unter einer Grudeglucke.[10] Unsere Grudeglucke war ein auf niedrigen Eisenbeinen stehender etwa 1,3 × 1,3 Meter großer geschlossener Blechkasten, in dem zwei Reihen in Asche gehüllte Grudeglut für Wärme sorgten und unter die die Küken krochen.

Wegen des hohen Arbeitsaufwandes wurde diese Grudeglucke in späteren Jahren durch elektrisch betriebene Infrarotlampen ersetzt. Der Kükenstall stand etwa fünfzig Meter vom Hof entfernt und die Stromzufuhr führte aus einer Steckdose in der Scheune über mehrere auf dem Grasboden liegende, zusammengesteckte Verlängerungskabel. Als die Stromzufuhr für die Lampen eines Tages nicht funktionierte, delegierte Vater die Untersuchung des Stromausfalls an mich. Weil ich zu bequem war, zur Scheune zu laufen, um den Stecker aus der Dose zu ziehen, zog ich auf halber Strecke einen Stecker aus einer Kupplung. Wie sollte ich jetzt prüfen, ob an der Steckerkupplung noch Strom ankam? Einen Phasenprüfer hatten wir natürlich nicht. So kniete ich mich ins Gras, nahm die Kupplung in eine Hand und ließ – was für eine absurde Idee – einen Strahl Spucke erst in das eine und dann in das andere Loch laufen. Und schon merkte ich schmerzhaft, dass der Laden bis hierher in Ordnung war. Volle 220 Volt sausten durch meinen Mund, durch die eine aufgestützte Hand und durch die Knie in den Boden.

Zu meinen mir selbst auferlegten Pflichten gehörte auch, alles, was sich bewegte, regelmäßig zu ölen oder zu fetten.

Hierzu gehörten nach meinem Empfinden auch Steckdosen, weil dort Stecker reingeschoben und wieder rausgezogen wurden. Davon nahm ich jedoch nach einem Versuch Abstand. Das unangenehme Kribbeln in den Fingern und das Flattern der Zehen waren kein angenehmer Denkzettel. Dazu sollte ich aber doch festhalten, dass mir die Idee, Steckdosen zu ölen, schon als kleiner Knirps gekommen war.

Zum Hof gehörte ein Doppelhühnerstall für je sechzig Hühner. Die Kotbretter waren etwa einen Meter über dem Fußboden. Unter ihnen war Scharrraum. Hier gab es genug Platz, um Säcke mit Weizen zum Brotbacken und mit Gerste für Grütze zu verstauen. Damit konnten wir das von den Behörden vorgeschriebene Ablieferungssoll wenigstens zum Teil umgehen. Gedacht, getan, die eine Hälfte des Scharrraums wurde vollgepackt und Leerräume mit Torfsoden aufgefüllt. Vorne bauten die Jungen Leute eine Mauer aus Torfsoden als Sichtschutz und damit die Hühner nicht an das kostbare Getreide kamen. Der Plan war riskant und nicht zu Ende gedacht. Hier war ein Schlaraffenland für Ratten angelegt worden. Durch den aus Magerbeton hergestellten Fußboden des Stalles hatten sie mehrere Löcher gefressen, durch die sie rein- und raushuschten. Sie fraßen sich durch Torfwand und Jutesäcke, labten sich am Getreide, verschmutzten es zu allem Überfluss auch noch mit Kot. Für den menschlichen Verzehr waren die Reste des eingelagerten Getreides nicht mehr zu gebrauchen. Es war zu Hühnerfutter zweiter Wahl geworden.

Unter anderem wegen der Mäuse- und Rattenplage auf dem Hof und im Hühnerstall bekamen wir einen Rattenjäger. Flocky, eine kleine, scharfe, graubraun gesprenkelte Terrierhündin mit kupiertem Schwanz, war eine tüchtige Rattenbeißerin. Wurden die von Ratten genagten Löcher im Zementfußboden des Hühnerstalles mit härterem flüssigem

Zement vergossen, schaffte sich das Ungeziefer nebenan neue Zugänge und Fluchtwege. Sobald nun Ratten bemerkt wurden, stellten wir ihnen nach. Von der in der Nähe liegenden Viehtränkekuhle schleppten unsere Jungen Männer so lange Wasser in Eimern heran und gossen es in die Löcher, bis die Ratten auftauchen mussten. Nun bereiteten Vater und wir Kinder, mit Stöcken und Schaufeln bewaffnet, ihnen gerade keinen freundlichen Empfang. Und Flocky war natürlich begierig, sie sich zu schnappen. Einmal hatte sich eine Ratte in ihrer Lippe festgebissen. Sie jaulte kläglich und versuchte sie durch rasche Hin- und Herbewegungen des Kopfes abzuschütteln. Es gelang erst, als die Ratte einen Knüppelschlag erhielt. Trotzdem ließ Flocky sich nicht bremsen, war sofort wieder einsatzbereit. Die Ratten saßen ähnlich in der Falle wie Hasen im Kessel bei einer Treibjagd. Es war ihnen fast unmöglich zu entkommen. Ratten piepsen kläglich, wenn sie sich in die Enge getrieben fühlen und die Ausweglosigkeit ihrer Lage erkennen.

Zu den Aufgaben, die mir und meinem Bruder schon mit zehn oder elf Jahren aufgetragen wurden, gehörte alle vierzehn Tage das Ausmisten des Hühnerstalles. So sollten wir einen Teil der Kosten, die unseren Eltern durch uns entstanden, abarbeiten. Fast jedes Mal kam es bei dieser Arbeit zum Streit zwischen uns. Beide fühlten wir uns benachteiligt, weil jeder meinte, er arbeite mehr als der andere.

Immerhin hielt Vater in Spitzenzeiten etwa hundertzwanzig Legehennen, die zweimal täglich gefüttert, deren Eier gesammelt, gereinigt und vermarktet werden mussten. Weil die Vermarktung umständlich und zeitaufwendig war, war es für Vater bequem, die Hilfe von uns Jungen in Anspruch zu nehmen. Noch haarscharf, wie in einem abspulenden Film, sehe ich, wie er nacheinander mit drei Umkartons mit je 180 Eiern aus der Waschküchentür kommt und sie in unseren mit einer Schicht Stroh gepolsterten eisenbereiften Blockwagen wuchtet. Mein Bruder und ich sollten die Eier zum Kaufmann Lorenzen nach Osterhever bringen.

Um die holperige Grandchaussee des Köömdieks zu meiden, schoben wir den Wagen, nachdem wir die Stöpe[11] passiert hatten, die flache Seite des Deiches hinunter und zogen ihn nun auf der schrägen Grasfläche weiter. Rasch merkten wir jedoch, dass der Wagen hier schwerer lief. So wollten wir ihn an einer einigermaßen flachen Stelle wieder zur Straße zurückschieben. Selbst diese flache Stelle war so steil, dass wir den Wagen nicht halten konnten und er umkippte. So hatten wir den schönsten Eiersalat und Vater war entsprechend grimmig. An Mutters Reaktion erinnere ich mich nicht mehr. Auf jeden Fall war dieses Malheur aber zum Koog- und Dorfgetratsche mit Unterhaltungswert geworden. Man stelle sich vor, nach über siebzig Jahren gibt es noch immer Leute, die in meinem Alter und älter sind und sich an unser Missgeschick erinnern und mich gelegentlich grinsend darauf ansprechen.

Mobiles Hühnerhaus

Es kann um 1948 herum gewesen sein, als viele Bauern im Koog meinten, ein auf Kufen gebautes mobiles Hühnerhaus haben zu müssen. So auch unser Vater. Mit der Pferdekutsche hatten wir um die sechzig Junghühner von der Brüterei Hansen aus Garding geholt, die nun in das mitten in der Hausfenne abgestellte Hühnerhaus gesperrt wurden, so sollten sie lernen, wo ihre zukünftige neue Heimat war. Am nächsten Tag ließen wir die Hühner nach draußen in der Hoffnung, dass sie ihren Stall abends wiederfinden würden. Die Enttäuschung war groß, als wir merkten, dass sie so gelehrig denn doch nicht waren. Nach und nach kamen sie ins Hühnergehege und flogen in die Obstbäume, um dort zu nächtigen. Inzwischen war es längst dunkel geworden und ein Gewitter aufgezogen. Die Hühner sollten in ihren Stall. Im Dunkeln konnten wir sie relativ gut greifen. Sie wurden in Säcke gesteckt und in ihren Stall gebracht. Immer wieder schickte Vater unsere Mutter, unser Junges Mädchen und uns Jungen bei Regen und schwerem Gewitter über die freie Fenne zum Stall. Nur er drückte sich davor. Vielleicht hatte er, wie auch wir alle, Angst, vom Blitz getroffen zu werden. Lieber sammelte er die Hennen aus den Bäumen und steckte sie in Säcke.

Um die Hühner vor Prädatoren zu schützen, war es wichtig, sie nachts in einen gesicherten Stall zu sperren. Normalerweise war es Vaters Aufgabe, die Hühnerschotts vor dem Zubettgehen zu schließen. War er allerdings eingeladen und ging so zeitig aus dem Haus, bevor das letzte Huhn im Stall war, delegierte er diese wichtige Aufgabe entweder an unsere Mutter, unser Junges Mädchen oder an uns Kinder. So kam es schon mal vor, dass einer sich auf den anderen verließ und die Schotten offen blieben. Und so fanden wir eines Morgens ein Schlachtfeld vor, das vermutlich ein Wiesel angerichtet hatte. Nur zwei Hühner waren wirklich angefressen, allen anderen waren die Kehlen durchgebissen worden. Der Schaden war beträchtlich und das hinterlassene Schlachtfeld typisch für diese Tierart, deren Mordlust größer ist als ihr Appetit.

Fünf Pfennige pro Stück

Mein Bruder und ich bekamen schon früh eine Luftbüchse als Weihnachtsgeschenk. „Schießen müsst ihr können, aber niemals dürft ihr auf Menschen zielen, selbst mit einer ungeladenen Büchse nicht. Auch nicht aus Spaß!“

Das war eine von Vaters Regeln, die er uns ans Herz legte. Nun hatten wir eine neue Waffe und neue Möglichkeiten, den Spatzen und Ratten nachzustellen. Am besten ging das abends im Schweinestall. Wir hatten bemerkt, dass immer wieder Ratten an den Holzwänden hochkletterten und zu flüchten versuchten, wenn wir abends im dunklen Stall Licht machten. Das Überraschungsmoment war der ausschlaggebende Faktor. Während des Kletterns musste gezielt, geschossen und am liebsten getroffen werden. Das klappte nicht jedes Mal. Auch ein sich langsam bewegendes Ziel mit einer Eierbecherkugel zu treffen, ist Glückssache, jedenfalls nicht einfach. Aber wenn sie getroffen waren, schrien sie, hielten an, klammerten sich eine Weile fest, um dann herunterzufallen. Vater hatte uns rechtzeitig eingebläut: Ratten sind Schädlinge und ihnen muss konsequent nachgestellt werden. Das hatten wir schnell begriffen und handelten entsprechend. Er tat es nicht. Er überließ uns die Jagd, auch nach Feierabend. Ich erinnere mich nicht, dass er unseren Eifer jemals auch nur mit einem Pfennig honoriert hätte. Auch habe ich nie gesehen, dass er auch nur ein einziges Mal die Luftbüchse in die Hand genommen hat. Sicher wird er gedacht haben, dass er als Soldat häufig genug hat schießen müssen.

In einem Winter floh jeden Abend, wenn Licht im Stall angeschaltet wurde, eine Ratte durch ein Wasserabflussrohr für einen der Futtertröge nach draußen. Etliche Abende war ihr das gelungen. Zum Narren halten können wir uns selbst, dachten wir und letzten Endes war guter Rat gar nicht mal so teuer. Wir suchten uns einen Jutesack, den mein Bruder in die Hand gedrückt bekam. Alles musste nun leise, wie auf der Pirsch, geschehen. Er lief mit dem Sack nach draußen und stülpte ihn über das Abflussrohr. Ich ging in den Stall, machte Licht und die Ratte lief in die Falle.

Vater erzählte, seit einem seiner Brüder einmal eine Ratte im Hosenbein hochgeklettert sei, habe dieser sie so gehasst, dass er sie, wenn er keine andere Möglichkeit sah, ihrer habhaft zu werden, mit der Hand griff und ihnen die Kehlen zuhielt. Dazu gehört viel Mut. Ratten haben spitze Krallen und noch spitzere Nagezähne und kratzen und beißen in Bedrängnis wild um sich. Aber ich kann mir vorstellen, dass einem die kalten Gräsen über den Rücken laufen, wenn einem eine Ratte im Hosenbein hochklettert.

In den 1940er und 50er Jahren galten auch Spatzen als schwere Schädlinge, waren sie letzten Endes auch. Wenn Hühner draußen gefüttert wurden – fast alle Hühner wurden in Freilandhaltung gehalten –, schwärmten meist Hunderte Spatzen ein und fraßen mit. Im Juli und August fielen sie in riesigen Schwärmen in die Getreidefelder ein, klammerten sich an die Halme des reifenden Getreides und pickten die Körner aus den Ähren. Einzelne Vögel würden sicher keine Rolle gespielt haben, aber es waren in diesen Hungerjahren zu viele.

Irgendwann in diesen Jahren beschloss der Gemeinderat von Osterhever, dass es für jeden beim Bürgermeister abgelieferten toten Spatz fünf Pfennige geben solle. Das war damals ein fairer Preis, obgleich nur ein kläglicher Stundenlohn zustande kam. Jagen ist mühsam und zeitaufwendig. Zumal wir unsere Jagdstrecke, damit sie nicht verweste, alle paar Tage als Nachweis per Rad zum fünf Kilometer entfernt wohnenden Bürgermeister bringen mussten. Hier wurden die Vögel gezählt und auf den Misthaufen geworfen. Eine Zeit lang wurde gemunkelt, der Sohn des Bürgermeisters mache sich diesen Umstand zunutze, indem er die einigermaßen gut erhaltenen Tiere sammelte und sie seinem Vater als eigene Strecke vorlegte. Aber die Menschen tratschen und erzählen viel. Derartige Unterstellungen beruhen häufig auf Neid, Arglist oder auf Vermutungen. Ich denke, dass das eine Mär war und jeder Grundlage entbehrte.

Damit überhaupt hin und wieder ein paar Mark zusammenkamen, nutzten wir unsere knappe Freizeit eifrig und waren mit der Luftbüchse auf Jagd oder räuberten – so nannten wir es – ausgebrütete Jungspatzen aus den Nestern. Auch sie wurden anerkannt. Wir scheuten keine Mühen und stellten auch Drahtfallen auf. Das funktionierte allerdings nur nach einer „Neuen".[12] Wegen Futtermangels flogen die Tiere in die mit Lockfutter bestückten Fallen. Spatzen bauen ihre Nester mit Vorliebe unter Dachrinnen, oben im Scheunengebälk oder hoch in Bäumen. Sie zu erreichen war nicht selten mit gefährlicher Kletterei verbunden.

Nicht jeder hatte Verständnis für unser rabiates Vorgehen. Eines Tages besuchte mich mein Schulkamerad Alfred, derjenige, der französische Lieder singen konnte. Bei uns gab es keine Nester mehr auszunehmen. Nun sollte es bei ihm zu Hause weitergehen. Als er seinen gerade aus amerikanischer Kriegsgefangenschaft entlassenen Vater um Erlaubnis fragte, bekam er abschlägigen Bescheid.

Durch das beharrliche Nachstellen wurden die Spatzen scheuer. Es wurde immer schwieriger, auf Schussnähe an sie heranzukommen. So schossen wir mit unserer kleinen Luftbüchse auch auf größere Distanzen, wobei mit Abnahme der Trefferquoten auch der Jagdeifer sank. So haben wir denn auf Nachbarhöfen, meist mit positivem Ergebnis, um Erlaubnis gefragt.

An einem Nachmittag, als ich beim Bauern Ernst Lohff auf dem leeren Raufutterboden auf Jagd war – ich erinnere mich genau, dass Mutter mir drei Stücke Schwarzbrot, belegt mit eingekochtem Schweinespeck, der mit Senf bestrichen war, als Wegzehrung mitgegeben hatte –, wurde ich durch den Jungen Mann und einige Kinder abgelenkt, die mich aufforderten, dort oben Greifen zu spielen. Als ich dran war und den Jungen Mann verfolgte und er merkte, dass ich ihn würde einholen können, sprang er genau über den Abwurfschacht für Futter. Ich kannte den Boden weniger gut und stolperte in diese von ihm arglistig gelegte Falle und schlug mit dem Hinterkopf auf den darunter liegenden Futtergang auf. Eine schwerste Gehirnerschütterung war die Folge, wegen der ich drei Wochen stramm das Bett hüten musste.

Häufig saßen Spatzen auf Telefon- und Stromleitungsdrähten, von denen wir sie runterzuschießen versuchten. Dabei verfehlten auch mal Kugeln ihr Ziel und trafen die Leitungen. Wir haben zwar keine komplett durchschießen können, das war auch nie unsere Intention. Aber einige waren durch Treffer beschädigt worden, so dass Teile der durchschossenen, gedrehten Drähte wie Fransen heraushingen und Leitungen ausgetauscht werden mussten. Als Ursache für die Schäden wurden Materialfehler und Alterung angenommen.

Eines Sonntagvormittags wollte ich nach Erledigung der unausweichlichen Stallarbeiten Spatzen schießen. Neben der alten Wagenremise standen Hunderte Reuterknüppel akkurat im Rundkreis aufgestellt. Ich stellte einige der Knüppel zur Seite, so entstand eine Art Schießscharte. Direkt davor streute ich Lockfutter und versteckte mich im Hohlraum der aufgestellten Knüppel. Es dauerte nur eine kurze Zeit, da hatten die Vögel das Futter gefunden und ich konnte in kurzen Zeitabständen auf sie schießen. Das Merkwürdige war, dass ich trotz der kurzen Distanz keine Treffer verbuchen konnte. Wir konnten sie doch sonst auf fünfzehn Meter treffen. Der Grund ist mir erst später aufgegangen. Die Büchse war mittels Kimme und Korn auf ein Ziel in 12,5 Meter Entfernung eingestellt, die Entfernung betrug hier aber nur zwei bis drei Meter. Alle Eierbecherkugeln waren also über ihre eigentlichen Ziele hinweggeflogen. An diesem Morgen hatte ich vergeblich auf Ansitz gesessen.

Auch Stare gehörten zu den zu bekämpfenden Schädlingen. Dicht an dicht, wie auf einer Perlenschnur saßen diese geselligen Vögel gerne schilpend auf den Stromleitungen oder sie fielen in großen Schwärmen in das Blättergewirr der hohen Pappeln ein, die im Westen unseres Hofes als Windschutz gepflanzt worden waren. Merkwürdig war, dass die Stare, wenn sie auf einer Leitung sitzend getroffen worden waren, sich einige Sekunden mit den Krallen festklammerten und erst dann herunterfielen.

Um bei den Staren zu bleiben, greife ich hier runde dreißig Jahre voraus. Sie sorgten dafür, dass wir von unseren wenigen Fliederbeerbüschen ums Haus kaum ernten konnten, weil sie in ihnen einfielen und die Früchte fraßen, ehe sie reif waren. Wenn tatsächlich einige übrig blieben, machte Christine aus den Blüten mit etwas Zucker und Weinstein fruchtigen Fliederbeersekt als Durststiller für heiße Tage und aus den reifen Beeren Fliederbeersaft für kalte Tage.

Unmittelbar hinter unserem Mistplatz stand so ein Fliederbeerbusch, der unserer noch einzigen Sau als Sonnenschutz diente. Hier hatte sie beides: Sie hatte sich eine Suhle gewühlt und einen Schattenspender. Als ich eines Tages sah, dass eine Schar Stare in dem Busch aufräumte, holte ich meine Büchse, zielte und drückte ab. Sofort hörte ich einen lauten Sauenschrei. Ich hatte die Sau an der Nase getroffen. In meiner Sorge um ihr Leben ließ ich den Tierarzt kommen. Er injizierte ihr ein Medikament mit Langzeitwirkung gegen Schmerzen und ein Antibiotikum, um eventuellen Entzündungen vorzubeugen. Der Sau hat der Steckschuss scheinbar kaum geschadet, schon abends fiel sie wieder gierig über ihr Futter her.

Bei meinem Kurs für den Jagdschein lernte ich: Bevor ich schieße, das Ziel sicher *ansprechen*, damit ich weiß, auf was ich schieße. Ein Projektil nur so abzufeuern, dass es keinen Kollateralschaden verursachen kann, sollte es sein Ziel verfehlen. Seine Flugbahn muss bis zum Ende sichtbar offen liegen.

Lang die Arme, kurz die Pausen

Ich war ein sehr lebhaftes Kind, das immer tätig sein musste. Mutter erzählte, dass ich, als ich meinen Namen noch nicht richtig aussprechen konnte, über mich selbst gesagt haben soll: „Diddan, immer arbeiten." Irgendwie hatten auch Mitschüler dieses Diddan mitbekommen, mit dem sie mich dann auch gelegentlich hänselten.

Es gab Arbeiten für uns Kinder, die wir auf Weisung unserer Eltern widerwillig verrichteten, andere dagegen, die wir freiwillig und gerne erledigten.

Großen Spaß bereitete mir in einem extrem trockenen Sommer in den 1940er Jahren das Wasserfahren aus der knapp einen Kilometer entfernten, in unserer Kuhfenne liegenden Wasserkuhle. Ich kutschierte dorthin mit unserem ältesten Pferd Senta, wenn es anderweitig nicht gebraucht wurde. An sich war die Arbeit für einen Jungen von elf oder zwölf Jahren viel zu schwer. Hierzu wurden auf den eisenbereiften Blockwagen vier Milchkannen gestellt und Senta davorgespannt. Bei der Kuhle habe ich die Kannen eimerweise gefüllt, nach Hause gefahren und dort das Wasser in einen Kübel geschüttet. Hierbei musste ich die Kannen anheben, jede wog ungefähr fünfzig Pfund. Obgleich es diesbezüglich keine Weisung von Vater gab, habe ich mich wochenlang in den Ferien mit dieser Arbeit geschunden, wohl weil sie mir Spaß machte, ich frei über meine Zeit verfügen und mich ein wenig nützlich machen konnte. Gebraucht wurde das Wasser nun mal.

In vielen kalten Wintern gab es große Probleme, ausreichend Wasser für das Vieh vorzuhalten. Wohl hatte Vater schon in seinem ersten Jahr im Koog im Stall ein Bassin für achttausend Liter Wasser mauern lassen – wohlweislich *im* Stall. Onkel Johan hatte seins draußen bauen lassen und fing dort das Regenwasser vom Pfannendach auf. Sein Bassin fror jedoch schon bald kaputt und begann zu lecken und es leckte, bis es Anfang der 1960er Jahre abgerissen wurde, nachdem der Koog an die öffentliche Wasserversorgung angeschlossen worden war. – In Trockenphasen war der Vorrat im Bassin durch das Vieh rasch aufgebraucht und es musste Wasser aus der Hühnerkuhle hochgepumpt werden. Körperlich völlig überfordert waren mein Bruder und ich, wenn wir diese Männerarbeit übernehmen mussten. Trotzdem stellte Vater uns immer wieder an, um die für uns Jungs viel zu schwer zu bewegende Doppelkolbenpumpe zu bedienen. Es gab keinen Leerschlag, bei jedem Hub förderte sie Wasser. Vaters Kommando lautete: „Jeder eine Stunde, lang die Arme, kurz die Pausen!“

Willy, unseren ersten Jungen Mann, von dem ich noch erzählen werde, sehe ich noch haarscharf vor mir, wie er mit der Axt ein Loch in das dicke Eis auf Tante Marthas Graben schlug und mit einem Eimer immer zwei Milchkannen mit Wasser füllte und sie zum Stall trug. Wenn er mit den schweren, mit Wasser gefüllten Kannen lief, riss das Gewicht seine Schultern nach unten und seine sonst geraden Beine sahen krumm aus. Er goss das Wasser in den kleinen Vorbehälter, aus dem auch die Pferde getränkt wurden und aus dem das Wasser, nach dem Prinzip der kommunizierenden Gefäße, zu den Selbsttränken der Tiere lief.

Eine weitere, zeit- und arbeitsaufwendige Möglichkeit, an Wasser zu kommen, war, es aus dem Panzergraben in Westerhever zu holen. Gemeinsam mit zwei Männern fuhr ich, der ich noch keinen vollen Eimer tragen konnte und aus reiner Neugierde dabei war, oft bei lausiger Kälte auf dem mit zwei Pferden bespannten Bauernwagen diese weite Strecke. Auf dem Wagen stand ein Tausend-Liter-Fass, auf dem wir breitbeinig auf untergelegten Jutesäcken hintereinander saßen. In Gummistiefeln, mit einem Bein im Graben stehend, schöpfte ein Mann mit einem Eimer Wasser aus dem Graben und reichte ihn an den nächsten weiter, der dann das Wasser in das Fass goss. Vom Wagen, der vor der Stalltür abgestellt wurde, musste das Wasser wieder mit Eimern zum Bassin getragen und eingefüllt werden. Wiederholt kam es vor, dass bei Frostwetter der Deckel des Einfüllstutzens, durch den beim Ablassen des Wassers Luft nachströmen musste, zugefroren war und mit heißem Wasser aufgetaut werden musste.

Koriander und Zuckerrüben

Um auf seiner kleinen Fläche genügend Geld zu verdienen, baute Vater gerne Spezialkulturen an. In einem Jahr hatte er Koriander gedrillt und das ausgerechnet in der steifen Fenne. Der Koriander musste pikiert werden, und wir Kinder mussten das Unkraut auf den Knien kriechend jäten. Für solche Arbeiten heuerte Vater immer eine Reihe Schüler an, die sich gerne ein paar Mark verdienen mochten. In diesem trockenen Sommer waren der Boden und die Kluten so hart, dass wir es auf den nackten Knien nicht aushalten konnten. Sie scheuerten wund und mussten mit Lappen umwickelt werden.

Vater hatte wieder einmal den Fehler gemacht, auf der Südseite der Koogchaussee auf dem steifen, schweren Boden Zuckerrüben anzubauen. Sie wurden damals von Hand mit einer Köpfschippe vom Blattwerk befreit und dann mit einem von zwei Pferden gezogenen Zweizinkenpflug aus der

Erde geholt. Wegen der Nässe und des Kleibodens haftete an den Rüben viel Erde, die wir Kinder – auch eine Reihe Schulkameraden halfen – in gebückter Haltung abpulen mussten. Uns wehte dabei ein heftiger, kalter Wind in die Gesichter und wir machten Vater den Vorschlag umzudrehen, damit wir den Wind im Rücken hatten. Er warnte uns, kalter Wind in gebückter Haltung im Rücken sei noch unangenehmer als im Gesicht. Trotzdem willigte er ein und ließ uns machen, aber wir bedauerten es schon nach kurzer Zeit. Der kalte Wind kroch uns unangenehm unter die Jacken den Rücken hoch. Aber nun gab es kein Zurück mehr, das ließ unser Stolz nicht zu.

(Ungeliebte) Arbeit

Wenn wirklich Not am Mann war, unterstützten wir unseren Vater und die Jungen Leute bei Stallarbeiten freiwillig. Eines Nachmittags kamen die Männer nicht rechtzeitig von der Feldarbeit heim zum Füttern, Melken und um den Mist rauszuschieben. So fühlten mein Bruder und ich uns in die Pflicht genommen. Die schwere, aus dicken Brettern zusammengeschreinerte, altmodische, eisenbereifte Mistkarre konnten wir leer kaum heben, deshalb füllten wir sie nur halb voll. Trotzdem konnte sie einer alleine nicht anheben. So fassten wir jeder an einen Griff. Aber kaum aus der Stalltür, schon vor dem schräge nach oben führenden Mistbrett, kippte sie um.

Auch melken wollten wir, ohne die entsprechende Kraft dazu zu haben. Dazu musste unsere Martha, eine besonders ruhige, geduldige rotbunte Kuh, herhalten. Sie hatte ein großes Euter, riesige Zitzen, die wir mit unseren kleinen Kinderfingern längst nicht umfassen konnten, mit darüber befindlichen noch größeren Milchzisternen. Für Erwachsene war sie wohl relativ leicht zu melken. Aber wir Kinder haben sie nie alleine leer melken können.

Für ihn unangenehme Aufgaben delegierte Vater, jedenfalls wenn er meinte, dass wir sie ausführen konnten, an uns Jungs. Jedes Jahr ließ er zwanzig bis fünfundzwanzig Gänse ausbrüten oder kaufte, wenn es nicht reichte, einige in der Brüterei, mästete sie zum Herbst und schlachtete sie kurz vor Weihnachten. Diese nach dem Schlachten an ihren Hälsen im Keller aufgehängten Tiere zu vermarkten, war nicht immer ganz einfach. Einige wurden zwar als Weihnachtsgeschenke an Bekannte in die DDR geschickt, ein Teil direkt ab Betrieb verkauft, aber das reichte nicht. Vater hatte nun so spekuliert, dass seine beiden Ältesten den Rest auf den Wochenmärkten in Garding und Husum präsentieren könnten. Mein Gott, wie grauste uns vor diesen Aktionen. Wir protestierten, allerdings vergeblich. Es war typisch für ihn, so vorzugehen. Niemals hätte er sich selbst als Marktbeschicker auf den Markt gestellt. Mit viel Gepäck ging es, wie üblich mit dem Bus, zum Markt, auf den uns zugewiesenen Platz. Order über Preise usw. hatten wir von zu Hause mitbekommen. Die nützten allerdings bitterwenig; denn immer wieder versuchten Interessierte zu feilschen, dem wir überhaupt nicht gewachsen waren. Unsere Einsätze auf beiden Märkten in Garding und Husum wurden eine Pleite. Zwar verkauften wir tatsächlich die eine oder andere Gans, die meisten brachten wir jedoch wieder mit nach Hause zurück.

Gehen wir mal davon aus, dass kein Mensch gerne Tiere tötet. So auch sicher unser Vater nicht. Aber mit den Gänsen ging es nun mal nicht anders. So demonstrierte er mir, wie man es macht, damit ich es lernen und dann ausführen könnte. Zwar habe ich zugesehen, aber als es ernst wurde, begann ich zu flennen. Nie, auch als ich älter und vielleicht auch etwas härter wurde, hat er mich dazu bewegen können, eine Gans, ein Huhn oder eine Ente zu töten.

Eine besondere Quälerei für die Tiere ist das Gänserupfen. Wer einmal beim Lebendrupfen zugeschaut hat, vergisst das nicht wieder. Beim Ausreißen eines jeden Büschels Daunen schreien die Tiere vor Schmerz. Nie hat er versucht, mich für diese Arbeiten heranzuziehen. Sicher wird er geahnt haben, dass ich das nicht konnte.

Ich erinnere mich auch nicht, später je ein Huhn getötet zu haben. Das konnte *ich* dann wieder geschickt delegieren. Wenn es bei uns mal Hühnersuppe oder Hahnenbraten geben sollte, kauften wir die Masthähne oder abgelegten Hennen meistens von Nachbarn, die sie tot liefern mussten.

Nun ist es nicht so, dass ich in der Zeit, als ich selbstständiger Bauer war, keine Tiere getötet habe. Einigen todkranken Kühen und auch anderen Tieren musste ich schwersten Herzens die Kehlen durchschneiden. Hier muss jeder, der länger mit Tieren zu tun hat, irgendwie irgendwann durch.

Exklusives Bad

Sogar wir Kinder konnten durch wiederholte Hinweise oder Proteste mitunter einiges verändern. Jahrelang hingen für die Familie zwei Handtücher in der Waschküche, die vielleicht zwei Mal wöchentlich ausgetauscht wurden. Eines für die Hände und eines für die Gesichter. Das gefiel uns Kindern nicht. Das war uns zu unhygienisch. Uns störte vor allem, dass Vater sich mit dem Gesichtshandtuch den Schmelz aus den Ohren pulte und das Handtuch immer mehr unansehnliche bräunliche Flecke bekam. Wir intervenierten diesbezüglich wiederholt und Mutter lenkte ein. Jedes Familienmitglied bekam sein eigenes Gesichtshandtuch.

Irgendwann mochten mein erster Bruder und ich nicht mehr in die Badewanne für alle steigen. Wir sahen deutlich, dass das anfangs klare Wasser nach jedem Badenden trüber wurde und auf der Brühe eine immer dicker werdende weiße Schicht aus Seifenschaum, Dreck und Hautzellen schwamm. Als wir uns weigerten einzusteigen, bekamen wir Bescheid: „Nun man rinn mit jem!"

Nun hatte mein Bruder eine Idee. Sobald die Tiere aus dem Stall waren, verkleideten wir einen Teil eines Futterganges mit Planen. Natürlich hatten wir dort kein fließendes Wasser. Es musste im Teekessel erhitzt, mit kaltem Wasser vermischt, auf die richtige Temperatur gebracht und ins *Bad* getragen werden. Wir gossen es uns je nach Bedarf selbst über unsere Köpfe. Immerhin waren wir nun wenigstens in den Sommermonaten unabhängig von der unappetitlichen Familienbadewanne. Nach einer kurzen Schamfrist fanden sogar die Erwachsenen Gefallen an unserem nicht gerade mondänen Bad. Diese Methode praktizierten wir bis zum Herbst 1965 (Einstallzeit).

Selbst als unser Haus 1963 an die öffentliche Wasserversorgung angeschlossen wurde – der Wasserbeschaffungsverband ließ Eternitrohre durch den Koog verlegen –, konnte Mutter Vater nicht vom Wert eines Badezimmers überzeugen. In dieser Zeit hatte er allerdings für sich, Mutter und meinen jüngsten Bruder ein Abnahmehaus mit zwei Badestuben bauen lassen. Unmittelbar nachdem Christine und ich 1966 die Regie über den Hof übernommen hatten, ließen wir Willy mit Hammer und Meißel einen Durchbruch durch die Waschküchenwand zum Wasserbassin, das nun nicht mehr gebraucht wurde, stemmen und richteten dort ein Bad ein.

Im Nachhinein überlege ich, wie oft wir wohl bei *einem* wöchentlichen Bad – ohne Deo – nach Schweiß gerochen, um nicht zu sagen gestunken haben. Auch überlege ich, wie sich die Jungen Mädchen und Männer sauber gehalten haben. Komme allerdings zu keinem Ergebnis. Mutter war die einzige Erwachsene, die ich oft in der Wanne gesehen habe, weil sie mich jedes Mal bat, ihr den Rücken einzuseifen und abzuspülen. Sie war es auch, die dafür sorgte, dass schließlich eine lange verzinkte Badewanne anstelle der kleinen, ovalen ins Haus kam. Diese diente unseren Kindern später noch jahrelang als Floß auf der Hühnerkuhle. Auch auf meiner Lehrstelle in Heiligenhafen gab es keine Badestube. Wenn ich baden oder duschen wollte, musste ich in die öffentliche Badeanstalt in der Stadt.

„Ach, jem zuckersöte Moorslöcher"

Gerade auf Kinder übt der Außendeich eine starke Anziehungskraft aus. Eines Tages waren die Zwillingsbrüder eines entfernteren Nachbarn verschwunden. Eine längere Riesensuchaktion wurde gestartet. Natürlich wurden sie am Außendeich gefunden. Ihre Mutter hat sie überglücklich mit dem Stoßseufzer „Ach, jem zuckersöte Moorslöcher, wat gut, dat ik jem wa heff!" (Ach, ihr zuckersüßen Arschlöcher, wie gut, dass ich euch wiederhabe!) in die Arme geschlossen!

Diese Mutter hat mich eines Tages ordentlich hinters Licht geführt. Aus der Schule kommend, nach Hause laufend, überholte ich sie, weil sie mit Taschen und Paketen völlig überladen war und diese allenthalben abstellen musste, um zu pausieren. So fragte sie mich kleinen Jungen, der *nur* einen Ranzen auf dem Rücken trug und beide Hände frei hatte, ob ich ihr ein paar Taschen abnehmen und sie bis zur Ecke begleiten könne. Die Chaussee gabelte sich, sie musste nach links, ich nach rechts. Sie konnte mich überreden, noch hundert Meter weiter mit ihr zu laufen. Dann beschwatzte sie mich, sie doch noch bis zur alten Wassermühle zu begleiten, und so ging es weiter, bis wir vor ihrer Haustür standen. Aus den ursprünglich vorgesehenen hundert Metern waren so knappe tausendeinhundert geworden. Ich habe es mit einem Fahrradtachometer nachgemessen. Einige Leute mögen es eben tun. Und ich wundere mich längst nicht mehr über meine krummen Beine.

Reichlich zehn Jahre später hatten wir, eine Reihe Schüler, ihren Mann heftig in Rage gebracht. Der Polterabend einer seiner Töchter sollte gefeiert werden und wir wollten uns das Fest nicht entgehen lassen. Nicht eingeladen, tauchten wir dort auf und wollten den designierten jungen Eheleuten mit allerlei Scherben Glück wünschen. Der Alte hatte kein Verständnis für unsere guten Absichten. Wütend trat er aus der Haustür, schwang drohend seinen Handstock, stolperte über die Scherben und brüllte: „Verdammte Junges, mokt to, dat jem hier wegkomt, ik hau jem de Kopp vun de Rump!" (Verdammte Jungs, verschwindet hier! Ich schlage euch den Kopf vom Rumpf.)

Das Mädchen aus dem Ruhrpott

Wie auf allen landwirtschaftlichen Betrieben gab es auch bei uns bis zum Ende der NSDAP-Ära ein *Pflichtjahrmädchen.* Unsere Therese kam im Sommer 1944 direkt aus Gladbeck von der Schulbank zu uns. Sie mag damals vierzehn oder fünfzehn Jahre alt gewesen sein.

Unvergesslich ist mir ein Erlebnis mit ihr. Alle Angehörigen unseres Haushalts und eine Reihe Soldaten hatten sich abends um unsere Hühnerkuhle versammelt, tratschten und beobachteten die kleinen Gänse, die das erste Mal das Schwimmen im größeren Gewässer übten. Plötzlich nahm

Therese einen Anlauf und machte, ohne sich auszuziehen, in Kleid und Schuhen einen Kopfsprung in das grünliche, mit Algen bewachsene Kuhlenwasser. Alle lachten und amüsierten sich und einige Kommentare der Umstehenden gingen in die Richtung, ob sie vielleicht nicht doch einen ganz, ganz, ganz kleinen Schaden im Kopf hätte.

Die jungen Pflichtjahrmädchen waren entsprechend unerfahren in Haushaltsangelegenheiten, die sie erlernen sollten. Sie mussten wie Lehrlinge im ersten Lehrjahr angeleitet werden. Ob Mutter das immer gelungen ist, bezweifle ich. Sie selbst hatte nie eine wirkliche Lehre mit dualer Ausbildung durchlaufen. Sie konnte nur das weitergeben, was sie bei ihrer Mutter und in den Haushalten, in denen sie in Stellung gewesen war, an Praktischem gelernt hatte.

Das Kochen mit Buschholz, dem damals vorwiegend verwendeten Heizmaterial – mit dem Handbeil zerkleinerte feine Zweige und Äste –, war äußerst kompliziert. Nach einigen Monaten Trocknungszeit frisch in den Herd gelegt, brannte es kurzzeitig wie Zunder und entwickelte entsprechend große Hitze, wobei Milch, die nicht fleißig gerührt wurde, fast immer anbrannte. So war es Therese passiert. Sie hatte nicht konsequent gerührt. Die Milch für die Milchsuppe war ungenießbar angebrannt. Mutter kam hinzu, roch die Bescherung, regte sich fürchterlich auf und meinte: „Du biss di doch so'n dove Nööt, Mensch." (Mensch, du bist doch wirklich eine doofe Nuss.) Therese stammte ja aus dem Ruhrpott und so hat sie hoffentlich nicht verstanden, was Mutter auf Plattdeutsch gesagt hatte. Wohl auch wegen des schwierigen Heizens mit Buschholz kamen damals oft angebrannte Speisen auf den Tisch. In den Küchen roch es dann unangenehm und die Suppen schmeckten nach *Brennabor*, wie wir es nannten, und meistens waren wir rasch satt.

Nach der Kapitulation

Es gibt Szenen oder Erlebnisse aus meiner Kindheit, die haben sich mir bis ins hohe Alter als gestochen scharfe Bilder erhalten. So auch Folgende: Es ist das Erste, was mir in den Sinn kommt, wenn ich an den Tag der Kapitulation denke. Mutter musste sich also ans Werk machen. Sie nahm den großen schwarzen Bilderrahmen mit dem Foto des Führers, der mit durchdringenden Augen, im schwarzen Anzug und mit in die Hüfte gestemmter Faust abgebildet war, von der Westwand der kleinen Stube. Völlig aufgelöst und vor Wut und Enttäuschung weinend, öffnete sie die Rückseite und zerriss die dicke Pappe. Ich, knapp neuneinhalb Jahre alt, stand direkt neben ihr und sah, wie diese kleine, sonst so starke, tapfere Frau scheinbar die Fassung verlor, emotional völlig zusammenbrach und schluchzend äußerte: „De dore ole Kill hett nix as Unglück över de Welt bröcht." (Dieser verdammte Kerl hat nichts als Unglück über die Welt gebracht.) Therese hat dann Vaters SA-Uniform in einen alten Lederkoffer verpackt und ihn in der Dämmerung im Garten vergraben. Schon wenig später wurde der leicht angeschimmelte Schatz heimlich gehoben und Mutters Schneiderin, Frau Wieland, nähte für uns Hosen draus. Der gute Stoff musste allerdings vorher umgefärbt werden.

Ab Mai bis Oktober 1945 wurden die beiden Kreise Eiderstedt und Norder-Dithmarschen zu einem Internierungslager für ca. 400.000 Wehrmachtsangehörige der Nordarmee, der aus Norwegen und Dänemark zurückflutenden Heeresverbände. Deutschland hatte diese beiden Staaten nicht aus politischen, sondern aus rein militärisch-strategischen Gründen besetzt, um den Engländern zuvorzukommen. Hätte England die Küsten dieser Länder besetzt, wäre es ein Leichtes gewesen, den deutschen Kriegsschiffen den

Seeweg durch Kattegat und Skagerrak in den Atlantik zu versperren. Obwohl die deutsche Marine vor allem durch britische Kriegsschiffe und Fliegerbomben schwerste Verluste erlitten hatte, war die zurückflutende Nordarmee der *Operation Weserübung* keine Geschlagene. Sie musste im Zusammenhang mit der bedingungslosen Gesamtkapitulation des Deutschen Reiches kapitulieren.

Im Koog waren die Soldaten auf allen Betrieben in Zelten, Scheunen oder auf den Raufutterböden einquartiert. Aus Gründen, die wir Kinder nicht durchschauten, wechselten sie oft ihre Quartiere. Für uns war es wichtig, uns möglichst schnell unseren Lieblingssoldaten auszusuchen. Mein kleiner Bruder war draufgängerischer als ich. Vielleicht war er auch weniger wählerisch. Eben war ein neues Bataillon eingetroffen, schon kam er in die Küche gestürmt und rief: „Oh, Mama, ik heff all wa een ni'e Suldat!" (Oh, Mama, ich habe schon wieder einen neuen Soldaten!)

Eines Abends bemerkte unsere Mutter, dass unsere Therese verschwunden war. Es wurde gerufen, auch wir Kinder mussten uns an der Suche beteiligen. Mutter stieg die Leiter zum Heuboden hoch, sah dann, längst ärgerlich geworden, auf dem Hofplatz der Reihe nach in die Zelte der Soldaten. Und in einem dieser Zelte saß unsere kleine Therese munter plaudernd, umringt von einer Reihe Soldaten. Da bekam sie allerlei anzuhören. Mutter packte sie und sperrte sie in ihr Zimmer ein.

Tief beeindruckt hat mich wiederholt das allenthalben auf unserem Hofplatz stattfindende Antreten der Soldaten, ohne Waffen. Das Strammstehen der unteren Dienstgrade in Reih und Glied – mit anschließendem Defilee im Gleichschritt um den Hofplatz – und davor die auf rassigen Pferden mit noblem, braunem Lederzeug sitzenden Kommandeure, laute Kommandos rufend.

Nach dem militärischen Zusammenbruch im Mai 1945 wurde Deutschland in vier Besatzungszonen aufgeteilt. Schleswig-Holstein wurde von britischen Truppen besetzt und so zur britischen Zone. Schon bald wurde von der britischen Militärregierung über Volksempfänger und, soweit vorhanden, über Printmedien, die nur zeitweise und unregelmäßig erschienen, verfügt, dass sämtliche Parteisymbole und Embleme mit Bezug zur NSDAP zu vernichten bzw. zu entfernen seien.

Eine weitere mysteriöse Weisung der britischen Behörden beschreibt der Eiderstedter Heimathistoriker Claus Heitmann in der Chronik über den Carolinen-Koog wie folgt in dem Kapitel *Evakuierung der jungen Frauen am 13. Mai 1945*: „Um die jungen Frauen vor den sexuell ausgehungerten deutschen Soldaten zu schützen, ordneten sie die Evakuierung aller Frauen zwischen 18 und 35 Jahren aus Eiderstedt an. Viele wurden tatsächlich evakuiert, viele konnten eine notwendige und unabkömmliche Arbeit nachweisen und hierbleiben. Die Angst war groß, denn man befürchtete einen Abtransport nach Sibirien. Zum Glück ging es nur bis östlich von Friedrichstadt. In Erfde und Stapelholm hat man die Frauen ihrem Schicksal überlassen. Sie sind dann mehr oder weniger schnell nach Eiderstedt zurückgekehrt."

Nahezu jeder aus Norwegen zurückkehrende Soldat hatte sich unterwegs etwas Fahrbares, eine Karre oder einen ausgemusterten Kinderwagen oder Ähnliches, für sein Gepäck organisiert. Es gab da die krudesten Modelle, aber auch moderne Vehikel, beispielsweise Kinderwagen mit schmalen auf Hartgummiringen laufenden Speichenrädern mit einem Durchmesser von bald sechzig Zentimetern. Bei einigen Modellen waren die Räder so groß, dass eine Achse länger als die andere sein musste, damit die Räder sich nicht berührten. Sie überlappten einander (war damals hochmodern). Auch wir Kinder mussten nun jeder eine eigene Karre haben. Es war wie eine Seuche. Es wurde organisiert, das heißt getauscht. Meist wurden von ausgemusterten Kinderwagen die Körbe abgenommen und zusammengezimmerte Holzkisten zwischen die Federn gehängt. Vieles wurde improvisiert in diesen Jahren. Einige bauten wir für lenkbare Vorderachsen um. Andere liefen auf gewöhnlichen Kinderwagenchassis.

Für Uneingeweihte ist der Außendeichbereich, mit seinem bei Niedrigwasser harmlos aussehendem Vorland und den Watten wegen der Gezeitenströmungen und oft unerwartet aufkommenden Nebels, ein extrem gefährliches Pflaster. Auch einige Soldaten unterschätzten diese natürlichen Unwägbarkeiten. Weil die Entfernung zwischen Eiderstedt und Nordstrand wie ein Katzensprung aussieht, wollten sie trotz Verbots und Warnungen zu Fuß bzw. schwimmend nach drüben. Dazu musste der dazwischen fließende, schiffbare Heverstrom durchschwommen werden. Ob nun bei auflaufendem oder ablaufendem Wasser, der Heverstrom ist ein reißendes Gewässer, in dem das Wasser nur während des Tideumsprungs ein paar Minuten stillsteht. Einige übermütige Soldaten überschätzten ihre Kräfte und unterschätzten die hohe Strömungsgeschwindigkeit dieses Gewässers und kamen ums Leben.

An einem Morgen im Sommer 1945 waren Mutter und ich noch nicht aufgestanden. Weil Vater noch nicht heimgekehrt war, übernachtete ich neben ihr in seinem Bett. Sehr früh kam ein Sanitäter, der auch sonst im Haus ein- und ausging, ins Schlafzimmer und redete und redete und fand kein Ende. Zuletzt trollte er sich dann doch. Als er verschwunden war, nahm Mutter mich in den Arm und sagte: „Man gut, dat du bi mi weerst, mien Jung." Soweit meine Version als Rückschau nach vielen Jahren. Als ich Mutters Leben an ihrem 75. Geburtstag mit einer Hommage vor großer Runde Revue passieren ließ, wollte sie diese Geschichte so nicht akzeptieren. Sie protestierte leise. Ich hatte versucht, sie so wiederzugeben, wie ich sie in Erinnerung hatte.

Mit den Soldaten waren wir oft am Strand zum Baden oder Wattlaufen. Als ich mich eines Tages im Watt auf die Knie fallen ließ, fiel ich auf eine scharfe, hochkant stehende Muschel, die mir eine tiefe Fleischwunde am Knie zufügte. Ein Sanitäter verband sie. Am nächsten Tag meinte er, es sei besser, sie an der Luft heilen zu lassen. Sein wiederholter medizinischer Rat: „Pinkel bei jeder Gelegenheit drauf." Das brannte natürlich und heilte irgendwann auch. Aber ob nun schneller durch Draufpinkeln oder mit Verband und Borsalbe – damals ein Universalheilmittel –, diese Frage blieb offen. Eine hohe, unschöne, rote Narbe ist bis heute geblieben.

Eines Tages hatte ich mir beim Absteigen von einer Schiebkarre an einem vorstehenden Nagel ein tiefes V in die Wade gerissen. Auch von dieser Verletzung ist bis heute eine rosafarbene Narbe geblieben. Mir ging es nicht so schlecht, als dass ich deswegen nicht hätte zur Schule gehen können. Aber ich dachte, ich könne es versuchen, und begann Mutter etwas vorzujammern. Ich konnte sie überreden, mich im Bett zu lassen. Aber der Verband musste gewechselt werden. Er war jedoch an der Wunde festgeklebt und ließ sich nur unter Schmerzen entfernen. Ich schlug ihr vor, ihn dort zu belassen. Sie willigte scheinbar ein. Als ich jedoch auf den Knien ins Bett kroch, griff sie zu und riss den Verband mit einem Ruck ab. Ich spürte es kaum. Sie grinste, tat die obligatorische Borsalbe auf die Wunde und verband sie wieder.

Niemand durfte im Sommer 1945 ohne Erlaubnis und triftigen Grund den Kreis Eiderstedt verlassen. Es gab scharfe Kontrollen durch britische Militärpolizei. Mutter wollte jedoch trotzdem unbedingt nach Drelsdorf in den Kreis Husum. Für unsere Tiere schickte der Bruder meines Vaters, der Müller in Drelsdorf war, in Abständen einen Lastwagen mit Schrot. Und für die Rückfahrt wurde der LKW mit Getreide für die Mühle in Drelsdorf beladen. Mutter hatte mit dem Chauffeur des Lastautos vereinbart, dass er sie mitnehmen würde. Mutter versteckte sich auf der Ladefläche zwischen Getreidesäcken unter eine Plane geduckt. Während der Lastwagen angehalten und kontrolliert wurde, hatten beide fürchterliche Angst. Wenn Mutter entdeckt worden wäre, wäre es dem Chauffeur möglicherweise noch schlechter ergangen als ihr.

1946 ernannte die Militärregierung Theodor Stelzer (CDU) zum Ministerpräsidenten Schleswig-Holsteins. Die Gesamtbevölkerung war durch den starken Zustrom von Flüchtlingen und Vertriebenen aus den deutschen Ostgebieten sowie durch Ausgebombte aus den zerstörten deutschen Großstädten und durch Soldaten der zurückflutenden Nordarmee von 1,58 Mio. (1939) auf rund 2,68 Mio. (1950) angewachsen. Entsprechend groß waren wirtschaftliche und soziale Probleme. Der Tausch- bzw. Schwarzhandel hatte dramatische Ausmaße angenommen. Für kalorienhaltige Lebensmittel wie Speck oder Fleisch war fast alles zu bekommen. Bauer Kalle Grünberg hatte sich einen US-Militärjeep eintauschen können. Er war somit der Erste im Koog, der sich gemütlich hineinsetzte und bei trockenem Acker motorisiert eggen konnte. Auch ein paar feine Gummiräder hatte er erhamstert, die er in seinem Raps versteckte.

Nach den ersten Landtagswahlen am 20. April 1947 erzielte die SPD die absolute Mehrheit und Hermann Lüdemann wurde zum Ministerpräsidenten gewählt und führte die Regierung bis 1949. Sein Nachfolger Bruno Diekmann (SPD) übte dieses Amt bis 1950 aus.

Nach Ansicht der CDU wurde es allerhöchste Zeit, die Regierungsgeschäfte nach den für 1950 vorgesehenen Wahlen erneut zu übernehmen, was ihr dank großer Wahlerfolge des Gesamtdeutschen Blocks und des Bundes der Heimatvertriebenen und Entrechteten gelang, mit denen sie eine Koalition einging. Jeden Schultag mussten wir den Koog durch die Stöpe verlassen. Ganz deutlich erinnere ich mich im Zusammenhang mit der anstehenden Wahl an ein großes, mit fettgedruckten, schwarzen Lettern an die Stöpenwand geklebtes CDU-Wahlplakat mit dem Slogan: „Werft das Steuer herum!!! Wer hat uns verraten? Die Sozialdemokraten! Drum wähl' auch du CDU!" Auch damals schon wurde also mit harten Bandagen um Wählerstimmen gebuhlt.

Mit Hundert PS in den Feierabend

Die Busrouten Husum–Garding, Garding–Husum und Husum–Viöl, Viöl–Husum waren nach einer Ausschreibung der Firma H. C. Walter aus Husum zugesprochen worden. Diese Touren wurden zwei Mal täglich bedient. Die Busse waren damals ein sehr gefragtes Transportmittel und konnten oft nicht alle Menschen mitnehmen. Auch der Mittelgang war meistens mit stehenden Fahrgästen proppenvoll. „Weiter durchgehen bitte! Bitte weiter durchgehen!", hörte man den Kassierer an den Haltestellen in immer kürzeren Abständen rufen.

Zeitweise wurden diese stark frequentierten Strecken von zwei Männern, einem Fahrer und einem Kassierer, bedient, die sich bei ihrer Tätigkeit abwechselten. Es waren raue Zeiten mit wilden Fahrten, vor allem wenn es abends von

Husum zurück nach Garding ging. Die Fahrer wollten Feierabend haben. Ich erinnere mich noch gut an eine Fahrt an einem dunklen Winterabend. Der Fahrer hatte einen Radfahrer übersehen und gestreift. Im Bus hörte man an der rechten Seite einen blechernen Knall. Der wurde ignoriert. Angehalten und nachgeschaut wurde jedenfalls nicht. Es ging, einer Höllenfahrt ähnlich, in den Feierabend. Als jemand den Busfahrer darauf ansprach, ob er den Motor des großen Busses nicht überlaste, antwortete der: „Nee, överhaupt ni, op keenen Fall, de hett hunnert PS." Wenn man die Motorisierung der Busse damals mit der der heutigen Zeit vergleicht, in der kein größerer Bus unter dreihundert PS motorisiert ist, muss man sich wundern, dass sie damals so flott unterwegs sein konnten.

Wenn Thomas Sünkens der Fahrer war, fiel mein Blick, wenn er aufstand, häufig auf das Rückenteil seiner Farmerjacke, die von der Lehne seines gefederten Fahrersitzes blankgescheuert war. Oft musste er die hinten am Bus angebrachte Leiter hinaufsteigen und Fahrräder hinaufschleppen und vertäuen.

Auch wir haben es in Husum erlebt, wie es ist, wenn der Bus voll ist und sich die Tür vor uns schließt. Der Fahrer informierte uns allerdings darüber, dass er zurückkommen würde, wenn er seine letzten Fahrgäste in Viöl abgesetzt hätte. Die Zurückgebliebenen, es waren wohl zwölf oder vierzehn Personen, würde er anschließend nach Hattstedt, Struckum, Breklum und Drelsdorf befördern. Schon damals gab es in *Dragseths Gasthof* einen Automaten, einen Tischkicker, an dem wir Kinder gegen eine kleine Gebühr Fußball spielen konnten. Eine gern genutzte Möglichkeit für meinen Bruder und mich, die Wartezeit zu überbrücken.

Ein weiteres Beispiel für die nicht ausreichenden Beförderungskapazitäten in den Kriegs- und Nachkriegsjahren:

Unsere Schule in Osterhever lag direkt an der Route Garding–Husum. Wir hatten Pause und sahen, wie sich ein ausgesperrter Fahrgast, auf dem Trittbrett stehend, außen an der Tür des fahrenden Busses festklammerte. Der Bus verschwand bei Ketels um die Ecke und wir wissen nicht, was dann passierte. Jedenfalls lief der ausgesperrte Mann wenig später wütend und humpelnd an der Schule vorbei zurück.

Später übernahm die Post mit ihren inzwischen wieder gelben Bussen diese Linien. Ich erinnere noch, wie die Erwachsenen diese Veränderung kritisch diskutierten. Sie fanden es nicht in Ordnung, dass ein staatliches Monopolunternehmen ein Privatunternehmen ausgestochen hatte.

Vaters Heimkehr

Im Februar 1946 war Vater aus US-Kriegsgefangenschaft entlassen worden. Da er wenig bis nichts über Krieg und Gefangenschaft erzählte, kann ich kaum etwas über seine Erlebnisse aus dieser Zeit berichten. Ich weiß aber, dass er zusammen mit vielen Tausend weiteren ehemaligen deutschen Soldaten in Niedersachsen gefangen gehalten worden war und dass es dort bitterwenig zu essen gegeben hatte. Sie hatten hungern müssen.

So kam er denn abends am 6. Februar abgemagert auf dem Gardinger Bahnhof an, machte sich zu Fuß auf die zehn Kilometer lange Strecke in den Koog. Zu Hause angekommen war er so fertig, dass er sich trotz winterlicher Temperaturen auf das kleine Podest vor der Tür setzte und dort eine Viertelstunde sitzen blieb, um zu sich zu kommen. So vollkommen erschöpft wollte er nicht vor seine Frau und seine Kinder treten. Während des Russlandfeldzugs war ihm eine Hand durchschossen worden und er konnte sie nicht ganz zusammenbekommen, er konnte keine Faust bilden. Lange weigerte er sich deshalb, selbst zu melken. Trotzdem hat Mutter ihm so lange zugesetzt, bis er nachgab und anfangs unter starken Schmerzen das Melken wieder lernte. Aber er hatte tatsächlich Probleme. Jahrelang hat er sich im Schlaf mit der verletzten Hand die Stirn zerkratzt.

Menschen, Tiere und Maschinen auf dem Hof

Erlebnisse mit Willy

Gemeinsam mit Vater war auch Willy Niß (19. Mai 1924–14. Mai 2006) entlassen worden. Er war 1946, als er zu uns kam, 21 Jahre alt. Vater hatte ihm vorgeschlagen, für eine Übergangszeit bei ihm zu arbeiten. Willy hatte eingewilligt und sollte hundert Mark im Monat ausbezahlt bekommen. Daneben hatte Vater Kosten für Logis, Sozialbeiträge und Beköstigung für ihn zu tragen. Aus der vereinbarten Übergangszeit wurden schließlich viereinhalb Jahre. Im Melderegister ist ersichtlich, dass Willy vom 18. März 1946 bis zum 16. September 1950 bei uns tätig war. Er war ein großer, stattlicher und gut aussehender Mann, leicht x-beinig, das blonde Haar ohne Scheitel glatt zurückgekämmt. Er hatte eine schmale, akkurat nach innen gebogene Nase, durch die er nur ausatmete. Grundsätzlich holte er Atemluft durch den Mund. Er zog gerne über andere Leute her, lachte übertrieben häufig, auch wenn es eigentlich nichts zu lachen gab. Deswegen sagte Mutter mitunter, er sei *lächerlich*. Das war natürlich vollkommen falsch formuliert, aber wir wussten, was sie meinte.

Eine von Willys Schwächen war, dass er Pfeife rauchender Kettenraucher war. Alle Pfeifen, die er im Laufe der Jahre anschaffte, hatten eine kurze, elegant gebogene Spitze, so dass die Pfeife immer etwas nach unten hing und er sie bequem umfassen konnte. Eine seiner großen Sorgen schien zu sein, dass der Pfeifenkopf kalt werden könnte. Immer wieder zündete er den längst verbrannten Tabak an – der beim Saugen zu glühender Asche wurde –, um ein paar Züge machen zu können und trotzdem seinen Tabakvorrat zu schonen.

Da in diesen Jahren guter Tabak für die Pfeifen knapp war, setzten die Männer in einer Ecke des Gartens Tabakpflanzen. Es wurden hohe, stolze Pflanzen mit gelben Blüten und riesigen Blättern und schmucken Blütenständen. Sobald die Blätter gelbliche Farbtöne annahmen, stand die Ernte an. Sie wurden abgeschnitten, auf Taue aufgezogen und zum Trocknen auf dem zweiten Getreideboden direkt unter dem Pfannendach aufgehängt. Die getrockneten Blätter rollten die Männer fest zusammen und schoben die Rollen nacheinander in die Tabakschneidemaschine. Obgleich das Drehen der kleinen Handkurbel für uns Kinder mühsam und schwer war, mussten wir helfen.

Eine weitere Schwäche von Willy war, dass er morgens nicht aufstehen mochte. Wir Kinder schliefen wegen der völlig überbelegten Wohnung mit den Jungen Leuten in einem Zimmer und erlebten das Theater jeden Morgen mit. Sich drei bis vier Mal, mindestens aber zwei Mal wecken zu lassen, war bei Willy Standard. Noch heute höre ich in Gedanken, wenn Vater zum wiederholten Mal die Tür öffnete und geduldig, fast bettelnd rief: „So Willy, ik weck di nun all tum 3. …“, mitunter sagte er auch: „… tum 4. Mal, dat is Opstohnstied, nu komm doch endli inne Gang, Jung!“ Speziell in dieser Sache habe ich damals Vaters ausdauernde Geduld bewundert. Ich weiß heute, dass ich das so nie gekonnt hätte. Dieser Ärger jeden Morgen hätte mich krank gemacht. So einen Jungen Mann hätte ich kurzfristig über den Jordan gejagt. Aber Vater wusste wohl, was er an ihm hatte. Wenn Willy erst einmal in Gang war, war er fleißig und schaffte etwas weg. Das ging allerdings zum Teil auf Kosten der Gründlichkeit und der Genauigkeit. He weer'n beten schlusie. Da blieben beim Rüben-, Gemüse- oder Kohlhacken schon mal hohe Unkräuter stehen oder beim Stallschrubben Mistflecken an den Wänden sitzen, die er übersehen hatte. Vater kannte seinen Pappenheimer und richtete es so ein, dass er beim Hacken halb links hinter ihm lief und so für Ordnung in seinen Reihen sorgte.

Willy war auch nicht wirklich der richtige Mann für das Schrotmahlen. Immer wieder riss er den Schieber für die Kornzufuhr zu weit auf, so dass der Motor überlastet wurde und die Mühle Touren verlor, noch weniger schaffte, schließlich verstopfte und in der Folge der Treibriemen ablief. Zwei Mal überforderte er den Motor so, dass er durchbrannte. Vater zog ihn schließlich von dieser Arbeit ab und überließ sie Hoffmann, unserem zweiten Jungen Mann, oder mir.

Dass schnelles Arbeiten nicht immer vernünftig ist, sei an einem weiteren Beispiel dargelegt. Es war Juli geworden und die Schafe sollten aus der Wolle. Damit die Männer beim Scheren nicht in gebückter Haltung stehen mussten, wurden die Schafe auf eine etwa einen Meter hoch gelagerte Pritsche gelegt. Willy schnitt dabei in seinem Eifer einem Mutterschaf von zwei Lämmern eine Zitze ab. Ich stand als Schuljunge direkt daneben. Allen war klar, dass es das Todesurteil für das Tier war. Vater deshalb äußerst verärgert: „Ach Willy, nu sie doch mol'n beten vörsichti, Jung!“ Zwar wurde das Tier noch auf die Hausfenne gelassen, aber vor Schmerzen ließ es seine Lämmer nicht an die wunde Stelle. So wurde die eine Euterhälfte nicht mehr leer und entzündete sich. Für das Tier blieb nur der Weg zum Notschlachter.

Willy hatte ein Problem mit Erbsensuppe, die Mutter wohl etwa alle vierzehn Tage auftischte. Er mochte sie absolut nicht. Dann war er gnatterig und muffig. Er beschwerte sich zwar nicht, aß aber aus Protest nur ein paar Löffel und sah demonstrativ, den Kopf nach rechts gedreht, aus dem Küchenfenster. Damals, im Gegensatz zu heute, wo Erbsensuppe eines meiner Lieblingsgerichte ist, mochte ich sie auch nicht besonders und konnte Willy sogar verstehen. Wahrscheinlich hatte *er* sie in den Kriegsjahren zu oft essen müssen.

Mutter nahm es mit der Pünktlichkeit der Mahlzeiten nicht so genau. Vielleicht hatte Willy sich darüber geärgert, dass es mal wieder später als 12:00 Uhr geworden war, als Mutter mich losschickte, die Jungen Leute zum Mittagessen zu rufen. Sie waren am unteren Ende von Neuland mit der Sicht (Haugeschirr) dabei, die noch nicht ganz druschreifen Erbsen abzuhauen und in Schwaden abzulegen. Ich lief also ein Stück den Schäferweg hinunter und begann zu winken und laut zu rufen: „Willy huhu, eten, huhu Willy!“ Niemand von der Kolonne reagierte, selbst als ich mich ihr immer mehr näherte. Längst hatte sich bei mir der Gedanke festgesetzt, dass sie verabredet hatten, sich taub zu stellen und dass Willy dahinter steckte. Es nützte alles nichts, erst als ich direkt vor ihnen stand, taten sie überrascht und blickten von ihrer Arbeit auf. Ich hatte über vierhundert Meter laufen müssen und die musste ich natürlich auch wieder zurück. Ich war verärgert und auf meinen Protest hin wurde für die Zukunft vereinbart, dass als Signal zum Mittagessen ein Handtuch an einem Stiel an der Straße befestigt werden würde.

In den Jahren nach seiner Heimkehr aus der Kriegsgefangenschaft übernahm Vater von seinem Steuerberater Peter Pauls aus Garding eine fuchsfarbene Irish-Setter-Hündin. Mein Bruder und ich schämten uns anfangs fürchterlich für diesen hässlichen Köter, wegen des langen Behangs an Vorder- und Hinterläufen sowie Rute.[13] Peter Pauls konnte sie wegen ihres unbändigen Jagdtriebs in der Stadt nicht halten. Wahrscheinlich hat Vater ihm die Hündin aus Gefälligkeit abgenommen; denn sie riss auch bei uns auf dem Land ständig aus. Auf Verfolgungsjagden nach Hasen flüchteten immer wieder Schafe, rannten in Gräben oder Kuhlen und ertranken. Sie reagierte weder auf Pfeifen noch auf Rufen. Nach der Jagd bekam sie regelmäßig das Fell versohlt. Noch haarscharf sehe ich in Gedanken, wie sie reumütig auf dem Bauch angekrochen kam – sie wusste so genau, dass ihr Verhalten bestraft werden würde und reagierte ängstlich in Erwartung der Folgen. Es gab Ärger mit den Schafe haltenden Nachbarn. Infolgedessen musste Vater bzw. seine Haftpflichtversicherung wiederholt Schadenersatz leisten. Die Hündin wurde immer häufiger an die Kette gelegt, was wegen ihres nervtötenden Jaulens auf Dauer nicht ging. Als letzten Versuch sie zu zähmen, nagelte Willy nach Absprache mit Vater ein Holzkreuz aus abgesägten Pfählen zusammen und hängte es ihr um den Hals. Auch das half nicht. Mit dem schweren Holzkreuz zwischen den Vorderläufen oder seitlich hängend – ein solches Bild brennt sich ins Hirn –, jagte sie jaulend hinter den Hasen her. Es war aber schwieriger für sie geworden, ihre jeweiligen Opfer einzuholen.

Alle hatten erkannt, dass es so nicht weitergehen konnte. Eine endgültige Lösung musste her. Über diese wurde lange diskutiert. Sollte sie ein Jäger erschießen? Sollte sie erhängt werden, indem sie mit einem Strick um den Hals vom Boden gestoßen wurde? Willy bot sich an, das Problem zu lösen.

Damit war Emil jedoch nicht einverstanden. Er befürchtete, dass sie sich bei Willys Methode würde quälen müssen. Er fühlte sich in die Pflicht genommen, das Ende der Hündin human zu regeln. Er würde mit ihr spazieren gehen, sie zärtlich tätscheln und dabei überraschend mit einem Stück Holz einen harten Schlag auf den Kopf versetzen. Weiteres haben wir Kinder über den Tod unseres Irish Setters nicht erfahren. Obwohl Flora – für meinen damals jüngsten Bruder, der noch nicht richtig sprechen konnte, *Lolla* – in den Augen meines ältesten Bruders und mir ein hässlicher Köter war, hatten wir ihn doch bald in unsere Herzen geschlossen. Aber wir sahen ein, dass es notwendig war, diesen Weg zu gehen.

Früher hieß es, dass es nicht gut sei, wenn die Jungen Leute, galt auch für Mädchen, zu lange auf einem Betrieb waren („Se wurn to oolt in de Haubarg"). Das galt natürlich längst nicht für alle. Aber viele wurden selbstgefällig, mitunter frech, *zu* selbstständig, glaubten vieles besser zu wissen als ihr Chef, folgten seinen Weisungen widerwillig oder gar nicht, missachteten Hierarchien und der Vorgesetzte hatte das Gefühl, die- oder derjenige agiere an ihm vorbei. So war es auch bei Willy. Er strafte schon mal die Pferde ab oder verprügelte unseren Hund, wenn er meinte, dass dieser eine Abreibung verdient hatte. Mutter war mit seinem Vorgehen längst nicht immer einverstanden. Gelegentlich ließ sie den Jungen Leuten etwas zukommen, z. B. ein paar Äpfel oder Birnen oder eine Tafel Schokolade. Als ich eines Abends schon im Bett lag, kam sie ins Zimmer und legte auf die Betten von Emil und Willy je eine Tafel Schokolade. Nach kurzer Zeit tauchte sie wieder auf und kassierte die Schokolade mit der Begründung wieder ein, Willy hätte sie, da er unseren Hund verprügelt hatte, nicht verdient. Aber nur Emil eine zu spendieren, ginge auch nicht.

In den langen Wintermonaten gab es für die Pferde wenig zu tun. Sie brauchten aber Bewegung, die sie, angebunden im Stall stehend, nicht bekamen. Entsprechend übermütig wurden sie. Der Bauer nennt es: „Se stickt de lange Hafer." (Sie sticht der lange Hafer, von dem sie in der ruhigen Zeit gar nicht so viel bekamen.) Irgendwann im Winter war es so weit. Ich erinnere mich nicht mehr daran, was sie ausgefressen hatten. Willy meinte jedenfalls, sie hätten eine Abreibung verdient. Er spannte sie vor unseren schwersten, eisenbereiften Bauernwagen und lenkte sie auf die in Winterfurche liegende, völlig durchnässte Hausfenne. Und dann ging es los. Willy und ich standen beide auf dem leeren Wagen und er schlug in einer Tour mit der Peitsche auf die Pferde ein. Sie sollten müde geschunden werden. Nur kurzzeitig ging es im gestreckten Galopp, dann ermatteten ihre Kräfte. Willy lenkte sie auf die Koogchaussee zurück, und sie legten wegen der drohenden Peitsche erneut Tempo zu. Hier ließen sie sich jedoch nicht mehr lenken. Willy hatte die Kontrolle über sie verloren. *Se leepen lapsch*, kamen von der Chaussee ab, rasten bei unserem Nachbarn durch den kleinen Chausseegraben, rissen einige als Windschutz gepflanzte Bäume um und jagten über die Hofstelle bis in die dahinter liegende Grasfenne. Nun ging nichts mehr, sie waren völlig durchgeschwitzt und fertig. Willy konnte sie wieder lenken und trotz der noch immer über ihnen schwingenden Peitsche liefen sie nur noch in leichtem Trab. Willy war zufrieden. Diese beiden übermütigen Halunken hatten ihre verdiente Abreibung bekommen. Ob es den beiden allerdings eine Lehre war, wage ich zu bezweifeln. Ich bekam in der Schulzeit nicht alles mit.

Über Willys Peitschen müssen noch ein paar Worte geschrieben werden. Vater war sparsam mit der Anschaffung neuer Peitschen. Das war auch kein Wunder, sie waren teuer und hielten nie lange. Nur zum Ausfahren mit der Kutsche und von uns Kindern zum Antreiben der Pferde beim Bindermähen durfte eine richtige, bei Kaufmann Joh. Lorenzen gekaufte Peitsche verwendet werden. Weil Willy aber auch eine beim Pflügen und Eggen brauchte, musste Ersatz her. Dazu schnitt er eine etwa anderthalb Meter lange kräftige Weidenrute ab, befestigte daran ein fast genauso langes Stück Elektrokabel und verknotete an dessen Ende eine Metallmutter. Das war ein hartes Werkzeug und beim Aufschlagen der Mutter auf die Pferdeleiber hörte man jedes Mal ein *Plupp.* Oft legten die Pferde aber schon Tempo zu, wenn sie mit dieser Knute bedroht wurden.

Als Zeugen von Willys Tun, bzw. für das Schneiden seiner Peitschen aus Weidenruten, gibt es drei inzwischen hochgewachsene Bäume. Die während der Arbeit auf dem Acker abgebrochenen Weidenruten steckte er neben den Einfahrten zu den Ackerschlägen in die feuchte Erde der Grabenkanten, wo sie ohne jegliches Zutun von Menschenhand zu stattlichen Bäumen herangewachsen sind. Zwar lassen sie sich in der rauen, salzhaltigen und windigen Luft der Marsch Zeit, aber die haben sie seit Mitte bis Ende der 1940er Jahre gehabt.

Auch wenn im Winter die täglichen Stallarbeiten zu erledigen waren, so war es doch immer die ruhigere Zeit im Jahresablauf von Bauern. Nach Erledigung der Stallarbeiten musste schon mal nach Arbeit gesucht werden. Immerhin waren zusammen mit Vater drei Leute zu beschäftigen. So schlug er eines Tages beim Mittagessen vor, den Grenzgraben zwischen unseren Ländereien und dem Weg vom Bäcker zum Koogsweg zu kleien. Damals, in den 1940er Jahren, wurden all diese Arbeiten mit Spaten, Schaufel und Schnur ausgeführt. Willy passte der Auftrag nicht. Er wollte an kalten Wintertagen nicht im Kleigraben stehen. Er protestierte hartnäckig. Vater bestand darauf, dass seiner Weisung Folge geleistet wurde. Ein Wort gab das andere. Die Diskussion ging in Gebrüll über. Vater schlug sogar hart mit der Faust auf den Tisch. Willy fehlte der Mut zu kündigen, dazu gefiel es ihm doch wohl zu gut bei uns. Und so machte er sich jeden Arbeitstag bei offenem Wetter mit Emil zusammen ein paar Stunden widerwillig an die schwere Arbeit. Ich erinnere mich noch genau, wie schmuck und akkurat der nach einigen Wochen fertig gekleite Graben aussah, als Willy ihn mir zeigte und voll Stolz sagte: „Dor kannst du in lang scheten." (Da kannst du in längs schießen.)

Die Frau im Manne

Wie wir inzwischen festgestellt haben, war Willy kein Mann, der sich von Tieren auf der Nase herumtanzen ließ, und er stellte sich auf die Seite derer, die es sich aus Mangel an Kraft oder Mut gefallen lassen mussten. Weil das Gras in unserer Kuhfenne in einem trockenen Sommer knapp geworden war, verständigte Vater sich mit dem Pächter einer Fenne ganz in unserer Nähe und durfte vier Kühe dorthin treiben. Die Fenne war mit weiblichen Jungtieren beschlagen. Eines dieser Jungtiere attackierte immer wieder unser Junges Mädchen, das die Kühe melken musste. Das brachte es bei Tisch zur Sprache. Da hatte Willy eine Idee: Er würde sich ein buntes Kleid anziehen, eine Sackschürze vorbinden, ein Kopftuch umbinden, in die eine Hand einen Melkeimer nehmen, in die andere hinter seinem Rücken versteckt eine Peitsche und in die Fenne gehen. Genau wie vorausgesehen kam das Jungtier ungebärdig und übermütig auf Willy zugesprungen, und als es versuchte, ihn zu attackieren, ließ er den Eimer fallen und zog ihm ein paar kräftige Peitschenhiebe über den Rücken. Es zeigte sich, dass auch Tiere ein Gehirn haben und lernfähig sind. Es hatte begriffen.

Willy hatte Spaß daran, uns Kinder – und andere – gelegentlich zu triezen. Meinen zweiten Bruder, der erst vierzehn Monate alt war, als Willy zu uns kam, nannte er einige Jahre später einen *russischen Kommissar*. Auch behauptete er, dass er der Größte von uns Jungen werden würde. Damit sollte er recht behalten.

Eines Tages lag auf dem kleinen Tisch unseres gemeinsamen Zimmers eine dicke, in rotes Leinen gebundene Schwarte mit dem Titel *Liebe und Ehe*, innen mit vielen großformatigen, bunten Fotos und Skizzen, in das wir Kinder mit weit aufgerissenen Augen starrten. Aber wir konnten uns unter *Ehe* nichts vorstellen, unter *Liebe* dann schon eher. Wir mussten wissen, was *Ehe* bedeutet. Also fragte ich Willy: „Du Willy, wat bedüd denn egentli Ehe?" – „Tja, Mensch Chrüschon", er darauf grinsend, „dat is ganz wat Feines, dat kann man mit de Lepel eten."

Weil er stark war, meinte er auch gelegentlich, seine Kräfte zeigen zu müssen. Neben Willy, er war inzwischen 25 oder 26 Jahre alt, hatte Vater zeitweise Kurt Hoffmann beschäftigt, einen großen, schmucken jungen Mann, der aus Allenstein (heute Olsztyn, in Ermland, Masuren) stammte und vom 1. Juni 1948 bis zum 1. Juni 1949 bei uns war. Er war einige Jahre jünger als Willy. Die beiden hatten vereinbart, dass jeder einen Sack mit 250 Pfund Bohnen auf dem Nacken zum zweiten Boden tragen sollte. Willy stieg als Erster die Treppen hoch. Als Hoffmann wieder runterkam, war er fix und fertig, ihm schlotterten sogar die Knie, und Willy machte sich über ihn lustig.

Willy schien auch keine Angst zu kennen und so meinte er auch, seine Unerschütterlichkeit unter Beweis stellen zu müssen. Schon als kleine Kinder hatte Mutter uns gelehrt, uns bei Gewitter nicht in der Nähe von Fenstern aufzuhalten. Mit Mutter und unserem Jungen Mädchen hielten wir Kinder uns in der Küche auf und laberten über Gott und die Welt, als eines Abends ein schweres Gewitter niederging und Willy Pfeife schmauchend reinkam und sich auf die Fensterbank setzte. Wieder lachte er uns aus, als wir ihn ermahnten, doch in den Raum zu kommen.

Auch machte er sich lustig darüber, dass sich die meisten seiner Kriegskameraden in Uniform sicherer vor dem Feind gefühlt hätten, als wenn sie nur in Unterhose hätten kämpfen müssen. Das war Willy natürlich völlig egal. Er hatte sicher recht, ob nun Uniform oder Unterhose, die Uniform hätte keinen Soldaten vor einer Gewehrkugel oder einem Granatsplitter geschützt. Aber die psychologische Wirkung einer, wie auch immer gearteten, Textilschicht um den Körper stelle ich mir zumindest in Gefahrensituationen erheblich vor. Schon als Junge kam mir mitunter der Gedanke, ob Willy nicht gelegentlich doch ein ganz kleines bisschen zur Überheblichkeit neigte.

In einem der Winter 1947, oder vielleicht auch '48, war Willys jüngerer Bruder, der auf einem etwas weiter entfernten Betrieb arbeitete, zum Hauptakteur im Koogstratsch geworden. Bei einem Bauern in der Nähe fehlten wiederholt Kaninchen. Man hatte den Verdacht, dass die Tiere gestohlen worden waren. Bis der Dieb sich eines Tages selbst verriet, war lange über den möglichen Täter spekuliert worden. Indem er bei Schneefall auf Beutezug gegangen war und die Spuren zu seinem Arbeitgeber führten, konnte Willys Bruder als der Täter überführt werden.

Unserem Willy war das Verhalten seines Bruders überaus peinlich. Er war außer sich vor Wut, schließlich fiel das auch auf ihn und seine Familie zurück. Er beschloss, diese Angelegenheit in Selbstjustiz zu regeln, und konnte dafür den aus Schlesien vertriebenen, bei uns wohnenden Herbert Nowack, den Bruder von Frau Kuczera, überreden mitzukommen, um seinem Bruder einen Besuch abzustatten und ihm in Form einer gehörigen Tracht Prügel eine Lektion zu erteilen. Herbert war ein schmächtiger, eher introvertierter junger Mann, der stundenlang einen Bleistift an seinen gespitzten Mund haltend über Kreuzworträtseln brütete. Über den Ablauf der Abreibung im Einzelnen weiß ich natürlich nichts, aber als die beiden Männer in unser gemeinsames Zimmer zurückkamen, wurde ich wach und sah, dass Herbert ein zugeschwollenes Auge und Willy eine dicke, schon leicht rötlich angelaufene Backe hatte. Deutlich war zu erkennen, dass es nicht bei einer verbalen Strafaktion geblieben war. Die Blessuren zeigten, dass – wie damals durchaus üblich – Fäuste zum Einsatz gekommen waren und es Widerstand gegeben hatte.

Willy gehörte an einem Silvesterabend zu einer Clique gleichgesinnter junger Leute, die sich zusammengetan hatten, um mit verschiedenen selbst gebauten Musikinstrumenten von Haus zu Haus zu laufen, um singend, wohl mehr grölend und Krach machend, auf sich aufmerksam zu machen und sich mit Schnäpsen belohnen zu lassen. Und es wurde großzügig, viel zu großzügig, ausgeschenkt. Willy war mit einer selbst gebauten Teufelsgeige (Cello) unterwegs. Dazu hatte er an das Ende eines über zwei Meter langen Reuterknüppels vier Nägel reingeschlagen und über die ganze Länge vier Wäscheleinendrähte gespannt. Als Resonanzkörper diente ein leerer Zehn-Liter-Marmeladeneimer vom Kaufmann. Eine glatte Eschenrute war die Fiedel. Andere Kollegen waren mit Rummelpötten und Mundharmonikas dabei. Mit diesen primitiven Instrumenten konnte von Musik natürlich keine Rede sein. Schon in den Jahren zuvor war mir immer wieder aufgefallen, dass die Erwachsenen davon sprachen, *der* oder *die* sei mal wieder gehörig *blau* gewesen, wenn *er* oder *sie* betrunken gewesen war. Bis zu jener Stunde kurz vor dem Wecken, als Willy in unser gemeinsames Zimmer kam, konnte ich keinen Zusammenhang zwischen *blau* und *betrunken* herstellen. Nun jedoch fiel es mir wie Schuppen von den Augen. Willys ganzes Gesicht war vom vielen Alkohol, wahrscheinlich waren sogar größere Mengen selbst gebrannter Fusel darunter gewesen, wirklich blau. In all den späteren Jahren habe ich so etwas nie wieder gesehen.

In einem der nächsten Sommer könnte es gewesen sein, als wir abends bei gutem Wetter und Hochwasser nach Feierabend gemeinsam zum Außendeich liefen und nackt badeten. Auch junge Leute von anderen Höfen fanden sich meistens ein. So auch der Junge Mann von Ketels, der sich weigerte, seine Badehose auszuziehen. Das war aus Willys Sicht nicht in Ordnung. Er ermahnte ihn mehrfach vergeblich, sich unseren ungeschriebenen Gepflogenheiten anzupassen. Willy, auf ihn zulaufend, warf ihm halb fragend, halb behauptend vor: „Du wulld dien groote Schech wull ni wiesen, wa?!" (Du willst deinen „kleinen Mann" wohl nicht zeigen, was?!) Als er sich dem „Spielverderber" näherte und versuchte, ihn zu packen, um ihm die Badehose auszuziehen, riss er aus. Willy über Grüppen und Vorland hinter ihm her. Immer weiter entfernten sich die beiden. Es war ihm jedoch nicht möglich, den Flüchtenden einzuholen.

Jahrelang hatte mein Bruder sich einen Fußball gewünscht. Als Weihnachtsgeschenk hatte er nun endlich einen nagelneuen Ball bekommen. Die Enttäuschung war nicht groß, dass es statt eines Fußballs ein Handball geworden war. Der Weihnachtsmann hatte es eben nicht besser gewusst. Und mit einem Handball ließ sich schließlich auch Fußball spielen. In mehreren dieser wunderschönen Sommer haben wir mit diesem Ball auf unserem Hofplatz Faustball gespielt. Es gab auf den Höfen in der Nähe so viele junge Leute und Mädchen, dass zwei Parteien gebildet werden konnten. Auch meine Eltern, die Flüchtlinge, Willy und wir Kinder waren mit dabei. Bis in die Dämmerung hörte man das *Wumm, Wumm*, wenn die Fäuste den Ball über die zwischen zwei Pfosten gespannte Leine in die gegnerische Seite zurückschlugen.

Man sollte mir nicht unterstellen, dass ich auf einer nostalgischen Welle reite. Sicher, mit achtzig Jahren mag sich das eine oder andere für mich ein wenig verklärt darstellen. Realistisch und kritisch betrachtet muss man zugestehen, es gab trotz des sich allmählich abzeichnenden ökonomischen Aufschwungs noch verbreitete Not und Armut, die wohl der immer noch hohen Arbeitslosigkeit – sie lag 1949 um zwanzig Prozent und blieb bis weit in die 1950er Jahre hoch – geschuldet war, dazu häufig Querelen in der Schule. Dennoch erlebten wir in diesen Jahren immer wieder herrliche Stunden. Vielleicht gerade auch deswegen, weil unsere Eltern, wenn sie uns nicht brauchten oder wir unsere Aufgaben erledigt hatten, uns viele Freiheiten ließen. Es war gottlob noch nicht die Zeit der Glucken-Eltern. In all den Jahren, die meine Brüder und ich die Schule in Osterhever besucht haben, sind wir nicht ein einziges Mal abgeholt worden.

Viele Jahre hatten mein Bruder und ich eine kleine Mühle am Giebel unseres Stalles laufen. Ein von uns aus Holz geschnitzter Propeller, auf die Achse eines Vorderradkugellagers montiert. Bei starkem Wind war ihr Rasseln bis ins Wohnhaus zu hören. Sie musste gelegentlich repariert oder geölt werden. Dazu liefen wir ohne Halt auf dem immerhin etwa neun Meter hohen First entlang zu ihr. Nie ist etwas passiert. Aber ein ganz kleiner Fehltritt und es wäre aus gewesen. Wer einen Sturz aus neun Metern ohne Schäden überlebt, hat einen wirklichen Schutzengel oder gewaltigen Dusel gehabt. Dass uns diese Manöver nie verboten worden sind, mag allerdings daran gelegen haben, dass wir versuchten sie zu unternehmen, wenn Vater nicht zugegen war. Andererseits wussten Mutter und Vater, dass wir allenthalben zur Mühle mussten und dass es dorthin kein Geländer gab.

„Hau se vör de Moors Chrüschon!" (und) die Tücken der Technik

Solange wir Kinder waren und die Jahreszeit gekommen war, dass das Getreide mit dem Selbstbinder gemäht werden musste, saß Willy hinten auf dem Sitz der Maschine, von wo aus er die vielen Hebel des Binders bedienen und die Pferde lenken musste. Hierzu hatte er Lust, das war sein Metier. Das war auch richtig so; hier war er der richtige Mann auf dem richtigen Platz. Das konnte er. Es war abwechselnd meine Aufgabe und die meines Bruders, die Pferde mit einer Peitsche anzutreiben. Hierbei standen wir auf der Vorderkarre der Maschine und hielten uns an einer darauf befestigten langen, dünnen Stange fest, die an sich für die Pferdeleinenführung angebracht war. Nachdem wir mehrere Jahre wiederholt auch für uns auf der Vorderkarre einen Sitz angemahnt hatten, ließ Vater sich schließlich erweichen und erteilte dem Schmied den Auftrag, einen Schalensitz zu montieren.

Vielleicht hatte es seinen Grund, dass vom Hersteller auf der Vorderkarre kein Sitz montiert war. An ein Szenario, das mir völlig aus dem Gedächtnis verschwunden war, erinnerte mich vor Kurzem mein zweiter Bruder. Mit bewegter Stimme erzählte er, dass ich ihm sein Leben gerettet hätte oder ihn zumindest davor bewahrt hätte, zum Krüppel zu werden. Wir waren mit dem Knüppelbinder dabei, Wintergerste zu mähen. Ich saß auf dem Maschinensitz und er mit der Peitsche auf dem von Onkel Paul Sältz montierten Schalensitz, auf den als bescheidenes Polster ein Strohsack gelegt worden war. Der Haspelgreifer des Binders erfasste den Strohsack, riss meinen Bruder mit und schleuderte ihn vor das Schneidwerk. Er erzählte, nur meine blitzschnelle Reaktion – ich hatte im Bruchteil einer Sekunde die Pferde zum Stillstand gebracht und den Motor auf Standgas gestellt – hätte ihn davor bewahrt, in das Schneidwerksmesser und weiter auf das Beförderungslaken gezogen zu werden. In der Tat hätte das verhängnisvoll, möglicherweise tödlich enden können.

Weizenernte. Auf der Vorderkarre Werner, Willys jüngster Bruder (mit der Peitsche). Auf dem Binder der Autor

An den Vorgewenden musste der jeweilige Pferdetreiber jedes Mal bei fahrender Maschine abspringen, im Rennen die noch hinausgeworfenen Garben beiseite räumen, rennend den Binder einholen und wieder aufsteigen.

An lichten Tagen geht fast jede Arbeit unter freiem Himmel leichter von der Hand. Besonders trifft das für das Arbeiten mit dem Bindermäher zu. Eher selten war es, dass fünf wichtige Kriterien stimmten: trockenes Wetter, trockenes Getreide und trockener Boden, dazu kein Unkraut im Getreide und Pferde, die die Maschine flott zogen. Unkrautbekämpfung erfolgte nur mechanisch durch Eggen und später im wachsenden Getreide durch Hacken. Wirklich unkrautfreie Schläge gab es mit diesen Methoden kaum.

Zu Störungen führte wohl am häufigsten das Klettenlabkraut – von uns im plattdeutschen Sprachgebrauch treffend als *Kleevkruut* (Klebkraut) bezeichnet. Es blieb lange grün und somit feucht, schlängelte sich an den Halmen des Getreides stützend oft bis über die Ähren hoch und nahm es in den Schwitzkasten. Es wickelte sich wegen seiner rauen, behaarten Blätter und Stängel häufig um die Teilerschnecke. – Außerdem ist jedes Saatkorn des Klebkrauts mit ungezählten Widerhaken versehen, die sich wie Kletten auch an Textilien festsetzen. – Dann musste angehalten werden und die Schnecke von den zähen Pflanzenteilen freigezupft werden. Dieses Umwickeln passierte nicht ganz so häufig, wenn die Schnecke mit hoher Umdrehungszahl lief. Noch heute liegt mir Willys wiederholtes lautes Rufen in den Ohren „Hau se vör de Moors, Chrüschon!“, wenn die Pferde langsamer wurden. Sie brauchten andauernden Druck. Beim Bindermähen mussten sie hart ran. Häufig war der Boden nass, das große Treibrad machte tiefe Spuren. Zusätzlich zu schaffen machte Menschen und Tieren häufig eine unerträgliche schwüle Hitze. In der Folge ließen sich die schlanken, aschgrauen, unmerklich anfliegenden Regenbremsen – in unserer Region auch Blindfliegen genannt – mit ihren großen, purpurfarbenen Augen gerne an weiche, durchschwitzte Körperareale wie dem Hals, der Blesse oder um die Augen der Tiere nieder. Auch die Stellen, wo die Ohren aus dem Kopf kommen, und an den unteren Seiten der meistens vor Schweiß triefenden Flanken flogen sie gerne an, um den Pferden mit schmerzhaftem Saugen Blut abzuzapfen. Für uns war es praktisch, dass die Bremsen trotz ihrer großen Augen schlecht sehen konnten. In jeder freien Minute liefen wir um die Pferde herum und zerrieben oder zerdrückten diese lästigen Quälgeister mit den Händen auf den Pferdehaaren. Die Pferde ließen sich das gerne gefallen; ihre langen Schwänze peitschten indessen über die Flanken, verschonten auch unsere Gesichter und meist nackten Oberkörper nicht. Trotzdem hatten sich viele Bremsen oft schon ihre Bäuche dick mit Blut vollgesogen.

Wenn ich sehe, wie diese Pferde durch Domestikation unserer Ahnen bis in die Steinzeit zurück das geworden sind, was sie heute sind, spricht das für das Können unserer Vorfahren; wenn ich sehe, wie sich diese selbstlosen Tiere, wenn sie erst angelernt sind, zwar nicht immer freiwillig und gut gelaunt – siehe angelegte Ohren, da sind sie anders als wir Menschen –, sondern sich eher durch Druck ihres Gebieters, entweder durch lautes, hartes Zurufen oder durch Drohung oder Zuschlagen mit der Peitsche, stoisch, häufig bis zur Selbstaufopferung für ihn aufreiben; wenn ich sehe, wie sich diese schweißgebadeten, häufig von Quälgeistern geplagten, unentbehrlichen Helfer für uns Menschen schinden – sie möchten nur satt werden, den Durst gestillt bekommen und hin und wieder mal gelobt und gestriegelt werden –, so grenzt das an ein ganz großes Wunder.

Aufbruch zum Deutschen Turnerfest nach Hamburg 1953. Es hatte Ärger mit Vater gegeben. Er wollte uns in der Getreideerntezeit nicht entbehren.

Vater hatte sich beim Kauf seines ersten Selbstbinders falsch beraten lassen. Er hatte sich für einen Fahr, rechts schneidenden Binder mit Haspel entschieden. Der war jedoch für die im Koog in Nord-Südrichtung liegenden Äcker nur bedingt geeignet. Weil das Getreide wegen der meist aus Südwestrichtung kommenden Unwetter und Regengüsse in Nordostrichtung in Lager ging, musste häufig quer, also durch die Pflugfurchen, gemäht werden. Das war umständlich, schwierig und zeitraubend. Viele Jahre hat er das so praktiziert, bis er mit dem Bauern Ferdinand Pauls aus Tetenbüll ins Gespräch kam, für dessen Betrieb ein Rechtsbinder geeigneter war, weil seine Äcker in Ost-Westrichtung lagen. Durch einen fairen Tausch wurde Vater so Besitzer eines Fella links schneidenden Knüppelbinders. Jahre später wurde dieser mit einem gebrauchten 250 cm^3 Fichtel & Sachs Zweitaktmotor als Antrieb für die komplizierte Mechanik nachgerüstet. So reichten nun zwei, statt bisher drei, Zugpferde für das Ziehen des Binders aus. Trotzdem bespannte Willy den Binder grundsätzlich mit drei Pferden. Er begründete sein Vorgehen mit einem einzigen logischen Satz: „Wat twee Peerd kööt, fallt dree nich swoor." (Was zwei Pferde können, fällt drei nicht schwer.) Dieser kleine Motor erleichterte das Arbeiten erheblich, weil er den Mechanismus bei Überlastung bei stehendem Selbstbinder in Gang halten konnte, so vom Selbstbinder zu viel aufgenommenes Getreide weiter transportiert und die Förderlaken geräumt werden konnten.

Die Kraftübertragung des Motors für die Mechanik des Binders erfolgte über eine Fliehkraftrutschkupplung. Da kam mir bald der Gedanke, dass, wenn etwas rutscht, Verschleiß stattfindet, den es zu vermeiden galt. Ich handelte darauf nach der alten Bauernregel „wer gut schmärt, der gut fährt", nahm die Spritzölkanne und ließ Öl ins Kupplungsgehäuse laufen. Durch das Öl wurde die Kupplung zu einer wirklichen Rutschkupplung und konnte keine Kraft mehr übertragen. Trotz vielen Spekulierens wusste niemand auf dem Betrieb um die Ursache. So musste der Kraftfahrzeugschlosser Wilhelm Bienek aus Osterhever in Anspruch genommen werden. Er baute den Motor ab, zerlegte die Kupplung und erkannte sofort den Grund für ihr Versagen. Nachdem er sie gründlich gereinigt und wieder montiert hatte, konnte das Mähen mit ein paar Stunden Verspätung weitergehen. Niemand ist auf die Idee gekommen, dass ich mal wieder der Übeltäter gewesen war.

Die Bieneks waren Flüchtlinge aus Schlesien. Sie waren fleißige, tüchtige, sympathische Leute. Schon bald kauften sie die Lüttschool in Osterhever und machten sich mit einer Kraftfahrzeugwerkstatt und in den Anfangsjahren mit allerlei weiteren Tätigkeiten selbstständig. So entwickelte sich der Betrieb rasch zu einem florierenden Geschäft. Wahrscheinlich auch wegen des Geschäftsmodells des *alten* Bienek. Es basierte auf Wissen und Können: ‚Schraube angedreht = 5 Pf., gewusst welche = 10 Mark.'

Wilhelm Bienek, der wintertags bei Eiseskälte auf seiner 350er Viktoria zu seiner Arbeitsstelle nach Garding fuhr, warnten Leute, die es gut mit ihm meinten wie Boy Alberts: „Laat dat na, Wüllem, du kriggst dat no mol chanz abscheuli mit dem Mog." („Lass das nach, Wilhem, du bekommst eines Tages große Probleme mit dem Magen.") Wilhelm antwortete dann unbekümmert in seinem schlesischen Dialekt: „Mach dir um mich keine Sorgen, Boy, ich fahr so schnell, da werd' ich gor nicht erst kollt." Aber Wilhelm hatte Schindluder mit seiner Gesundheit getrieben. Ob nun die kalten Touren ursächlich für seinen frühen Tod waren – er wurde 56 Jahre alt –, mag dahingestellt sein; auch andere starben früh an Magenkrebs. Aber gut können sie ihm nicht getan haben.

Wegen des Preises für den Motor war es übrigens zwischen Vater und dem Verkäufer, Kalle Grünberg, zum Prozess gekommen. Wegen des schlechten Anspringens wollte Vater nur die Hälfte des vereinbarten Preises zahlen. Das akzeptierte der Verkäufer nicht und verklagte ihn. Beide, sowie der Schmied als Vaters Zeuge, wurden zu einem Termin ans Amtsgericht Tönning geladen. Der Amtsrichter schlug einen Vergleich vor und fällte rasch ein salomonisches Urteil. Beide Kontrahenten mussten Federn lassen. Sie trafen sich zwischen Vaters Angebot und dem ursprünglich vereinbarten Preis.

Möglicherweise war ich für einen weiteren Schaden am Selbstbinder verantwortlich. Am hinteren Teil des Binders gab es eine lange, breite umlaufende Kette, die über die Wellen einer Reihe von Kettenrädern den Mechanismus der Maschine antrieb. Dem rasselnden Schnurren dieser Kette bei ihrem schnellen Umlauf zuzuhören, war ein wohlklingendes Geräusch für meine Ohren. Mich störte aber ihr unruhiges Auf- und Abschlagen an einem etwa einen Meter langen unbelasteten Stück. Aber da gab es eine Spannrolle. Mit ihr, so mein Gedanke, würde ich die Kette stärker spannen und sie so zur Ruhe bringen können. Gedacht, getan. Die Kette lief fortan wunderschön ruhig. Leider nicht lange. Ich hatte mit dem Spannen wahrscheinlich des Guten zu viel getan. Die Welle des oberen, am stärksten durch die Kette belasteten Kettenrads, das für den Rundlauf eines Beförderungslakens für das gemähte Getreide sorgte, hielt dem Druck nicht stand und brach. Wer mit Mechanik und Technik zu tun hat, weiß, dass mal etwas kaputt gehen kann. So fiel auch dieses Mal kein Verdacht auf mich. Aber ich hatte ein sehr, sehr schlechtes Gewissen. Zumal die Maschine in der ohnehin hektischen Erntezeit mehrere Tage ausfiel. Kein Kundendienst in der Nähe hatte ein so selten verlangtes Ersatzteil auf Lager. Die HaGe in Husum orderte letztendlich das Teil in der Herstellerfabrik des Binders in Feucht in Bayern.

Ich war vielleicht zwölf oder dreizehn Jahre alt, als mir meine Neugierde keine Ruhe ließ. Ich musste wissen, wie der Torpedofreilauf von Vaters Rad von innen aussah. Ich zerlegte ihn in seine Einzelteile in der Annahme, ihn wieder richtig zusammensetzen zu können. Ich hatte mich überschätzt, es blieben Teile übrig. Trotz meiner Unerfahrenheit war mir klar, dass er so nicht funktionieren konnte. Aus Angst vor Vater geriet ich in Panik. Er durfte nichts erfahren. So habe ich Willy ins Vertrauen gezogen, der dann nach Feierabend die Freilaufnabe in meinem Beisein wieder zusammensetzte.

Ich muss gestehen, dass ich keine Lehre aus diesen Vorfällen gezogen habe. Alles, was kaputt war, jeden kleinen Motor, jeden Apparat, der zur Reparatur musste, nahm ich vorher auseinander, auch später als Erwachsener, um zu sehen, wie er von innen aussah und ob ich ihn eventuell selbst reparieren könnte. Darüber konnte sich unser Elektriker für den Außenbereich, Manfred Homann, fürchterlich aufregen. So soll er einmal einem meiner Berufskollegen gegenüber verärgert geäußert haben: „Dieser Herr Mahrt ist ein ganz verrückter Hund. Alles schraubt er auf, in alles guckt er rein und ich muss es wieder zusammenbauen!“

Kleiner Exkurs: Wegen gesundheitlicher Probleme schickten mich meine Eltern Ende der 1940er Jahre zu einem Professor nach Kiel, der seine Patienten auf homöopathischer Basis behandelte. Er konnte mich zwar nicht gesund machen, aber ich erinnere mich noch, wie er sein Urteil über mich aus meiner rechten Hand las: *fleißig, ordnungsliebend …* Vielleicht hat er noch von *zuverlässig* gesprochen, an mehr erinnere ich mich nicht. Das sind sicher zutreffende Kriterien. So war es für mich jahrelange Praxis, jeden Abend auch meine täglichen Schul- und Arbeitsklamotten sorgsam zusammenzulegen, jeden Abend durch Haus und Stall zu laufen, um zu überprüfen, ob sämtliche Türen verriegelt, alle Lampen ausgeschaltet waren. Möglicherweise hat der Professor auch noch negative Eigenschaften aufgezählt. Auch da verlässt mich meine Erinnerung. Aber gut in meinem Gedächtnis haften geblieben ist seine These, dass Salz und Zucker wegen ihrer Schäden, die sie im menschlichen Gefäßsystem anrichten, tausend Mark je Pfund kosten müssten.

Willys Zeit nach uns

Nachdem Willy viereinhalb Jahre bei uns gewesen war, kündigte er. Allerdings nicht, weil Vater und er nicht miteinander klargekommen wären. Er wollte ganz einfach mehr verdienen. Und so versuchte er in den Folgejahren, in vielen verschiedenen Jobs seinen Lebensunterhalt zu verdienen. In mehreren Wintern war er arbeitslos und Vater konnte ihn an manchen Tagen gut gebrauchen. Auch nachdem Vater verstorben war, ist Willy Mutter und uns bei vielen schweren Arbeiten zur Hand gegangen.

Normalerweise ist es auf den Höfen so, dass die Jungen Leute, jedenfalls, wenn sie etwas älter und kräftig genug sind, für die schwereren Arbeiten eingeteilt werden. Vater wollte Mist fahren und Willy hatte eingewilligt, die Wagen zu beladen. Das geschah damals allein mit der Forke. Nun war er mehrere Monate arbeitslos gewesen, hatte in dieser Zeit rumgegammelt und seine Muskeln waren geschrumpft.

Schon nachdem er ein paar Wagen beladen hatte, bildeten sich Blasen an seinen Händen und die Knie begannen zu zittern. Er hatte nichts mehr in der Weste. „Du, Peter, ik kann ni mehr", sagte der sonst so starke Willy. So verständigten sich die beiden darauf, die Posten zu tauschen. Vater, obgleich älter und Chef, stellte sich auf den Misthaufen und belud die Wagen und Willy fuhr sie zum Feld und rakte mit dem Misthaken den Mist von den Wagen auf Haufen. Er hatte seine Muskeln zu lange nicht gebraucht.

Wohl auch, weil Willy gut mit Maschinen umgehen konnte, hatte ihn ein hiesiger Lohnunternehmer über mehrere Erntekampagnen als Dreschmaschinenmeister eingestellt. Dabei trug er immerhin Verantwortung für eine Drescherkolonne von etwa zwanzig Arbeitern. Darauf war er stolz, obgleich es für ihn nicht einfach war. Er war Arbeitersohn ohne berufliche Ausbildung, also keine fachlich qualifizierte Respektsperson, höchstens aufgrund seiner Größe. Er versuchte, seine Weisungen mehr auf kameradschaftlicher Basis durchzusetzen. Natürlich gab es da Neider unter den Arbeitern, die ihm den Job streitig machen wollten. Schließlich war er einer von ihnen.

Emil Jeske

Hier eingeschoben eine kurze Abhandlung über Emil Jeske, von meinem damals *noch* jüngsten Bruder *Jegges* genannt. Emil war ein herzensguter, ruhiger Mann mit pommerschen Wurzeln. Er war einer von jenen vielen, die die Kriegs- und Nachkriegswirren nach Eiderstedt verschlagen hatten. Er hatte nur noch wenige, grau melierte Haare, eine riesige nach oben gebogene Nase und klodeckelgroße Hände. Für uns Kinder war er mit seinen vierundfünfzig Jahren ein gutmütiger, schon alter Mann, an dem wir sehr hingen. Er wurde für einige Jahre nach Kriegsende unser zweiter Junger Mann. Weil er aus Pommern stammte und bratpfannengroße Hände hatte, wurde erzählt, dass er flotter als andere Kartoffeln sammeln konnte. Beim Kartoffelsammeln bekamen immer zwei Leute einen von Vater abgemessenen Abschnitt zugeteilt. Inzwischen wusste ich, dass Emil schneller als andere sammeln konnte, und ich konnte Vater überreden, mich zusammen mit ihm sammeln zu lassen. Natürlich mit dem Hintergedanken, rechtzeitiger als die anderen fertig zu sein und zwischen dem Roden der einzelnen Reihen längere Pausen rauszuschinden und noch Sammelnde mit Kartoffeln oder Erdkluten zu bewerfen. Trotz Strebens und Emils Qualitäten waren wir immer als Letzte fertig. Ich verstand das nicht, wurde misstrauisch und maß zum Vergleich verschiedene Abschnitte ab und stellte fest, dass Vater uns einen erheblich längeren Abschnitt zugeteilt hatte. Er, der gerissene alte Schlaumeier, kannte seinen Sohn und seinen tüchtigen Emil und hatte das längst berücksichtigt.

Fiede Gleunoog

Friedrich Petersen, geboren am 7. September 1931, war vom 2. Januar bis zum 2. November 1951 bei uns als Junger Mann tätig. Er war klein gewachsen und stämmig und hatte riesengroße, extrem hellgraue Augen. Deswegen nannten mein Bruder und ich ihn, zumindest hinter vorgehaltener Hand, *Fiede Gleunoog*.

Vater lag mit einer Grippe im Bett und Fiede sollte mit zwei Pferden und einem Wagen Futterrüben vom Feld aus der Miete holen. Als er mit vollem Wagen von der Miete abfuhr, gerieten Pferde und Wagen in ein Matschloch und die Wagendeichsel brach ab. Nun musste Fiede zu Vater ans

Krankenbett und über sein Malheur und dessen Ursache berichten. Fiede war ehrlich und erzählte von seinem Missgeschick. Vater darauf: „Ja, Mensch Friedrich, wat wöt se denn ok in dat dore deepe Matschloch?“ Fiede darauf: „Ik kunn nix dorför, de Peer lepen dor je hen.“ Alle amüsierten sich, als Vater diese Geschichte zum Besten gab. Schließlich hatte Fiede indirekt eingeräumt, dass die Pferde bestimmten, wo es lang ging, und nicht er.

Er war neunzehn Jahre alt und konnte gewaltig futtern. Wenn die voll gehäufte Pfanne mit Bratkartoffeln, die Mutter abends für eine Runde Esser auf den Tisch gestellt hatte, nicht ganz leer wurde, setzte Fiede sich noch einmal richtig davor, stützte den linken Unterarm zwischen Bauch und Teller auf den Tisch und schaufelte den Rest in sich hinein, damit gesichert sei, dass es am nächsten Tag gutes Wetter gäbe.

Mutters Stütze

Eine von Mutters *Stützen* in unseren letzten Schuljahren war Frau Bertha Boysen, für uns Tante Bertha, aus Süderbrarup – für sie *Sübrarup* – in Angeln stammend, damals 54 Jahre alt. Ich sehe ihr Gesicht nach all den Jahren noch fast haarscharf vor mir: braune Augen, braune, mit einem Kamm aufgesteckte, volle Haartolle, ein fast rechteckiger Mund, mittlere Statur und immer im Kleid und Halbschuhen. Zu uns nett und häufig lächelnd ihre Zähne zeigend.

Oft bekamen wir mit, wenn sie sich über unsere Mutter ärgerte. Mutter mochte gerne mal ein oder zwei Tassen Kaffee zwischendurch, Tante Bertha auch. Den Kaffee für Tante Bertha, vielleicht auch die Zeit, in der sie am Tisch saß und die Arbeit nicht weiterging, wollte Mutter sich am liebsten sparen. Kaffee aufzugießen funktioniert aber nun mal nicht, ohne dass es im ganzen Haus duftet. Also stieg der Duft auch in Tante Berthas Nase. Dann hörten wir sie übellaunig durchs Haus laufen und wiederholt wie zu sich selbst sagen: „Na, wat is dat denn all wa, rükt dat hier na Kaffee oder rük ik dat bloß alleen?“ Gelegentlich tranken beide friedlich ihren Kaffee zusammen, aber eben nicht jedes Mal. Dann war meistens mehrere Tage dicke Luft mit entsprechender Funkstille. Se weer mol wa muulsch oder luunsch. Wenn Vater die Launen der Frauen zu lange dauerten, regelte er das auf seine Art: „So, Fruunslüüd, nu verdreegt sik!“

Es nützte ja auch nichts, alle und vor allem unsere Mutter brauchten Tante Bertha, die Mutter, zu meines und meines Bruders Missfallen, immer mit *Fräulein* anredete. Weil Mutter damals Rückenprobleme hatte, war sie auf eine tüchtige Stütze angewiesen. Sie lief mit stark gebeugtem Rücken herum, so wie die Hexe in Grimms Märchen *Hänsel und Gretel* in vielen Bildern dargestellt wird. Allerdings ohne Hexenhakennase und Stock. Schließlich war ein Haushalt mit vier Kindern, Ehemann und zwei Jungen Männern zu versorgen.

Lehrer Geick, der sich gerne auch um Dinge kümmerte, die ihn nichts angingen, konnte es nicht lassen, uns mit unserer Tante Bertha vor den Schülern der Klasse bloßzustellen. Es war wohl auch ihm zu Ohren gekommen, dass es oft zu Streitereien zwischen den beiden Frauen kam. So fragte er meinen Bruder und mich immer mal wieder: „Na, wie kommt ihr denn mit eurer Stütze klar?“ Oder: „Was macht eure Stütze?“ Für uns war das ein Dilemma. Was sollten wir auf eine so dämliche Frage antworten, zumal ihn die Angelegenheit überhaupt nichts anging? Er hatte es aber mal wieder geschafft, uns in Verlegenheit zu bringen.

Pflichtjahrmädchen

Unser erstes Pflichtjahrmädchen im Koog war Erna Dietz. Ein strammes, schwarzhaariges, bayrisches Madl mit tiefdunkelbraunen Augen. Sie hatte sich das Vertrauen meiner Eltern und die Liebe von meinem Bruder und mir in so hohem Maße erworben, dass wir sie nur schweren Herzens abreisen ließen und ihr tagelang nachtrauerten. Ja, wir haben bitterlich geweint. Uns Kindern und wohl auch unseren Eltern war eine Perle verloren gegangen.

Helga Großkreuz war die Nächste in einer langen Reihe Junger Mädchen in Mutters Haushalt. In der Regel blieben sie ein Jahr bei den jeweiligen Familien. – In den Nachkriegsjahren war Heizmaterial so knapp oder teuer, dass Kohlenkeller oft leergeräumt waren. So wurde damals erzählt, dass Helgas Mutter vor Kälte und Verzweiflung das Bügeleisen angeschaltet hat, um sich daran zu wärmen.

Während Helgas Zeit bei uns fanden mein Bruder und ich zwei Paar lederne Reitstiefel für Erwachsene in einer Abstellecke auf dem Kornboden. Die mussten unbedingt im Modder ausprobiert werden. Obgleich uns die langen Schäfte bei jedem Schritt schrecklich in den Kniekehlen drückten, haben wir uns mit ihnen zum Außendeich gequält. Dort gab es ein etwa 4,5 Demat großes Baggerloch, allgemein Puttloch genannt, mit dessen Aushub der Kern des Deiches gebaut worden war. Wir wollten es diagonal durchqueren. Es war teilweise schon wieder aufgeschlickt und der richtige Ort, die Langschäfter zu testen. Wir sind hineingelaufen und merkten schon bald, dass der Schlick die Stiefel nur ungern und mit schmatzenden Geräuschen freigab. So sind wir denn auch nicht weit gekommen. Der Schlick wurde immer tiefer, die Stiefel saugten sich fest und wir bekamen sie nicht mehr mit. Aber auch ohne sie sackten wir tiefer und tiefer. Wir hatten uns festgelaufen.

Wohl, weil alles so still im und ums Haus war, ist Mutter schließlich unruhig geworden. So wurde Helga losgeschickt, die Jungs zu suchen. Vom Deich aus sah sie die Bescherung und lief zu uns. Sie musste sich ausziehen, war wütend, schleppte uns aber auf festen Boden. Natürlich hätte sie uns das Fell versohlen können, vielleicht hätte sie es auch tun sollen. Wir hatten Glück, sie tat es nicht. Ich weiß nicht, ob sie die Befugnis dazu gehabt hätte. Auf dem Nachhauseweg, immerhin war ein guter halber Kilometer zu laufen, meldete mein Bruder sich bei Helga, dass er pullern musste. Wir waren so klein, dass wir nicht mal das alleine konnten. Als sie meinem Bruder behilflich war, merkte ich, dass ich auch Druck auf der Blase hatte, und ließ sie das wissen. Das hat sie fürchterlich aufgeregt. „So is dat jedes Mol!“, schimpfte sie und wollte sich im Wiederholungsfall bei unseren Eltern beschweren.

Es dauerte jedoch nicht lange, so konnten wir unser kleines Geschäft ohne externe Hilfe regeln. Anfangs gab es Probleme mit dem Öffnen der Knöpfe im Hosenschlitz. Alle Hosen waren mit Knöpfen verschlossen. Reißverschlüsse gab es damals noch nicht, jedenfalls nicht an unseren Hosen. Aber es musste immer schnell gehen. So wurde der „kleine Mann“, ohne die Knöpfe zu öffnen, gesucht, hervorgeholt und auch wieder hereingezogen. So handhabten wir es viele Jahre. Übrigens auch bei anderen Kindern und sogar noch bei Schülern habe ich das beobachten können.

Wenn wir nachlässig waren, klappte das Hereinziehen jedoch nicht jedes Mal. Eines Tages werkelte Mutter am Herd und ich stand neben ihr. Plötzlich fragte sie mich: „Wat hess du dor denn?“ Ich folgte ihrem Blick nach unten und sah, dass noch ein kleiner Teil meines „kleinen Mannes“ zu sehen war. Ich, unter Mutters grinsendem Blick, peinlich berührt und beschämt, sorgte für Ordnung und gelobte mir selbst, zukünftig sorgfältiger zu sein. Gleichwohl war ich sehr froh darüber, dass es Mutter war und nicht irgendein anderer oder gar *eine andere*, der oder die mich bei meiner Nachlässigkeit ertappt hatte.

Während ich hier sitze und schreibe, erinnere ich mich an eine Balgerei aus meiner Kindheit. Vater, Mutter, unser Junges Mädchen, mein Bruder und ich waren aus mir heute nicht mehr nachvollziehbaren Gründen in einen Rangelei geraten. Einigkeit bestand darin, dass Vater auf die Matte sollte. Natürlich hatten wir unsere Kräfte hoffnungslos überschätzt. Immerhin hatten wir es geschafft, dass er am Ende schwer aus der Puste war.

Ella

Unvergesslich ist mir eine Begebenheit, die ich gerne erzählen möchte. Dabei geht es um eines unserer vielen Jungen Mädchen, um Ella: lange, wilde, rote Mähne und jede Menge Sommersprossen. Sie mag damals zwanzig oder einundzwanzig Jahre alt gewesen sein und kam vom Betrieb Boye Gertz zu uns. Schon damals, noch als Schuljunge, machte ich mir Sorgen, ob das wohl gutgehen würde. Der Bauer war Eiderstedter und für seine Pünktlichkeit bei den Mahlzeiten und beim Feierabend bekannt. Das lief bei uns ganz anders. Meine Eltern kamen von der Geest, da sah man nicht so genau auf die Uhr, was die Arbeitszeiten anlangte. Aber das schien für Ella kein Problem zu sein. Sie blieb. Ich könnte mir im Nachhinein vorstellen, dass es mit ihrer Liebe zu Willy zusammenhing.

Alle drei oder vier Wochen bekam sie ein verlängertes freies Wochenende, das sie nutzte, um ihre Schwester in

Danzig zu besuchen. Mutter hatte wohl gemeint, sie gäbe ihr reichlich Wegzehrung mit. Ella muss das anders gesehen haben. Sie nahm hier etwas, nahm dort etwas und schaffte es in ihre Kammer. Mutter war von Natur aus misstrauisch und auch überaus neugierig. Sie nutzte eine kurze Abwesenheit Ellas, lief in deren Kammer und fand dort allerlei versteckte Viktualien, mit denen Ella sich selbst versorgt hatte. Je näher der Tag der Abreise heranrückte, desto mehr tobte in Mutter der innere Aufruhr. Sie *musste* es ihr sagen. Diese Situation hat sie maßlos aufgewühlt. Als Ella sich dann verabschiedete, sagte Mutter zu ihr: „Ditmol giff dat nich so veel Ella, mit dat meiste hess du die je all sülm versorgt." Mit hochrotem Kopf, völlig fertig vom viele Tage aufgestauten „Wie sage ich es ihr?" kam sie danach total aufgelöst in die Wohnstube, in der ich über meinen Hausaufgaben brütete, ließ sich in den Korbstuhl fallen und weinte hemmungslos.

Obgleich ich erst elf, vielleicht auch zwölf Jahre alt war, kreisten meine Gedanken immer wieder um die Fragen: Was wird, wenn sie wiederkommt? Kommt sie überhaupt wieder? Aber Ella kam. Ich sehe noch, wie sie mit ihrem wehenden roten Haarschopf, etwas verlegen zwar und mit vor Aufregung glühendem Gesicht, um die Mittagszeit in die Küche kam, in der wir alle um den Esstisch saßen. Alle wussten, was passiert war, und alle versuchten so zu tun, als sei nichts passiert.

Lieschen

An eines unserer Jungen Mädchen erinnere ich mich besonders gerne. Es ist das kleine, quirlige, fast immer fröhliche Lieschen. Ja, so hieß sie tatsächlich. Sie hatte ein Jahr bei Herrn Dr. med. Karl-Heinz Jacobsen in Osterhever im Haushalt gearbeitet und ihre Mutter hatte nun bei uns eine neue Arbeitsstelle für sie gefunden. – Mutter sang oft und gerne. Wie oft habe ich sie z. B. das so warme, eingängige, herzbewegende Lied aus der Csárdásfürstin von Emmerich Kálmán singen hören: „Machen wir's den Schwalben nach, bau'n wir uns ein Nest. Bist du lieb und bist du brav, halt zu dir ich fest. Bist du falsch, oh Schwalberich, fliegt die Schwälbin fort. Sie zieht nach dem Süden hin, und du bleibst im Nord …" – Dennoch ermahnte sie unser Lieschen, das am liebsten den ganzen Tag sang, während der Mittagsstunden doch gelegentlich: „So, Lieschen, nun hol man mol een Oogenblick op to singen." Das tat sie dann auch, aber wirklich nur einen kurzen Moment. Dann hielt sie die Stille nicht mehr aus und stimmte erneut am Abwaschtisch stehend mit ihrer hohen, klaren Mädchenstimme ihre eingängigen Lieder an, denen wir Jungen begeistert zuhörten. Rasch lernten wir sie und sangen mit. Leider ist mir nur der Beginn eines einzigen dieser Lieder in Erinnerung geblieben: „Von der Alm, da ragt ein Haus, friedlich übers Tal hinaus. Drinnen wohnt mit frohem Sinn, eine schöne Sennerin …" Dagegen hat sich die Melodie dieses Liedes so fest in mein Gehör eingebrannt, als wenn Lischen es gestern gesungen hätte.

Zweimal habe ich unsere Lieschen als ältere Frau besucht – und ich werde es wieder tun –, denn zwischenzeitlich habe ich den Text im Internet ausfindig machen können. Ich werde ihn ihr bringen.

Ich hoffe, Lieschen nimmt es mir nicht übel, wenn ich an eine ihrer schwachen Seiten erinnere. Sie war eine kleine Krippenbeißerin, das heißt, sie war krüsch und aß entsprechend wenig. So machte Vater sich oft einen Spaß daraus, indem er sie beim Essen fragte: „Na, Lieschen, machs du dat?" Lieschen darauf: „Ni so chern." Oder er fragte sie an einem anderen Tag: „Na, Lieschen, schmeckt di dat?" (Na, Lieschen, schmeckt es dir?) Lieschen darauf: „Dat cheit." Alle am

Tisch kannten Lieschens Antworten und amüsierten sich trotzdem. Wir Jungen jedenfalls liebten unser Lieschen und ich denke, auch meine Eltern ließen nichts auf sie kommen.

Unsere ersten Jungen Mädchen waren, weil auf dem Getreideboden noch keine Stuben gebaut worden waren, in dem etwa anderthalb Meter breiten und dreieinhalb Meter langen Gang neben der Speisekammer untergebracht. Diesen eigentlich als Abstellraum für Eingemachtes vorgesehenen Schlauch kann man nur als Kabuff bezeichnen. Hier war kein Platz für Waschbecken, Tisch und Stuhl. Junge Mädchen und Männer stellten meist keine hohen Ansprüche an Unterkunft. Ihre Eltern waren meistens froh, dass sie ihre Kinder in Arbeit und somit in Brot hatten. Wieder ein Esser weniger am Tisch. Allerdings ist diese Abseite kein dunkles, feuchtes Verlies. An ein ausreichend großes Fenster und an eine bei Bedarf wärmende Heizung war bei Planung und Bau gedacht worden.

Und dann war da noch Elke Thomsen, eine warmherzige, redliche, rechtschaffene Seele. Meine Eltern hatten mich als Schuljungen mit der Pferdekutsche zu ihrem Elternhaus in Westerhever geschickt, um sie mit ihrem bescheidenen Gepäck zu ihrer neuen Dienststelle zu holen. Vierzig Mark bares Geld war der karge Lohn im Monat. Hinzuzurechnen wären noch, wie bei allen Jungen Leuten, Kost und Logis und die Sozialkosten. Frei hatte Elke nur die Sonntagnachmittage. Alle drei oder vier Wochen war ein ganzer Sonntag arbeitsfrei. Dazu kamen sechs oder sieben Tage Jahresurlaub. Während ich beim Wasserfahren unsere Senta vor den Blockwagen spannte, juckelte Elke mit ihm in den Sommermonaten, d. h. von Mai bis Ende Oktober, jeden Morgen und jeden Abend mit Kannen und Milchgeschirr beladen längs der holperigen Grandchaussee zur vierhundert Meter entfernten Weide, molk die Kühe von Hand und marrachtete ihn beladen wieder zurück. Wenn Vater mich entbehren konnte, schickte er mich mit, um sie beim Melken zu unterstützen. Oh, es war mitunter so bitterkalt. In vielen Oktobernächten fror es bereits. Nicht mal an den Kuhzitzen konnten wir unsere klammen Finger wärmen. Auch sie waren weiß und kalt. Es waren harte Zeiten, alle, zumindest alle einigermaßen Gesunden, mussten – jedenfalls in der Landwirtschaft – für einen kargen Lohn bei wenig Freizeit häufig bis zum Umfallen rackern.

Elke hatte fünf Schwestern. Sie war die einzige von den sechs Mädchen, die eine feine, akkurat nach innen gebogene Nase von ihrer Mutter mitbekommen hatte. Alle anderen hatten die Holpernase ihres Vaters geerbt. Er war einfacher Tagelöhner, hatte aber ein paar Kühe und Jungtiere im Stall stehen. Über den Tagesablauf ihrer Familie im tiefsten Winter erzählte Elke: Weil kein Strom unnütz verbraucht werden durfte, ging die ganze Familie mit Beginn der Dämmerung gegen 4:00 Uhr nachmittags ins Bett. Morgens, gegen 8:00 Uhr, kurz bevor sich die Sonne am Horizont sehen ließ, wenn wieder ohne künstliches Licht gewerkelt werden konnte, begann der neue Arbeitstag. Den größten Teil des Lebensunterhalts für sich und seine Familie verdiente ihr Vater sommertags als Aufsichtsmann über große Weideflächen in Westerhever damit, Tiere zu zählen, mit der Sense Disteln zu mähen und mit der Schaufel Maulwurfshügel zu verteilen. Sowie sie abkömmlich waren, mussten seine Töchter zu seiner Unterstützung mit.

Auch ein nicht direkt mit der Landwirtschaft verbandelter Leser wird bemerken, dass zwischen der damaligen und der heutigen Wirtschafts- und Arbeitsweise Welten liegen. Alle auf dem Land lebenden Arbeiter, auch die Fiskusarbeiter, hielten ein paar Jungtiere und zwei oder drei Kühe, die sommertags auf der Weide von Hand gemolken wurden.

Erst ein Telefonat meines Bruders aus Washington State brachte mir Elke in die Erinnerung zurück. Ich hatte sie, nachdem sie bei uns weggegangen war, völlig aus den Augen verloren. Er fragte beiläufig: „Wat mokt egentli Elke?" Ich wollte ihm eine Antwort auf seine Frage nicht schuldig bleiben, habe mich ins Auto gesetzt und auf die Suche gemacht. Ich wusste, dass sie eine ältere Schwester, Irene, hatte, die Ende der 40er Jahre oder um 1950 herum bei Onkel Johann in Stellung gewesen war und nun irgendwo in die Hattstedtermarsch oder nach Hattstedt-Feld geheiratet hatte. Weil mir nur ihr Mädchenname bekannt war, würde es schwierig werden, sie zu finden. Wurde es auch. Ich benötigte vier Stunden und bin über 70 km gefahren. An vielen Haustüren habe ich vergeblich Klinken geputzt, wurde von Haus zu Haus geschickt. Der letztlich entscheidende Tipp kam schließlich von der ehemaligen Bürgermeisterin der Hattstedtermarsch.

Als ich bei Irene, inzwischen Friedrichsen, ankam, erkannten wir uns beide nicht wieder. Über 65 Jahre waren seither vergangen. Sie erzählte, ihre Schwester habe in Eiderstedt einen Schrotthändler kennen gelernt, habe ihn geheiratet und sei mit ihm nach Köln gegangen. Dort sei sie im Alter von 59 Jahren gestorben. Das hat mich schockiert und da bin ich, trotz des großen Zeitabstandes, so was von traurig geworden, dass mir Tränen in Gegenwart von Irene über die Wangen liefen.

Mutter war schon bald nach Elkes Heirat zu Ohren gekommen, dass ihr Mann sie betrog. Ihr fassungsloser Kommentar: „Nun hett he so'n feine Fruu und bedrücht ehr." Aus dieser Äußerung schließe ich eine große Wertschätzung meiner Mutter für unsere Elke.

Ursula Geßler und Anna Stanaitis möchte ich in dieser Aufzählung nicht gerne vergessen. Beide, Ursula aus Pommern und Anna aus Litauen stammend, hatten, wie so viele andere auch, die Kriegswirren nach Eiderstedt verschlagen. Ursula kam alleine mit ihrem Vater, Anton, in den Koog. Ich erinnere mich, dass Mutter ihn, wohl weil er alleinstehend war, häufig zum Mittagessen eingeladen hatte. Noch viele Jahre, nachdem er verstorben war, stand ein schmaler, bescheidener, grauer Grabstein einsam auf seiner ungepflegten Grabstelle auf dem Friedhof in Osterhever, nachdem die Gräber rundherum längst eingeebnet worden waren. – Anna war ein dunkler Typ und fülliger. Mir fiel auf, dass sie immer mit tiefdunklen Augenringen rumlief. Als ich Mutter fragte, warum das so war, antwortete sie: „Villicht weent se veel vör Heimweh na Litauen."

Tja, was wird aus der langen Reihe der rasch wechselnden Jungen Mädchen geworden sein, die Mutter in den fast 30 Jahren als Hausfrau und Mutter, auch als Chefin, durch ihren Haushalt geschleust hat. Sie sind in alle Winde verstreut. Kaum eine hat uns besucht. Viele sind inzwischen verstorben. Die Nachricht vom Tode unserer Elli (nicht zu verwechseln mit Ella), die ich noch vor ein paar Jahren aufgesucht hatte und der es damals schon nicht gut ging, war Anfang 2016 in der Zeitung zu lesen. Sie war nach jahrzehntelanger schwerster Krankheit gestorben. Für sie ist es sicher gut, dass es vorbei ist, aber mich hat ihr Tod traurig gemacht. Wir Kinder liebten sie. Aber auch die Jungen Leute und unsere Eltern mochten dieses gutmütige, ruhige, hübsche Mädchen.

Ulla, die in Garding lebt, treffe ich mitunter in Osterhever. Nie ist sie verbindlich oder freundlich zu mir. Wenn ich sie nach dem Grund für ihr Verhalten frage, danach, was ich eventuell falsch gemacht haben könnte, erklärt sie sich nicht. Das finde ich schade und nicht in Ordnung. Sie ist aber eine fleißige, tüchtige Frau. Noch viele Jahre nach ihrer Heirat hat sie unserer Mutter beim Ausnehmen der vielen geschlachteten Hühner geholfen. Sie hatte Spaß daran, sie mochte, wie sie sagte, gerne *mantschen*.

Viele Jahre hat sie für den Kontrollverband auch bei uns die Leistungsprüfung der Milchkühe durchgeführt. Als ich eines Morgens an der Spülwanne stehend das Melkgeschirr reinigte und sie sich nach getaner Arbeit mit einem kleinen Schups gegen meine Hüfte verabschiedete, fragte ich sie: „Na Ulla, noch ein Küsschen zum Abschied?“

„Nehehe!“, sie darauf abwehrend und lachend, „naher wüllt se dat all, wa?“ (Nachher wollen das alle, was?)

Schollenlaufen

Der Winter 1947 brachte außergewöhnlich viel Schnee. Der Nordostwind hatte so viel davon über den Norderdeich geweht, dass der Schlackenweg unpassierbar war. Von den danebenstehenden Häusern waren vom Deich aus nur noch die Spitzen der Dächer zu sehen. Die Häuser waren eingeschneit. Wir mussten auf dem Deich laufend den Stockensteig erreichen, um zur Schule zu kommen.

Die Kältewelle hielt über den Februar unvermindert an. Die Temperaturen sanken in einigen Nächten bis auf minus zwanzig Grad. Gräber wurden ausgesprengt. Züge konnten nicht mehr fahren und auch die Schifffahrt ruhte, weil die Flüsse gefroren waren.

Die Medien in der sowjetischen Zone höhnten schadenfroh über das Chaos im Westen. Im Osten hingegen würde

Ordnung herrschen. Es gab drüben Proteste wegen der Demontage der Industriebetriebe durch die Sowjetunion.

Um die Besatzungskosten zu senken, hatten die amerikanische und die britische Militärregierung am 1. Januar 1947 ihre Zonen zur sogenannten Bizone vereinigt. Auch politisch herrschte Eiszeit zwischen dem Westen und dem Osten. Die Westmächte befürchteten einen kommunistischen Aufstand. Trotz Protesten aus Moskau wurde die Bizone nicht aufgelöst. Der Kalte Krieg, eine außerordentliche Spannungsphase, die eigentlich schon 1945 begann und bis 1990 immer mehr ausartete und in den Ost-West-Konflikt überging, begann. Nach anfänglicher Verweigerung trat Frankreich später dieser Wirtschaftszone bei, die dann zur Trizone wurde. Dank des Startkapitals des Marshallplans, eines gigantischen Wirtschaftswiederaufbauprogramms der USA von 12,4 Milliarden US-$, von dem 16 europäische Länder profitierten, das der US-Kongress am 3. April 1948 verabschiedete und am gleichen Tag in Kraft setzte, erfolgte eine ökonomische Wiederbelebung des vereinigten Wirtschaftsgebietes, die praktisch die Trennung Deutschlands in West und Ost nach sich zog.

Nachdem K. Adenauer als Präsident des Parlamentarischen Rats am 23. Mai 1949 das Grundgesetz verkündet hatte, war die Bundesrepublik Deutschland gegründet. Nach den Wahlen am 15. September 1949 zum ersten Deutschen Bundestag in den drei westlichen Besatzungszonen wurde Adenauer zum Bundeskanzler gewählt und gab am 20. September 1949 die Bildung der ersten Bundesregierung bekannt.

Nach einer längeren Frostperiode in einem Winter Ende der 1940er Jahre hatte es Tauwetter gegeben, das Eis war brüchig geworden. So waren wir, eine Reihe Mädchen und Jungen, auf dem Sielzug gegenüber der Schmiede von Paul

Sältz neben der Schleuse am Schollenlaufen. Davon hatte der Sielamtsvorsitzende rasch Wind bekommen und schon stand er breitbeinig, die Fäuste in die Hüften gestemmt, auf dem Deich und bölkte: „Mokt, dat jem hier wegkaamt, verdammte Junges, jem verstoppen mi de chanze Schlüüs." (Verdammte Jungs, macht, dass ihr hier wegkommt, ihr verstopft mir die ganze Schleuse!) Wir machten uns vom Eis und stoppten unser fröhliches Treiben – bis er wieder verschwunden war.

Wie gedankenlos, überheblich und selbstherrlich manche Erwachsene mit Kindern umgehen, sei hier noch mit einem weiteren Beispiel erzählt: In Garding auf dem Sportplatz sollte Ringreiten stattfinden. Wir, einige Mädchen und Jungen, standen mit unseren Rädern in der Einfahrt oder saßen an der Kante im Gras. Der Ringreitergeneral, an der Spitze einer Gruppe Ringreiter reitend, hielt kurz an und bellte von hoch zu Ross mit herrischer Armbewegung: „Wart euch da weg, ihr altes Kroppzeug!" Natürlich rief er, wie in Eiderstedt üblich, *Kraupzeug.*

„Di, di, di ..."

Über einen weiteren Onkel Peter soll hier berichtet werden, über Peter Schumann, unseren Milchwagenfahrer für den Koog.

Werner, der jüngere der beiden Bäckerjungs, liebte es, Leute zu ärgern. Onkel Peter hatte jahrelang die Milch der Bauern im Koog mit seinem Einspänner abgeholt. Nun wollte er sich dem allgemeinen Trend zur Mechanisierung nicht länger verschließen und kaufte sich einen Hanomag-Trecker mit 12 PS für den Milchwagen. Für den mitunter voll beladenen Wagen war dieser jedoch zu schwach motorisiert, so dass Onkel Peter oft auf gerader Strecke in einen kleineren Gang schalten musste. Über mehrere hundert Meter Entfernung hörten wir ihn dann schimpfen, weil es nun langsamer voranging. Werner nutzte die Schwäche des Treckers, um Onkel Peter zu ärgern. Als dieser vor dem Haus seiner Eltern hielt, um leere Milchkannen abzuladen, schlich Werner sich unter den Milchwagen, versteckte sich auf der Achse und hielt die Bremse fest. Zwei oder drei Mal würgte Onkel Peter beim Anfahren den kleinen Treckermotor ab und stieg ab, um nach der Ursache der Schwergängigkeit zu sehen. Dann endlich wurde es dem Jungen zu heiß, er kroch unter dem Wagen hervor und rannte feixend vor Onkel Peters drohender Faust davon.

Onkel Peter

Onkel Peter legte außerordentlichen Wert darauf, dass wir Jungen morgens artig grüßten, wenn wir ihn baten, uns auf dem Milchwagen mitzunehmen. Bedingung war: Als Hochachtung vor ihm mussten wir die Mützen abnehmen, auch wenn wir, wie im Winter üblich, Pudelmützen trugen. Wenn jemand die Mütze nicht abnahm, sagte er nichts, stattdessen wartete er auf eine passende Gelegenheit, den Jungen daran zu erinnern, was sich gehörte. Durch kreisende Bewegungen des Simmses (Peitschenleder) wickelte er das dünne Ende um den Mützenklunker und zog demjenigen, der nicht gelernt hatte, was sich gehörte, so die Mütze vom Kopf. Sie blieb einen Augenblick am Simm hängen, um dann herunterzufallen, was ein unbändiges Gejohle der anderen Jungen hervorrief.

Ob Onkel Peter sich des Risikos, stets mehrere Kinder auf seinem Wagen mitzunehmen, immer bewusst war, bezweifle ich. Wir stiegen auch während der Fahrt auf oder ab. Eines Morgens rutschte Boye beim Absteigen vom metallenen Aufstiegstritt und sein linkes Bein wurde vom rechten Vorderrad überrollt. Das Bein blieb heil, es war noch mal gut gegangen und der Junge konnte weiter toben.

Es ging damals vieles, was heute unmöglich wäre und schnell die Polizei auf den Plan rufen würde. Mitfahrten auf Onkel Peters Milchwagen wurden allerdings nur so lange toleriert, wie der Milchwagen mit seinem Pferd bespannt war.

Anfang Februar 1967 hat Onkel Peter mich denn doch einmal schwer enttäuscht. Vater war 56-jährig gestorben und noch nicht unter der Erde, da hörte ich Onkel Peter laut „Di, di, di …“ – das war der Text seiner Lieder – auf seinem Trecker singen. Er wusste von Vaters Tod. Sein Verhalten erschien mir somit völlig unmöglich und unverständlich. Wir liefen rum und heulten und dieser Mann sang fröhlich: „Di, di, di …“

Neben seiner Tätigkeit als Milchfahrer war Onkel Peter viele Jahre unser Turnlehrer in Osterhever und einigen umliegenden Gemeinden. Zum jährlichen Turnerball in Osterhever kam er mit seinem Hanomag zum Dorfkrug gefahren. Bei solch festlichen Anlässen nahm er gerne ein paar Grog, ein paar Gläser Bowle oder einige Punsch mehr, als ihm guttat. Auf der Heimfahrt von so einem Ball ist er auf dem langsam laufenden Trecker – sein Zuhause war immerhin ungefähr sechs Kilometer entfernt – eingeschlafen und in einen mit Wasser gefüllten Graben gefahren. Pitschnass hat er ein Auto angehalten und sich nach Hause fahren lassen. Für die Milchfahrten fielen beide in den nächsten Tagen aus. Der Treckermotor hatte Wasser geschluckt und Onkel Peter sich eine ordentliche Erkältung geholt. Die Fahrten übernahm in dieser Zeit sein Nachbar mit seinem etwas größeren Hanomag, denn die Milch musste schließlich zur Meierei.

Wenn abends in den Familien an Onkel Peters Strecke gefeiert worden war und es Punsch oder Bowle gegeben hatte, witterte es Onkel Peter. Na ja, vielleicht hatte es sich auch herumgesprochen. Milchwagenfahrer treffen viele Leute und sind bestens informiert. So war es längst zum Ritual geworden, dass Onkel Peter auf der Rücktour von der Meierei sein Pferd anband oder den Trecker abstellte und reinkam, um dafür zu sorgen, dass nichts umkam. Die Polacken (Alkoholreste) gehörten ihm. Eine Viertelstunde hielt er dann ein Schwätzchen mit Vater oder Mutter oder beiden, sofern sie Zeit hatten, trank seinen Part und sang dann umso lauter: „Di, di, di."

Über Onkel Peter kann ich noch eine interessante Geschichte erzählen. Er war Priemer und Zigarrenraucher, war als Turnlehrer enorm gut durchtrainiert und ehrgeizig. Auf unserem Hof war unsere alte Ausfahrtkutsche zerlegt worden; nur Vorder- und Hinterachse mit Rädern standen noch herum. Mein Bruder und ich waren gerade stark genug, um die vordere Achse mit den kleineren und leichteren Rädern über unsere Köpfe stemmen zu können. Nun kam Onkel Peter mit dem Milchwagen und wir stellten ihm die Achse mit den größeren und schwereren Hinterrädern hin und animierten ihn, sie zu stemmen. Wir suggerierten ihm, wir hätten sie die ganze Zeit gestemmt und seien nun entsprechend schlapp. Er glaubte uns tatsächlich. Vergeblich versuchte er, die Achse vom Boden hochzuheben. Nun ging es ihm um die Ehre. „Verdamminomol!", schimpfte er, inzwischen ärgerlich geworden; vor zwei Halbwüchsigen wollte er nicht als Schwächling dastehen. Schließlich hob er das Gewicht hoch, richtete seinen Körper auf und stemmte es mit gestreckten Armen über den Kopf.

Um zu zeigen, wie hart, durchtrainiert und unverletzlich er war, spannte er manchmal seine Bauchmuskeln an und forderte uns Jungen dann auf, ihm mit aller Kraft unsere geballte Faust in den Bauch zu schlagen. Er lachte spöttisch und machte uns heiß, doch stärker zuzuschlagen. So war er, unser Onkel Peter. Ein Kinderfreund, vielleicht auch, weil er selbst keine hatte. Er war so stark, dass er eine volle Zwanzig-Liter-Milchkanne, immerhin ungefähr fünfzig Pfund schwer, mit einem Arm senkrecht nach oben stemmen konnte. Den Kannengriff hängte er dabei nur an seinen Mittelfinger.

Da das Milchfahren für Onkel Peter eine Halbtagsbeschäftigung war, half er in Arbeitsspitzen nachmittags oft auf Nachbarbetrieben aus. So wurde er gerne zum Bergen von Heu auf Dreibockreutern angeheuert. Wegen des sommertags fast ständig aus westlichen Richtungen wehenden Windes mussten die Reuter, damit sie nicht so leicht umwehten, mit einem Bein nach Osten aufgestellt werden. Das vergaß Onkel Peter immer wieder. Dann wurde er vom Bauern ermahnt: „Peter, een Been na Osten!" Beim ersten Mal sagte er dann: „Jo." Bei der zweiten Ermahnung sagte er dann schon verärgert: „Jo, jooo!" Was so viel heißt wie: Klei mi anne Moors!

In unserer Küche gab es, solange Vater und Mutter das Regiment hatten, keine Heizung. Also war es dort an frostigen Tagen so kalt, dass die Fensterscheiben gänzlich mit Eisblumen überfroren. Nun hatte mein Bruder, um sehen zu können, was auf der Straße geschah, an einer Stelle durch Hauchen die wunderschönen, bizarren Gebilde aus Eis weggetaut. Als nun Onkel Peter mit dem Milchwagen kam, stellte ich mich direkt vor die frei gehauchte Stelle und sah hinaus. Prompt beschwerte sich mein Bruder, der noch am Tisch saß und frühstückte: „Oh, Christian, du kiks dör mien Loch!" (Oh, Christian, du guckst durch mein Loch!)

In meiner Erinnerung waren die Abendmahlzeiten an den Sonn- und Feiertagen zu Hause nicht die Verlockendsten. Während es an den sechs Werktagen leckere Bratkartoffeln und als Zweitgericht Hafer-, Gersten- oder Buchweizengrütze mit Milch, Haferflocken- oder Buttermilchsuppe gab, ließ Mutter die Küche sonntagabends kalt. Nach Tee und Brot mit Aufschnitt, Marmelade und Käse stand uns nicht der Sinn. Aber auch wegen der Kälte in der Küche verzichtete mein Bruder viele Male auf das Abendbrot, um nicht aus der einigermaßen gut geheizten Stube raus zu müssen.

Apfelsinenernte

Mein ein Jahr und fünf Monate jüngerer Bruder trieb sich in vielen seiner freien Minuten am Außendeich herum. Er wurde auch als *Strandläufer* gehänselt. Mit flotten

Schritten marschierte er zum Deich, stieg über ihn hinweg, um dann den Flutsaum mitunter kilometerweit nach interessantem, angeschwemmtem Treibgut abzusuchen. Alles Mögliche meinte er gebrauchen zu können und stopfte es in seine Hosentaschen, die entsprechend oft kaputt waren und aus denen er mitunter, jedenfalls aus seiner Sicht, ungeahnte Schätze hervorkramen konnte. Waren die tiefen Hosentaschen ausnahmsweise leer, steckten meist seine Hände und Arme bis zu den Ellenbogen drin.

An mehreren Herbsttagen im Jahr 1949 schwemmten an die Küsten rund um Eiderstedt große Mengen Apfelsinen, teilweise einzeln und teilweise in leichten, zusammengenagelten Kisten an. Ein Frachter hatte nach einem schweren Unwetter die Decksladung verloren. Jedermann, der Zeit erübrigen konnte, war mit Handwagen oder sogar mit kleinen Pferdekutschen am Strand, um Apfelsinen zu sammeln. Wer zuerst die im Wasser treibenden Früchte sehen konnte, dem gehörten sie. Unser Schäfer, obgleich er der Generation unserer Väter angehörte, war der King. Er hatte die geübtesten Augen und sah die Kisten schon weit draußen im Wasser treiben. Zuletzt war er allerdings so erschöpft und hatte so viel Beute gemacht, dass er uns nur noch auf die antreibenden Kisten hinwies. Genaugenommen konnte jeder mehr bekommen, als er verwerten konnte. Was anfangs niemand wusste, war, dass die Apfelsinen nur schmeckten, wenn sie nicht zu lange im Wasser geschwommen waren. Anderenfalls hatten sie zu viel Salz aufgenommen und waren nicht mehr genießbar. Vater versuchte noch, sie mit geschnitzelten Rüben zu vermischen – ich sehe sie noch unter der Rübenmaschine liegen – und als Viehfutter zu verwerten. Doch auch die Tiere verschmähten sie bald.

Für uns Kinder waren dies die ersten Apfelsinen, die wir zu Gesicht bekamen. In der nationalsozialistischen Zeit waren, um Devisen einzusparen, nur wenige Kolonialfrüchte importiert worden und auch in den ersten Nachkriegsjahren gab es sie kaum zu kaufen. Unsere Eltern mussten uns zeigen, wie man sie „schlachtet".

„Wat, du hess noch 'n Schink?"

Eines Sonntagnachmittags im Winter Ende der 1940er Jahre, als ich in der Stube saß und mit meinem Märklin Stabilbaukasten spielte, bekam Vater Besuch von einem etwas entfernter wohnenden Berufskollegen. Ich horchte gespannt auf die herrlich interessanten Geschichten, die er bei großzügig ausgeschenktem Teepunsch aus seinem Leben erzählte. Unter anderem war er im Ersten Weltkrieg in Frankreich bei den Jagdfliegern gewesen, abgeschossen worden und hatte dabei schwere Verletzungen im Gesicht erlitten. Sein Gesicht war entstellt. Unsere Nachbarin sagte: „De dore Mann hett je char keen Chesicht." Wie damals üblich, kamen beide auch auf das Thema Ernährungslage zu sprechen. Vater erzählte beiläufig, dass bei uns noch ein Schinken in der Schornsteinabseite hing. Vaters Gast darauf: „Wat, du hess noch'n Schink? Ik sprung chegen de Deck, wenn ik noch'n Schink har." (Was, du hast noch einen Schinken? Ich spränge gegen die Decke, wenn ich noch einen Schinken hätte.)

Bei dieser Familie war auch das Feuerungsmaterial so knapp, dass sie Kopfbänder aus dem Gebälk des Dachstuhles sägte. Das Geld war so knapp, dass der Stromzähler auch mal überbrückt und anschließend vergessen wurde, ihn wieder anzuschließen, bevor der Stromableser kam und den Schwindel aufdeckte.

Stalins tragisches Ende

Alle auf dem Hof, auch die Erwachsenen, zollten unserem großen, weißen Ganter, von uns *Stalin* genannt, Respekt. Ja, wir hatten Angst vor ihm. Er war ein hinterhältiger Halunke. Er verfolgte vor ihm laufende Menschen laut schnatternd und schreiend und biss sie in die Hintern. Flüchteten sie, flog er hoch und zerzauste ihnen, besonders uns Kindern, die Haare oder er riss den Erwachsenen die Mützen und uns Kindern die Pudelmützen vom Kopf.

Aber unser Stalin hatte auch ein anderes Gesicht. Ein Bild ist in meinem Gedächtnis bis heute haften geblieben: Er hatte seine vierundzwanzig Artgenossinnen umsichtig um sich geschart. Plötzlich stimmte er ein lautes Geschrei an, dem sich seine Schar sofort anschloss. Die Schar begann zu laufen, wurde immer schneller, begann zu rennen und hob schließlich unter Stalins Führung, nun nur noch leise wie Wildgänse schnatternd, ab. Sie flogen Richtung Osten über die fünf bis sechs Meter hohen elektrischen Stromleitungen, weiter über die ebenso hohe Baumreihe unseres Nachbarn, über seinen Misthaufen und landeten schließlich auf seiner Weide. Es war sensationell, ein grandioser, faszinierender, majestätischer Anblick, diese großen, schweren Tiere fliegen zu sehen. So stur Gänse sein mögen, wenn man sie irgendwo hintreiben will, blöde sind sie nicht. Ein paar Minuten später kamen sie auf der Grandchaussee zurück auf unsere Hausfenne gewatschelt.

Mit Stalin und seiner Schar nahm es ein trauriges Ende. Sie wurden wegen der unsicheren Zeit abends in einen kleinen, etwas abseits stehenden Schuppen gesperrt. Die Tür war mit einem dicken, extra vom Schmiedemeister Sältz angefertigten, fest im Ständerwerk verschraubten Eisenriegel und schwerem Vorhängeschloss gesichert. In einer Nacht war es Spitzbuben dennoch gelungen, das Schloss zu knacken und die Gänse zu greifen. Anhand der Abfälle war deutlich erkennbar, dass die Diebe sie in den nur wenige Meter entfernten Baumreihen geschlachtet hatten. Obgleich Vater den Diebstahl dem örtlichen Polizisten – Wachtmeister Windisch – meldete, der, wie es seine Pflicht war, auch den Tatort in Augenschein nahm, ist nie ein Täter ermittelt worden.

Wohl auch die problematische Ernährungslage trug dazu bei, dass viele Menschen zu Mundräubern, Spitzbuben, Banditen oder wie immer man sie nennen will, wurden.

Eines Tages musste ich nach dem fünf Kilometer entfernten Neukrug. Natürlich zu Fuß und mit Karre. Kurz hinter unserer Kurve überholte mich Rolf Lohff mit Pferd und Wagen. „Schall ik di mitnehm'n, Chrüschon?“, rief er. Das war ein zu verlockendes Angebot, um es abzulehnen. Der steife Draht mit Öse, an dem ich die Karre normalerweise zog, wurde an einen Haken am Wagen eingehängt. Ich setzte mich auf die Karre und ab ging die Post. Das war eine feine Sache. Nun war Rolf jedoch jemand, der seine Macken hatte, keiner Prügelei aus dem Weg ging und Leute gerne auf die Schippe nahm. Als wir uns in Poppenbüll dem Abzweiger nach Neukrug näherten, gab er dem Pferd die Peitsche. Er wollte mich mit nach Garding nehmen, damit ich zu Fuß nach Poppenbüll zurücklaufen musste. Nun war meine Karre, wie beschrieben, mit einem *steifen* Draht mit einer Öse, einfach über einen Haken am Wagen eingehängt. Diesen steifen Draht konnte ich von der Karre aus über den Haken heben und sie so abhängen.

Dieses Mal war es mir gelungen, den drei Jahre älteren Rolf zu überlisten.

Schon in dieser Zeit wusste Rolf häufig nicht, wo er mit seinen Kräften hinsollte. Wenn er dann wie eine wilde Hummel auf seinem Fahrrad angejagt kam und brüllte: „Ik fohr alles dot, ik for alles dotl“, und seine kleine Schwester ihn so sah, hörte man sie rufen: „Ohauahauaha, wort sik wech, wort sik wech, dor kummt Rolli anbombadeert!“

Von seinem Lehrer ließ er sich nur begrenzt triezen. Als der eines Tages nicht lockerließ, stand Rolf auf, griff sich seinen Ranzen und sagte: „Ik choh to Huus.“ Und er machte ernst. Herr Geick machte nicht einmal den Versuch, ihn zurückzuhalten.

Er war jemand, der nie einer Schlägerei abgeneigt war und sich wohl noch nie einem Getümmel entzogen hatte. Eines Abends erschien er mit einer Augenklappe zum Landjugendtreffen und begründete sein Veilchenauge damit, dass es beim Bücken von einer Rapsstoppel verletzt worden war. Obgleich es so gewesen sein könnte, glaubte ihm niemand. Aber auch niemand wagte, ihm gegenüber seine Zweifel auch nur anzudeuten.

Wenn man mit Rolf zu tun hatte, fuhr man am besten, wenn man der gleichen Meinung war wie er. Jedenfalls dann, wenn man keine gescheuert haben wollte. Als wir in einem Jahr als geschlossene Landjugendgruppe in einem Reisebus zur NORLA fuhren, saß ich eine Reihe vor Rolf. Als ich im Laufe eines Gesprächs nicht seine Meinung teilen wollte, brüllte er nach einigem Hin und Her: „Drrreiei di um, sonst schüer ik di een!“ Er war groß und stark, drei Jahre älter als ich. So backt man am besten kleine Brötchen, dreht sich um und gibt Ruhe, denn allgemein hieß es: „Wo Rolf hinhaut, wächst kein Gras mehr.“

Boßelbällen in Osterhever eilte der Ruf voraus, dass auf ihnen übermäßig Alkohol konsumiert wurde und sie nie ohne Prügelei abliefen. Bei solchen Festen war es üblich, dass vom Tanzen durchgeschwitzte Teilnehmer in den Pausen zum Abkühlen vor die Tür gingen. So wurde ich Zeuge, wie Rolfs Freundin sich auf den Soziussitz eines Festteilnehmers setzte und mit ihm davonfahren wollte. In diesem Moment kam Rolf aus der Gaststätte, bemerkte den Vorgang, rannte dem Motorrad hinterher und versuchte es am Soziussitz zurückzuhalten. Nun kam Heinrich T. ins Spiel: „Rolf, Rolf!", brüllte er wiederholt: „Lat dat na, lat dat na Rolf!" Als der Motorradfahrer Gas gab, musste Rolf dann doch loslassen. Voller Wut rannte er zu seiner NSU-Max, startete sie und jagte dem anderen Motorrad hinterher. Ralf, natürlich wie alle anderen alkoholisiert, kam nicht weit. In der ersten scharfen Rechtskurve rutschte er in den Chausseegraben. Somit war die Verfolgungsjagd für ihn beendet. Aber er war unverletzt davongekommen. Rolfs erster Gedanke war: Niemand sollte von seinem Missgeschick erfahren. An der Unglücksstelle war der Graben zu tief, die Böschung zu steil, er konnte die schwere Max dort nicht alleine auf die Straße ziehen. So hat er sie im Graben runde 200 m bis zu einer Dammstelle geschoben und sie dort alleine herausgewuchtet. Man bedenke, Boßelbälle feierten wir in Osterhever im Februar. Wasser stand im Graben.

Rolf war stark, ja, das war er wirklich. Später hat er von seinem Malheur selbst erzählt. Der Unfall war ihm aber doch an die Nieren gegangen. Er hatte einen Denkzettel bekommen, der mit dem Vorsatz endete, dass er zukünftig nur noch im dritten Gang fahren wollte. Raserei: Schluss damit! Allerdings, den vierten Gang brachliegen zu lassen, kostete ihm dann doch zu viele Nerven.

Wer den Schaden hat …

Während der Getreideernte, mehrmals in jedem Spätsommer, kam die Lohndreschmaschine auf unseren Hof und den unseres Nachbarn. Es wurde je nach Wetterlage oder der Entscheidung des Bauern entweder als Standdrusch aus Diemen, zu denen die Garben vorher aus Hocken zusammengefahren worden waren, oder direkt vom Feld gedroschen. Hierfür waren drei Wagen und zwei Pferdegespanne erforderlich. Bei dieser Arbeit, bei der das Gespann von Hocke zu Hocke fuhr, wurden wir Jungs meistens mit eingesetzt. Wir mussten *Stukwog fohr'n*. Das heißt, das Gespann bei jeder Hocke anhalten zu lassen, damit der Staker Zeit hatte, die Garben auf den Wagen zu staken. Viel Kraft kostete es uns, die ewig hungrigen Pferdemäuler von den Getreidegarben wegzuhalten.

Eines Tages arbeitete die Maschine mit ihrer Drescherkolonne bei unserem Nachbarn. Neben vielen anderen Helfern half auch ein junger Mann als *Kaffteufel*. Seine Aufgabe war, die beim Dreschen unter der Maschine anfallende Spreu und herausgereinigte Unkrautsamen in eine Kuhdecke zu sammeln und wegzutragen. Er hatte Kälberflechten am Hinterkopf. Dort fehlten an mehreren Stellen die Haare. Das war für meinen Bruder, unseren Nachbarjungen und mich Anlass, ihm immer wieder aus sicherer Entfernung zuzurufen: „Dor läppt de Kaffdübel mit de anchnauelde Achterkopp!" Das machte ihn so wütend, dass er uns, immer, wenn er es zeitlich möglich machen konnte, verfolgte, um uns zu verprügeln. Ja, wir hatten große Klappen, aber laufen konnten wir auch tüchtig. Das trieben wir so lange, bis Vater auf eine Verfolgungsjagd aufmerksam wurde und uns bitterböse und ernsthaft ermahnte, den Mann in Ruhe zu lassen.

Zur Dreschmaschine gehörte eine Schwingkolben-Strohpresse. Ein unheimlich interessantes Spielzeug für meinen Bruder und mich an *den* Sonntagen, an denen die Drescherkolonne Wochenende feierte. Die Presse wurde über die Riemenscheibe der Trommelwelle der Dreschmaschine mit einem langen, breiten Treibriemen angetrieben. Diese wurde, um ein Überdehnen zu vermeiden, bei längeren Stillstandzeiten abgenommen. Der Pressmechanismus ließ sich nun unabhängig von der eigentlichen Dreschmaschine bewegen. Wiederholt kletterten wir von hinten auf die Presse, umfassten die Rafferwelle und brachten diese durch immer schnelleres Runterdrücken und wieder Hochziehen in Bewegung. Es war kein leichtes, aber ein interessantes Spiel. Wir sahen den beiden großen, schweren Schwungrädern zu, die sich nun schneller als im normalen Betrieb drehten, ihrem Summen zuzuhören und die Hübe des Presskolbens zu spüren. Es war ein ähnlich berauschendes Spiel wie mit Mutters Nähmaschine.

Einige Male war dieses Spiel glimpflich abgelaufen. Einmal jedoch, an einen Montag, wollte ein Knoter nicht binden. Schnell hatte der Pressmeister den Schaden gefunden. Eine Nadel, die im normalen Betrieb das Bindegarn für den Knotvorgang zum Knoter transportiert, war gebrochen. Er fragte sich natürlich, wieso? Aus den Diskussionen hörten wir, dass sich die Presse in die verkehrte Richtung gedreht haben musste, aber weshalb? Gott sei Dank kam niemand auf den Gedanken, dass wir die Maschine zu unserem Spielzeug gemacht hatten. Glück hatten wir gehabt, wieder einmal. Den finanziellen Schaden hatte dann Vater. Die Drescherkolonne, die über zwanzig Leute umfasste, musste bis auf den Maschinen- und den Pressmeister, die für den Austausch der Nadel sorgten, zwei Stunden untätig warten, bis eine neue Nadel von der HaGe in Husum geholt und eingebaut war. Die Löhne aber mussten auch in der Wartezeit weiterbezahlt werden.

Jungs sollten sich immer zu beschäftigen wissen, auch wenn es Unfugmachen ist. Ein Landwirtschaftsmeister aus dem Sönke-Nissen-Koog soll als Lektion an seine untätig herumstehenden Lehrlinge ungehalten gerufen haben: „Jem möt immer wat vör hem, un wenn jem sik blos ann'e Moors klei'n!“ Mein Bruder und ich schoben eines Tages den leichteren unserer Kastenwagen auf unserem Hofplatz hin und her. Einmal schoben wir ihn so flott, dass wir merkten, wir würden ihn vor dem Haus nicht mehr stoppen können. Nun musste ich als Steuermann an der langen Pferdedeichsel blitzschnell entscheiden: Was hält den Stoß der Wagendeichsel besser auf, die Stalltür oder die Wand? Ich entschied mich für die Wand. Die war jedoch viel zu schwach und die Deichsel drückte einen Stein in die Luftschicht. Jahrelang blieb dieser Schaden als Andenken an unseren Übermut für uns und für alle, die auf den Hof kamen, sichtbar.

In einem dieser Jahre könnte es gewesen sein, dass mir mein Schutzengel wieder einmal zur Seite stand. Ich denke, es war März oder Anfang April und ich erfuhr, dass Onkel Johann zwei Fuder Stroh verkauft hatte, die sein Helfer Peter Nielsen nach Sieversfleth liefern sollte. Als ich ihn fragte, ob ich mit dürfe, willigte er ein. Es war ein ungemütlicher, stürmischer Frühlingstag. Als wir durch die Stöpe auf den Köömdiek kamen, hob der Wind ein paar Strohbunde an und wehte sie vom hinteren Wagen. Die mussten wieder hoch. Die beiden Pferde wurden am Deichselsticken angebunden. Ich kletterte an den übergebundenen Tauen nach oben und Peter stakte die Bunde zu mir hoch. Beim Annehmen eines dieser Bunde erfasste mich eine Böe und wehte mich zusammen mit dem Bund vom mindestens drei Meter hohen Fuder. Meine Rettung war, dass ich mich eisern am Tau des Bundes festhielt, auf das ich dann fiel. Meine einzige Verletzung war eine kleine Schramme am rechten Knie. Wieder auf dem vorderen hohen Strohfuder neben Peter sitzend, machte ich mir schon bald Gedanken darüber, ob es richtig gewesen war, mitgefahren zu sein. Es war kalt und langweilig. Und so fragte ich Peter, wie weit wir denn noch mussten. Er wies mit der Peitsche in Richtung Südosten auf ein Gehöft, das noch etwa fünf Kilometer entfernt lag. Aber es nützte nichts. Nun musste ich da durch, mitgefangen, mitgehangen.

Keine zu harte Strafe?

Einige Jahre hatte Vater in Osterhever eine Fenne von Johannes Hinrichs gepachtet. Nachdem sie kahlgefressen war, sollten die Tiere in unsere Pachtfenne in den Alt-Augusten-Koog umgetrieben werden. Onkel Hannes hatte einen Sohn, der etwas jünger war als ich, den ich aber von der Schule gut kannte. Von seinem elterlichen Hof aus sahen wir, wie auf dem Nachbarhof damit begonnen wurde, eine Dreschmaschine für den Betrieb aufzustellen. Weil Vater und Onkel Hannes sich reingesetzt hatten und sich unterhielten, meinte ich, jede Menge Zeit zu haben. So nahmen wir unsere Räder und fuhren hin, um zuzusehen, wie die einzelnen Maschinen – Dreschmaschine, Presse und Motorwagen – in Lot und in eine Richtung gestellt wurden. Es war interessant und dauerte lange. Plötzlich schoss es mir durch den Kopf, ich hatte einen Auftrag bekommen, sollte beim Viehtreiben helfen. Wie weit war Vater mit den Tieren? Ich hatte zusammen mit Jacob völlig die Zeit vergessen. Plötzlich wurde ich von Panik ergriffen, schwang mich eiligst aufs Rad und hetzte Vater und den Tieren hinterher. Es war inzwischen dämmrig geworden. Erst kurz vor der Weide holte ich sie ein. Ich versuchte mich zu entschuldigen, aber er war außer sich, schimpfte über mein mangelndes Pflichtbewusstsein und gab mir wohl die schmerzhafteste Ohrfeige meines Lebens. Ich heulte vor Schmerz, aber auch vor Scham, ging in die Knie dabei und fühlte mich auch psychisch getroffen und ich erinnere mich noch genau an einen Satz, den er sagte: „Du hess noch mal Glück hatt, mien Söhn, mien Voder har mi half doot mokt." Sicher hatte der Krieg Vater hart gemacht, aber Härte lag doch wohl auch in der Familie. Ja, ich hatte eine Menge Glück gehabt; denn natürlich hatten sich bei ihm Wut und Ärger aufgestaut. Ich denke zwar nicht jeden Tag an meine damalige Verantwortungslosigkeit. Aber wenn ich daran denke, dann mit tiefer Scham und Ratlosigkeit wegen meines Verhaltens. Vater hat damals eigentlich Unmögliches geleistet und eine Herde Jungtiere allein vier oder fünf Kilometer in der Dämmerung und später im Dunkeln über für sie unbekannte Wege und Straßen getrieben. Irgendwie hat er es geschafft, der Teufel weiß wie. Er hatte allerdings ein Rad dabei. Sicher hätte ich eine härtere Strafe verdient gehabt.

Die erste Abreibung von ihm bekam ich schon als kleiner Junge. Leider erinnere ich mich nicht mehr daran, was ich ausgefressen hatte. Am wahrscheinlichsten ist, dass ich wieder mal bockig gewesen war. Jedenfalls nahm er mich mit in die Scheune und versohlte mir mit der flachen Hand den Hintern. Das mag sich harmlos anhören, aber auch das kann höllisch wehtun.

Ich bin nicht sicher, ob es Vaters Ziel war, mir auch den Hintern zu versohlen, als ich etwa dreizehn Jahre alt war. Mein Bruder und ich waren bei unserem Nachbarn zum Spielen und hatten wieder mal die Zeit vergessen. Jedenfalls waren wir nicht pünktlich zum Abendbrot nach Hause gekommen und Vater musste uns holen. Von Beginn der Schulzeit an war ich äußerst diszipliniert, was die Erledigung der Hausaufgaben betraf. Jeden Schultag, zumindest dann, wenn keine Arbeiten für Vater oder Mutter zu verrichten waren, setzte ich mich sofort nach dem Essen hin und machte sie. Mein Bruder dagegen hatte stets Wichtigeres zu tun und schob sie trotz Ermahnungen unserer Eltern gerne bis abends auf. Vater wusste, dass er sie nicht gemacht hatte, und ich merkte, dass er fürchterlich wütend war, als er bei Onkel Johann die Waschküchentür öffnete. Ich war als Kind flink und konnte seinem Schlag fast ganz ausweichen, indem ich zwischen ihm und der Tür entwischte. Aber meinen Bruder, der wohl auch sein vorrangiges Ziel gewesen war, erwischte er voll. Mit vielen blauen Flecken im Gesicht und am Körper stand er am nächsten Morgen auf. Nun diskutierten meine Eltern: Sollten sie ihn so ramponiert zur Schule schicken? Unmöglich. Ich bekam einen Entschuldigungszettel mit, auf dem stand, dass er erkrankt sei. Dieses Mal hatte Vater übertrieben. Aber eine unbändige Wut muss sich bei ihm angestaut haben. Er musste endlich einmal ein Exempel statuieren. Fast täglich, mitunter mehrmals, musste mein Bruder Paul daran erinnert werden, seine Hausaufgaben nicht zu vergessen.

Es dauerte lange, zu lange, ehe die blauen Flecken – sie wurden grün, später gelb – verheilt waren. Zuletzt musste er, immer noch stark gezeichnet, zur Schule. Das gab natürlich jede Menge Getuschel und Getratsche, aber keine Anzeige wegen Kindesmisshandlung. Alles verlief ruhig, wie damals in Sachen Selbstjustiz üblich.

Hans Hermann Wegener, ein ganz in der Nähe wohnender Nachbarsjunge, war einige Jahre älter als ich und ein großer, starker Kerl. Wir hatten den gleichen Schulweg und liefen ihn oft gemeinsam. Eine seiner Spezialitäten war, größere Steine von der Grandchaussee aufzuheben und damit nach den Glocken der Telefonleitung zu schmeißen, so dass sie bei Treffern meistens zersprangen. Da konnten wir Kleineren trotz eifrigen Versuchens nicht mithalten. Natürlich kam es auf dem gemeinsamen Nachhauseweg mit ihm gelegentlich zu Streitereien. Immer wieder ärgerten wir Kleineren ihn aus Übermut auf typisch kindliche Art wegen seiner Größe und seiner groben Statur, in der Hoffnung, notfalls vor ihm flüchten zu können. „Hans Hermann du groote Büffel!" Oder wir riefen: „Hans Pans Lewerwust, hunnertdusend Knackwust, een ching entwei, un dat weer Hans sien Ei." Das war leicht gerufen, brachte ihn aber in Rage. Und wir sollten Senge bekommen. Eines Tages hatte er es auf mich abgesehen. Ich hatte meine Klappe zu oft zu weit aufgerissen. Er jagte mich und konnte mich einholen. In meiner Angst flüchtete ich in den leeren Chausseegraben, ließ mich dort fallen und legte die Hände schützend um mein Gesicht. Aus den Augenwinkeln sah ich, wie er zögerte zuzuschlagen. Aber er tat es. Riss mir mit seiner Linken die schützende Hand vom Gesicht und schlug mir mit seiner rechten, flachen Hand mit voller Wucht auf die linke Wange. Ich schämte mich, Mutter mit dem verheulten Gesicht und der geröteten Backe unter die Augen zu treten. Aber es nützte nichts. Ich musste beichten und ich hatte das Gefühl, dass sie mich dieses Mal nicht wirklich bedauerte.

Hans Hermanns Vater hatte etwa fünfhundert Meter Luftlinie von uns entfernt eine Pflugfenne von einem Inlandsbauern gepachtet. Dort standen die Hafergarben in Hocken bereit, um zu einem Diemen zusammengefahren zu werden. Hans Hermann, damals vierzehn oder fünfzehn Jahre alt, wollte die Garben auf den Wagen staken, bekam aber von seinem Vater Order, das Fuder zu packen. Das tat er dann auch, aber sein Vater bemerkte wohl, dass er diese Arbeit mit Unwillen tat. Ob nun wirklich Unwillen die Ursache war? Auch bei sorgfältigem Packen schmeißt es mal ein Fuder um. Es rutschte eine Seite der glatten Garben weg. Der Junge rutschte mit runter. Da schnappte sich der Alte das Reep, das zum Überbinden des Fuders bestimmt war, legte sich den Jungen übers Knie und versohlte ihn so kräftig, dass wir die Schläge bei uns zu Hause hören konnten.

Als Hans Hermann 71 Jahre alt war, habe ich ihn in Tönning in seiner kleinen, völlig verräucherten Wohnung besucht. Er sah sehr krank aus, konnte von dem von mir mitgebrachten Kuchen nur einen kleinen Happen essen. Einige Monate später rief er bei mir an, ohne zu sagen, was er auf dem Herzen hatte. Nur ein paar Wochen später stand sein Name in der Zeitung. Er hatte sich zu Tode geraucht. Meine Gedanken waren zu spät in *die* Richtung gelaufen, dass er es vielleicht gerne gesehen hätte, wenn ich noch einmal zu ihm gekommen wäre.

Totalanästhesie

Als Vater vierzig oder fünfundvierzig Jahre alt war und wegen seiner schlechter werdenden Zähne immer häufiger zum Zahnarzt musste, entschloss er sich, Nägel mit Köpfen zu machen. Der Mund sollte in einem Zug ausgeräumt werden. Er fuhr nach Garding in die Praxis von Paul Verdik, unserem Hauszahnarzt, einem schmächtigen, mageren Mann mit einer riesigen krumm nach oben gebogenen Adlernase, der seinen Bohrer noch mit einem Tretpedal bediente. Vater konnte ihn überreden, diese Aufgabe zu übernehmen. Ein Termin wurde abgesprochen. Vater legte sich zu Hause ins Bett, Paul Verdik kam mit seinem Instrumentenkoffer angefahren, versetzte ihn mit einer Spritze oder mit Äther in Vollnarkose und zog ihm die letzten dreiundzwanzig Zähne, die allerdings zum Teil nicht mehr viel taugten. Alle waren überrascht, dass der Zahnarzt dieses Risiko einging. Damals wurde dieses Vorgehen wegen des Gefahrenpotenzials kritisch diskutiert. Die Gefahr, so hatte ich gehört, besteht darin, dass der Patient Blut oder Speichel in die Luftröhre bekommen und ersticken könnte. Bei Vater ging aber alles gut. Er bekam die Auflage, eine Woche nicht zu rauchen, was er natürlich nicht durchhielt. Schon am nächsten Tag *hing* die Pfeife zwischen den Lippen. Die Zähne fehlten, um sie waagerecht zu halten. Ich erinnere mich, dass er seine Prothesen, die er nach einer Heilungsphase bekam, nach jeder Mahlzeit rausnahm und sie im Wasserstrahl der Schwengelpumpe über dem Spülstein reinigte.

Nachdem Vater ab 1964 in Osterhever in einem gepachteten Viehstall Hühner hielt, wurde der Zahnarzt Paul Verdik aus Garding ein guter Eierkunde von ihm und er versuchte stets zu Diensten zu sein. Wir waren gerade mit allen verfügbaren Kräften auf dem Feld bei der Wurzelernte. Auch einige meiner Mitschüler waren angeheuert worden. Nur Mutter war ausgenommen. Sie sorgte für die Beköstigung der Leute. Nun kam sie mit der Botschaft angelaufen, Paul Verdik hätte angerufen, er brauche dringend zwanzig Eier. Sofort zog Vater mich von der Erntearbeit ab und schickte mich auf dem Rad mit den Eiern nach Garding. Blöde und ehrgeizig, wie ich war, stieg ich voll in die Pedale. Ich meinte zeigen zu müssen, wie schnell man so einen Auftrag – immerhin waren es runde zwanzig Kilometer (Hin- und Rücktour) – mit dem Rad erledigen konnte. Nach nicht ganz fünfundsechzig Minuten lehnte ich mein Rad gegen den Heckpfahl und wandte mich wieder der Wurzelernte zu. Niemand hat mir meinen Eifer gedankt oder ihn auch nur erwähnt. Es war selbstverständlich, dass ich mir für den Hof den Arsch aufriss. Na ja, vielleicht hat auch keiner so genau auf die Uhr gesehen.

Rascher Strukturwandel

Es gehörte zum allgemeinen Mainstream. Fast alle Bauern taten es. So schaffte auch Vater bald nach Kriegsende eine Schrotmühle an, um die wiederholten Fahrten der mit Pferden bespannten und mit Korn zum Schroten beladenen Wagen nach Garding zu vermeiden. Wieder war ein kleiner Schritt zwischen Tradition und Moderne getan. Viel zu früh allerdings hat Vater mich dann mit dem Mahlen des Getreides betraut. Für mich als Schuljunge war es eine arge Plackerei. Der größte Teil des zu schrotenden Getreides lagerte lose auf dem oberen Boden. Ich musste es in einen Zwanzig-Liter-Pferdeeimer schaufeln, die Treppe hinuntertragen und dann in den hohen Trichter der Mühle schütten. Das Schrot wurde nach dem Mahlen in Säcken aufgefangen. Hinzu kam der Lärm, dem meine Ohren durch die sich mit 3000 U/Min. drehende Mühle ausgesetzt waren. Wer wusste damals schon etwas von Gehörschützern? Weil Vater nicht einmal eine Sackkarre angeschafft hatte, musste ich die vollen Säcke über den Boden schleifen, auf einen Haufen ausschütten, Mineralstoffe zusetzen und mischen. Nach dem Mischen wurde das Schrot wieder in Säcke geschaufelt, auf dem Boden gelagert und nach und nach auf dem Nacken nach unten getragen und in die Schrotkisten geschüttet. Diese Arbeit musste ich damals allerdings noch nicht machen. Später haben mein Bruder und ich, ohne Rücksprache mit Vater, für die Anschaffung einer Sackkarre gesorgt. Trotz intensiven Nachdenkens fällt mir nicht ein, wie sie finanziert worden ist.

Sogar zur Herstellung von Kartoffelmehl musste die Schrotmühle herhalten. Es war zwar eine einfache Methode, aber eine Schweinerei. Weil die Mühle nicht wasserdicht war, spritzte das Wasser der Kartoffeln durch die Ritzen der Mühle auf die Dielenbretter und musste ständig aufgefeudelt werden. Das Kartoffelmus brauchte dann allerdings nur noch draußen zum Trocknen ausgebreitet und gelegentlich durchgeharkt zu werden.

Es gibt Leute, auch die eigenen Eltern gehören dazu, die muss man vor vollendete Tatsachen stellen, wenn man etwas verändern will. Mein Bruder und ich nahmen allen Mut zusammen und nutzten eine Abwesenheit Vaters und sägten, ohne ihn gefragt zu haben, über der Schrotmühle ein Loch in die Holzdecke des oberen Getreidebodens, um so das Korn direkt in die Mühle schütten zu können. Zwar hat er, wohl aber mehr der Form halber, gemeutert und gegrummelt, aber wir hatten unumkehrbare Fakten geschaffen. Im Nachhinein denke ich, ganz leise im Hinterköpfchen hat er unser Tun als nützlich begrüßt. Denn die Arbeitserleichterung war enorm. Allerdings nicht für ihn; denn das Schrotmahlen und somit das Runtertragen des Getreides im Eimer delegierte er. Deswegen war es uns zu riskant, ihn *vorher* zu fragen.

Trotz allem kann ich sagen, dass ich die meisten der mir aufgetragenen Arbeiten durchaus gerne gemacht habe. An Sonntagen war ich allerdings oft mit Widerwillen dabei.

Gelegentlich beneidete ich zwar die Söhne von Eltern mit anderen Berufen. Sie konnten sich nachmittags zum Fußballspielen oder Sonstigem treffen. Es war eben das Los von uns Bauernsöhnen, mit dazu beizutragen, dass die Betriebe rundliefen. Das Kinderleben von uns Bauernsöhnen bestand nun mal immer wieder, sicher zu oft, aus Arbeit.

Auch bei der Rübenfütterung der Kühe sorgten wir für Arbeitserleichterung. Sämtliche Rübenschnitzel trug Vater hauptsächlich selbst mit einem Drahtkorb auf die Futtergänge. Das musste ein Ende haben, sagten sich mein Bruder und ich; denn viele Jahre schon humpelte Vater wegen Knie- oder Hüftproblemen. Weil er nie jammerte, weiß ich nicht mal, weswegen er humpelte. Wir zimmerten aus ein paar Brettern eine schiefe Ebene und schafften eine leichte Schiebkarre an. Eine kaum zu beschreibende Arbeitserleichterung. Auch hier ist mir die Finanzierung der Schiebkarre ein Rätsel. Aber ich denke, Vater hat sie bezahlen müssen; denn *wir* mussten um jede Mark betteln, die wir z. B. für Kino oder Jahrmarkt brauchten.

Als weiteres Beispiel sei noch mein Onkel August Mahrt angeführt. Allerdings gehörte er der gleichen Generation wie Vater an, in der die körperliche Selbstausbeutung noch mehr zum Alltag gehörte als für unsere. Für die äußerst schwere Arbeit des Mistladens hatte Onkel August in einen an seinen Trecker anzubauenden Mistlader investiert. Als es nun ans Mistladen gehen sollte, kam es zum Streit zwischen ihm und seinem Sohn. Als dieser den Mistlader anbauen wollte, protestierte sein Vater mit dem Argument: „Ehr du de Mislader anbut hess, heff ik de Woog lang voll.“ (Ehe du den Mistlader angebaut hast, habe ich den Wagen längst voll.) Es gibt viele Wege, sich kaputtzuschinden. Das ist einer davon.

Dem Modernisierungsschub der landwirtschaftlichen Betriebe folgte ein beispielloses Mühlensterben. Aus einer von Godber Andresen und Peter Feddersen recherchierten und zusammengestellten Statistik geht hervor, dass es im alten Kreis Husum 1939 noch 28 Weizen- und Roggenmühlen gab, von denen 26 für windschwache Phasen schon mit Elektro- oder Diesel-Aushilfsmotoren ausgerüstet worden waren. Bis 1961 war die Zahl der Mühlen wegen Abbruchs oder Stilllegung auf 17 geschrumpft. Dieser rasche Strukturwandel setzte sich in den Folgejahren fort. Immer mehr Bauern schroteten selbst. Den Müllern mit ihren Mühlen ging die Arbeit aus.

Im Frühjahr 1937, als wir in den Koog kamen, gab es in der kleinen Stadt Garding noch drei Mühlenbetriebe. Im Westen die Herrenmühle, in der Mitte die Cornils'sche, diese *ohne* ein typisches, traditionelles Mühlengebäude und ohne Windmühlenflügel, und im Osten die Rolfs'sche Mühle. Und es gab natürlich weitere in den umliegenden Gemeinden. Vater war Kunde bei der Cornils'schen und der Rolfs'schen Mühle. Das Geschäft wurde von den Brüdern Peter und Emil Rolfs geführt. Beide waren fleißige, kompetente Müllermeister, aber sie lebten noch lange auf großem Fuße, als das Mühlensterben längst begonnen hatte. Letztlich mussten sie Konkurs anmelden und wurden als Arbeitnehmer bei der Konkurrenz tätig. Ihre Hobbys, die Pferde für Reit- und Fahrturniere, hatten zu viel Geld gekostet.

Als unser Vater uns eines Tages zu dieser Mühle mitnahm, machten wir Jungen eine interessante Entdeckung. Während Vater den Wagen entlud, stromerten wir herum und fanden einen langen, engen, ausgemauerten, unterirdischen Gang, in den nur von den Enden her etwas Licht einfiel. Hier, unter der Auffahrt hindurch, führte der breite Treibriemen vom Motorenhaus zur Mühle. Natürlich hatten wir verbotenes Terrain betreten. Davon durfte niemand wissen, aber Verbotsschilder konnten wir noch nicht entziffern. Es war nicht ungefährlich dort unten neben dem laufenden Riemen. Aber wir fassten nichts an und so konnten wir diesen für uns etwas unheimlichen Gang am anderen Ende über einige Treppenstufen unversehrt wieder verlassen. Wir wagten aber nicht, unser Abenteuer preiszugeben.

Eine schwierige Fahrt aus dem Moor

Obgleich inzwischen um die 70 Jahre vergangen sein mögen, sehe ich den Fuhrunternehmer Heinrich Clausen, genannt *Hein Hummbüdel*, aus Tönning noch ziemlich genau vor mir: ein etwas kleinerer, etwa fünfzigjähriger kahlköpfiger Herr mit rundlichem, braun gebranntem Gesicht, der oft seine akkuraten, weißen Zähne zeigte. Vater hatte einen Lastzug, das heißt einen Vorderwagen und einen Anhänger, mit Kies bei ihm bestellt. Mit voll beladenem Zug kam Hein angefahren, machte die Seitenklappen auf und begann, an einer vorne am Anhänger angebrachten Kurbel zu drehen. Sie ließ sich äußerst schwer bewegen, so dass er schon bald zu schwitzen begann und Vater ihn ablöste. Als der durchgeschwitzt war, war ich dran, konnte aber kaum hochreichen. Auch die gemeinsamen Kräfte von mir und meinem Bruder reichten nicht aus, die Kurbel zu drehen. Alle atmeten auf, als sich die Ladefläche durch weiteres Drehen von Herrn Clausen an einer Seite so weit hob, dass der Kies endlich ins Rutschen kam. Es war zwar Schwerstarbeit gewesen, aber dennoch eine Erleichterung; denn der Kies brauchte nicht mehr von Hand mit Schaufeln abgeschaufelt zu werden.

Als Heinrich Clausen uns Berufsschüler eines Tages mit seinem Bus nach Bremen fahren sollte, umwickelte er schon kurz hinter Hamburg seine rechte Hand mit einem Taschentuch. Das Lenkrad ohne Lenkhilfe ließ sich so schwer drehen, dass er, obgleich er es gewohnt war, Lastwagen und Busse zu steuern, Blasen an der Hand bekommen hatte.

Herr Clausen war auch Chauffeur, als Onkel Johann und wir zusammen einen Lastzug Torf, damals ein übliches Brennmaterial, aus Dithmarschen bekommen sollten. Er kam mit seinem Lastwagen und holte uns ab. Alles, was arbeiten konnte, sollte mit, auch wir Kinder. Wollten wir allerdings auch gerne, es lockte mal wieder ein Abenteuer. Nun ging es auf einem Moorweg hinein ins Moor, wo die Soden zum Trocknen gestapelt worden waren. Dort wurden sie aufgeladen, eine Heidenarbeit! Wir Kinder nahmen sie mit den Händen und die Erwachsenen mit Rübenforken vom Grund auf. Bis zur Biegung des Weges konnte der Lastwagen den voll beladenen Hänger noch ziehen, dann sackte er ab und blieb stecken. Nun war guter Rat teuer, *mit* dem Hänger ging nichts mehr. Er musste abgehakt werden. Es endete mit einer äußerst umständlichen und langwierigen Rangiererei. Vorwärts, rückwärts, abhaken, anhaken, mit einer Kette wurde es versucht, aus verschiedenen Winkeln erneut anzuhaken. Herr Clausen musste immer wieder aussteigen, war wegen des Materialverschleißes am LKW längst rundherum wütend. Sein sonst so von der Sonne gebräuntes Gesicht war inzwischen rot geworden vor Ärger. Er schimpfte. Durch das wiederholte Rangieren war die Kupplung heiß geworden und stank – der Spitzname Hein Hummbüdel war doch wohl nicht so unpassend. So brüllte er fragend: „Rüken jem denn ni, wie de Kupplung stinken deit?“ Ja, das taten wir, aber der Hänger musste mit und er kam mit. Als Herr Clausen schließlich seinen Lastzug wieder auf fester Chaussee hatte und hinter dem Steuer saß, war er schnell wieder der freundliche Hein, wie wir ihn kannten und mochten. Alle hatten Glück gehabt. Das Torfholen aus dem Moor war trotz vieler Schwierigkeiten glimpflich abgelaufen.

Nachbarschaftliches

Reimer, der jüngste Sohn von Onkel Johann, wollte auch Bauer werden, spurte aber oft nicht, wie er sollte. Wieder war ihm etwas danebengegangen bzw. aus Sicht seines Vaters nicht flott genug erledigt worden. Der Alte war mit dem Trecker am Arbeiten und fuhr zu seinem Sohn, hielt neben ihm, schlug mit der flachen Hand wie wild auf den Kotflügel und brüllte: „Arbeiten schass du!" Ein anderes Mal brüllte er, wieder aufs Schutzblech klopfend: „Esel büss du!" All so etwas bekommen dicht beieinander wohnende oder sich gegenseitig helfende Nachbarn mit.

Er, runde fünfeinhalb Jahre jünger als ich, hochgewachsen, mit dunklem, vollem Lockenkopf und großen braunen Augen. Sehr gerne und oft kam er zu einem Plausch zu uns herüber. An einem Sonntagmorgen saßen wir beide nach getaner Arbeit im vom Vieh gewärmten Stall auf der Schrotkiste und unterhielten uns. Da kam, für uns unerwartet, der Milchkontrolleur unseres Kontrollverbandes vom Hausboden. Er hatte seine Verlobte, unser Junges Mädchen, besucht. Da fragte Reimer ihn frech: „Na Chünther, du Strunt, hess de Büddel lerrig?" – „Jaha, ik will di bald!", er darauf bissig und hüpfte flott an uns vorbei aus dem Stall. Wir beide aber grinsten über den geschmacklosen Scherz. Jede Nacht nächtigte er bei seiner Verlobten. Somit stand jede Nacht sein verrosteter, roter Skoda auf dem Hofplatz vor der Stalltür. Mutter passte das längst nicht mehr und entsprechend verärgert äußerte sie sich: „Ik kann dat dore oole rode Auto nich mehr sehn." Aber natürlich nicht in Günthers Gegenwart.

Reimer hatte es schon als ganz kleiner Junge zwischen den Nachbarsfamilien Hinrichs und Mahrt knistern lassen. Damals hatten meine Eltern fünfzehn wenige Tage alte Gänseküken zum Aufziehen aus der Brüterei in Garding geholt, die nun in einem mit niedrigem Maschendraht eingezäunten Pferch liefen. Reimer kam oft zu uns zum Spielen. Dieses Mal war er über den niedrigen Zaun gestiegen und hatte jedes Tier so lieb gehabt, dass er ihre Hälse nacheinander mit der Hand so lange umfasste und zudrückte, bis sie erstickten. Jeder wusste, dass er es gewesen war. Es war auch zwischen den Nachbarn zur Sprache gekommen. Wirklichen Streit hatte es deswegen nicht gegeben, aber auch keine Entschädigung.

Ein weiteres Ärgernis war Onkel Johanns alljährliche große Entenpopulation. Enten brauchen nun mal viel Wasser und da bot sich unsere große Hühnerkuhle an. Jeden Morgen kam die Schar und fiel in unser Gewässer ein. Enten schnabbern am liebsten an Kuhlen- und Grabenrändern, unterhöhlen sie dabei, so dass sie nach und nach einstürzen. Vater konnte das auf Dauer nicht zulassen. Er hat es eine Zeit lang beobachtet und dann keinen anderen Ausweg gesehen, als sich über das Tun des Federviehs zu beklagen. Nach langem Hin und Her war Onkel Johann einsichtig und zäunte es ein.

Aber wir hatten auch Spaß zusammen. Als Onkel Johanns ältester Sohn achtzehn Jahre alt war, machte er seinen Führerschein und war mächtig stolz darauf. Wieder einmal durfte er das Auto seines Vaters, einen Ford M12, benutzen und lud seine Schwestern, meinen Bruder und mich ein, seine Oma in Hochfeld, damals Kreis Norder-Dithmarschen, zu besuchen. Auf einer langen, freien Strecke fuhr vor uns ein Radfahrer, dem der Hut weggeweht war, der nun auf der Straße lag. Natürlich wurde der Hut angesteuert und überfahren. Und wir grinsten feixend nach hinten raus. Über solche Hässlichkeiten, Frechheiten, Ekligkeiten, oder wie immer man sie nennen will, konnten wir uns damals kaputtlachen. Auch wenn uns schien, dass ein Auto zu nah auffuhr oder versuchte, uns zu überholen, warnten wir dessen Fahrer, mit auf der Hutablage aufgestützten Ellenbogen, mit Handbewegungen durch das hintere Fenster, zurückzubleiben und Abstand zu halten.

Mutter beruhigt mal wieder

Einen Tag nach der Silberhochzeitsfeier meiner Eltern kamen Vater und Onkel Johann wegen einer Lappalie in Streit. Es war Erntezeit. An diesem Tag unterstützten Onkel Johann und Reimer uns bei der Arbeit. Von der Feier waren reichlich Kuchen übrig geblieben, die Mutter zur Kaffeezeit aufs Feld brachte. Sie hatte es gut gemeint, jedoch aus Sicht Onkel Johanns eine nicht wiedergutzumachende Unterlassungssünde begangen. Sie hatte statt Kaffee Tee aufgegossen. Wohl war er voll des Lobes über die Kuchen, aber zu so schönen Kuchen gehöre nun mal Kaffee, meinte er. Eine von Vaters eisernen Regeln lautete: „Över't oder bi't Eten ward nich meckert." Da kannte er kein Pardon und er duldete es auch nicht von anderen. Er wusste genau, keine Hausfrau konnte jeden Tag für jeden Esser ein Leibgericht kreieren. So schlug er verbal zurück und Onkel Johann hielt wieder dagegen. Das anfängliche Geplänkel endete schließlich in einer wüsten gegenseitigen Brüllerei. Reimer und ich standen in unserer Bodenluke und sahen und hörten den beiden Streithähnen in der gegenüberliegenden Getreidefenne amüsiert, aber auch etwas verängstigt, zu. Wir befürchteten, dass evtl. doch noch die Fäuste fliegen würden. Mutter hatte das Spektakel gehört, lief zu ihnen, sagte ein paar beruhigende Worte und schon gingen die beiden Männer jeder zu sich nach Hause. Für den Tag war es mit der Nachbarschaftshilfe allerdings vorbei. Bei uns – und sicher auch drüben – wurde weiter diskutiert: „Wie cheit dat wieder?" Mutter riet: „Morgen is alles vergeten, dot so, als wär nix ween." Sie lag richtig. Natürlich war so schnell nichts vergessen, aber das nachbarschaftliche Hand-in-Hand lief wieder in altbewährter Weise. So ein Verhalten war typisch für Onkel Johann. Er war ein Dithmarscher Hitzkopf – na, Vater war wohl ähnlich gepolt –, der sich schnell aufregte, losbrüllte, aber sich ebenso schnell wieder beruhigte. Auch nachdem ich als Jungbauer auf unserem Betrieb anfing, hat er mir mehrere Male die Leviten gelesen. Trotzdem haben wir zu beider Nutzen all die Jahre, auch später mit Reimer, hervorragend zusammengearbeitet. Das funktioniert allerdings nur, wenn keiner nachtragend ist und beide schnell so tun, als hätte es keine Meinungsverschiedenheiten gegeben. Ich stelle es mir als äußerst belastend vor, wenn ich meinen Nachbarn treffe und wegsehen muss, weil ich ihn nicht grüßen will. So möchte ich nicht leben.

Der Hafer säuft ab

Um 1957, vielleicht auch '58 oder '59 hatte Vater auf dem von uns sogenannten *Langen Ende*, gegenüber von unserem Nachbarn, Hafer gedrillt. Als der reif war, wurde er mit dem Selbstbinder gemäht und in Schwaden abgelegt. Der

Knoter war abgestellt worden, um die Arbeit für das Aufstellen der Garben zu Hocken zu sparen. Nun folgte eine längere Regenperiode. Der Grundwasserstand stieg, der Boden sog sich voll, so dass das Wasser in einer Senke auf etwa zwanzig Zentimeter anstieg und der Hafer zu schwimmen begann. Nun war guter Rat teuer. Vater entschloss sich, Reuter aufzustellen und den Hafer zu reutern. Mein zweiter Bruder Sönke Peter und ich zogen Gummistiefel an und begannen, den schwer gewordenen Hafer mit Forken aus dem Wasser zu fischen und auf Reuter zu staken. Hier war er gut aufgehoben, konnte ablecken und trocknen. Aber mit welchem körperlichen Aufwand!

Auch ein Jahr zuvor hatte es auf der gleichen Fläche wegen übernässten Bodens Schwierigkeiten beim Mähen des Getreides gegeben. Der Selbstbinder wurde vom Bulldog gezogen und der Mechanismus mittels Zapfwelle angetrieben. Der Acker war so nass und schlüpfrig, dass die Antriebsräder des Treckers nicht genug Halt fanden, durchdrehten und sich in den Boden wühlten. Der Trecker schien immer kleiner zu werden. Es ging nichts mehr. Selbst nachdem der Bindermäher abgehakt worden war, scheiterte der Versuch, den Trecker mit nach Hause zu bekommen. Über eine Woche dauerte es, bevor wir es riskierten, die beiden noch auf dem Betrieb verbliebenen Pferde vorzuspannen und den Trecker nach Hause zu holen. Um den Selbstbinder zu bewegen, musste der Acker noch mehr abtrocknen.

Als nach der schweren Sturmflut in der Nacht vom 16. auf den 17. Februar 1962 der Koogsdeich stark in Mitleidenschaft gezogen war, ordneten die Kreisbehörden vorsorglich die Evakuierung der gesamten Viehbestände des Kooges ins Binnenland an. Die Deichkrone war bis auf einen schmalen Streifen, stellenweise sogar ganz, weggespült worden. Deich und Koog waren somit aufs Äußerste gefährdet. Obgleich die Bundeswehr mit Fahrzeugen und Personal behilflich war, widersetzte sich Vater als Einziger dieser Weisung. Er fühlte sich so fest im Sattel, dass er bereit war, das Risiko für sein Vieh zu tragen, sollte der Koog beim nächsten Hochwasser volllaufen. Ganz sicher hat er einen Tag und eine Nacht voller Sorgen gehabt. Aber er hatte Glück; denn die nächste Flut lief nur bis zum Deichfuß auf. Im Zuge der Verstärkungs- und Erhöhungsmaßnahmen des Deiches wurden die Bauern im Koog in den nächsten Jahren immer wieder mit Personal und ihren Fahrzeugen zu Spanndiensten herangezogen.

Einfach war es nicht, Vater davon zu überzeugen, dass ich Lust hatte, mich von der Tiefbaufirma von November bis März fest anstellen zu lassen. Sie brauchten Leute, die arbeiten konnten und wollten, er aber auch. So stellte er sich erst einmal quer, lenkte dann aber doch unter der Bedingung ein, dass ich morgens vor Arbeitsbeginn bei Kemna-Bau zu Hause den Mist rausschieben und die Tiere füttern musste, abends dann mit ihm zusammen die Stallarbeiten abschließen sollte. So wurde es ein schwieriges Unterfangen. Es waren extrem harte Monate. Sechstagewoche mal zehn Stunden bei Kemna-Bau. Zu Hause sieben Tage. Der Korrektheit wegen sollte ich aber einfließen lassen, dass Kemna-Bau erlaubte, uns mittags eine halbe Stunde – in der der Lohn weiterlief – in die Baracke zu setzen, um uns aufzuwärmen und uns zu stärken.

Es war das erste Mal, dass ich mit einer Horde echter Arbeitnehmer zusammen arbeitete. Die Leute interessierte bitterwenig, dass es voranging. Für sie stand an erster Stelle, so wenig wie möglich zu tun. Also: drücken, drücken, drücken, sobald der verantwortliche Schachtmeister abwesend war, und das was er häufig. Tauchte er mit seinem knallroten Bully am Horizont auf, hallte es aus vielen Männerkehlen:

„Meister kummt, Meister kummt!" Und schon wurden die Schaufeln flotter bewegt, Rücken beugten sich und Hände begannen abgeschüttete Verbundsteine zu stapeln. Man hörte die spitzen Hämmer, mit denen Rost von den Loren geklopft werden sollte, wieder härter zuschlagen. Pinsel bewegten sich wieder, um die entrosteten Loren mit schwarzem Lack aufzuhübschen (meine Hauptbeschäftigung in diesen Monaten). Sie sollten nach Außerdienststellung im Koog nach Südafrika verkauft werden und zur Wertsteigerung entsprechend glänzen.

Manchem Arbeiter war nicht danach, zehn Stunden täglich zu arbeiten. So machte sich z. B. einer davon und verschwand im mobilen Klohäuschen. Als es dem Schachtmeister zu lange dauerte, ehe er wieder auftauchte, lief er zum Örtchen, öffnete die Tür und sah, dass der Drückeberger sich nicht mal die Hosen runtergeschoben hatte.

Als der Wind eines Tages meine Farbdose von der Kante der Lorenmulde wehte und sich der Lack über mein Zeug, Hände und Gesicht ergoss, durfte ich für anderthalb Stunden nach Hause. Mutter kam mit Lappen und Terpentinflasche und versuchte das Gröbste zu entfernen. Es brannte fürchterlich. Joppe, Schal und Hose mussten in die Tonne.

Aber auch für andere Arbeiten hatte man Verwendung für mich. Vor allem wenn Loren von der Lok geschoben wurden, sprangen sie leicht aus den Feldbahngleisen. Die durchweg mit einem Kubikmeter Erde befüllten Loren mit Winden und Hebeln wieder auf die Gleise zu stellen, war Schwerstarbeit und trotz eifrigen Einsatzes zeitaufwendig.

Nun hatten die Chefs im Februar beschlossen, dass die Arbeiten an einem Bauabschnitt an einem bestimmten Tag abgeschlossen werden sollten. Arbeitsbeginn um 2 Uhr nachts. Viertel vor 2 Uhrwar der Bauwagen gerammelt voller Männer. Mit brennender Taschenlampe trat der Schachtmeister in den Bauwagen und leuchtete jedem ins Gesicht und hakte den entsprechenden Namen auf einer Liste ab. Er war verantwortlich dafür, dass alle zur Stelle waren. Heute sollte keiner seinen vollen Lohn bekommen, wenn er nicht pünktlich war. Als wir aus dem Bauwagen traten, schnitt uns ein eiskalter, steifer Wind von See in die Gesichter. Es schneite leicht. Ich hatte mir über Unterhosen und Hosen noch eine winddichte Regenhose übergezogen. Trotzdem kroch die Kälte saukalt an die Beine.

Für mich war diese Art, meinen Lohn zu verdienen, neu und ich hatte Probleme damit, mich umzugewöhnen. So war ich nicht erzogen worden und wurde tatsächlich ein bisschen zum Außenseiter mit dem Spitznamen *Chrüschon Streber.* Sie schnitten mich zwar nicht, nahmen mich als Hilfsarbeiter aber doch zumindest nicht immer ernst. Als ich beim Bau des Katastrophenweges helfen musste, sah ich, wie die Planierlatte, die von zwei auf Knien liegenden Männern hin- und hergeschoben bzw. über den Kies gezogen wurde, auf einem größeren Stein auflag. „De Latt ligg op, Hein" („Die Latte liegt auf, Heinrich"), sagte ich. Darauf Heinrich Gertsen überheblich und gehässig: „Ja, pass man op, dat du ni opliggst, Chrüschon." („Pass man auf, dass du nicht aufliegst, Christian.") Wahrscheinlich war es die einzig richtige Antwort auf den Hinweis eines Hilfsarbeiters und Universal-Dilettanten in der Branche Tiefbau wie mich.

Klubabende

Alle vierzehn Tage trafen sich meine Eltern mit zwei weiteren Paaren aus der näheren Nachbarschaft zum *Klub*, so nannten sie diese Zusammenkünfte. Ein paar Stunden zum Gedankenaustausch. Die Männer spielten Skat und die Frauen übten sich in Handarbeiten. Dieses Mal waren meine Eltern Gastgeber. Vater hatte uns schon vor Stunden gemahnt, ins Bett zu gehen. Nun, nachdem sich alle mit Kaffee und Kuchen gestärkt hatten, gehörte für die Männer ein Gang zum Pinkeln und Pupsen in den Stall zum Ritual. Sie kamen durch die Küche, in der mein Bruder und ich zwischen den Jungen Leuten saßen und ihnen zuhörten. Als Vater uns sah, merkte ich, dass mit ihm nicht gut Kirschen essen war, und wollte mich aus dem Staub machen, war aber nicht ganz flott genug und er trat mir fürchterlich in den Hintern. Er hatte den richtigen Punkt getroffen. Diesen Denkzettel spürte ich noch am nächsten Tag. Gerne wäre ich an solchen Abenden Mäuschen gewesen – allerdings im sicheren Versteck! –, um zu hören, was meine Eltern mit ihren Gästen, Verwandten oder Bekannten so erzählten oder tratschten. Gerne hätte ich auch gehört, was sie ihren Gästen über mich erzählten. Man selbst war meistens der Letzte, der zu wissen bekam, was die Leute über einen wussten oder dachten. Somit war es schwer, seine eigenen Fehler und Schwächen zu erkennen, und man hatte keine Chance, evtl. seine Schlüsse zu ziehen.

Ich glaube nicht, dass es nach einem der üblichen Klubabende passierte; denn bei diesen Treffen gab es normalerweise keinen Sekt. Jedenfalls stand nach einem lustigen Abend mit Gästen am nächsten Morgen in der Küche eine offene, nicht ganz geleerte Sektflasche auf dem Tisch. Neugierig, wie ich war, wollte ich wissen, wie echter Sekt schmeckt, und setzte die Flasche an den Mund und trank. Es war ein grauenhafter Geschmack, ein Brennen in Mund, Rachen, Speiseröhre und Magen. Ich hatte Wasserglas, das man damals zum Einlegen von Eiern in Tonkrügen benutzte, getrunken und wurde sehr krank. Rachen, Speiseröhre und Magen waren verätzt. Mehrere Tage musste ich mich wiederholt übergeben und das Bett hüten. Noch heute verspüre ich instinktiv eine Abneigung gegen grüne Sektflaschen mit ihren mit Silberpapier umwickelten Hälsen.

Tante Anna und Onkel Hannes Clausen, befreundete Nachbarn meiner Eltern, die etwas weiter entfernt im Koog wohnten, waren zum Winterbesuch auf ihren hochwertigen Fahrrädern angereist. Tante Annas Rad war sogar mit Halbballon-Reifen ausgestattet. Die Räder lehnten unabgeschlossen an der Stallwand. Tante Annas Gummiüberschuhe (gab es damals wirklich) standen im Flur. Es war ein mondheller, klarer Winterabend. Das Eis hielt. Die richtigen Umstände für meinen Bruder und mich, etwas auszufressen. Wir schlichen hinaus, schnappten uns die Räder und fuhren zum Ritt, einer langen, breiten Eisfläche. Und dort sind wir dann, bis wir müde wurden, so schnell wir konnten, immer wieder auf dem mit einer dünnen Schneeschicht bedeckten Eis hin- und her kijolt. Als wir die Räder zurückstellten, hatte niemand unseren Ausflug bemerkt.

Wer soll das bezahlen?

An einem dieser Klubabende im Winter 1950/51, als Vater und Mutter Gastgeber waren, könnte es gewesen sein. Mein Bruder und ich schliefen im kleinen Zimmer neben der guten Stube, in der der Klub feierte. Vater hatte einen Erweiterungsbau an den Stall geplant und es hatte sich herumgesprochen, dass er einen Kreditgeber suchte, der ihm einen Teil der dafür benötigten Summe lieh. Nach Kaffee und Kuchen wurde Teepunsch ausgeschenkt, die Runde wurde lauter, lustiger und ausgelassener, begann sogar zu singen. Und so hörten wir denn den damals von vielen gesungenen Hit, den jeder kannte und in den Onkel Johann in jede Atempause „Peter Mahrt" hineinrief. Der Gesang ging dann so: „Wer soll das bezahlen? Peter Mahrt! Wer hat das bestellt? Peter Mahrt! Wer hat so viel Pinke Pinke? Peter Mahrt! Wer hat so viel Geld? Peter Mahrt!" Onkel Johann, von dem später noch die Rede sein wird, brauchte nur wenige Punsch oder Grog, um lustig zu werden. So war er meistens derjenige, der als Erster zu singen begann. *Nur einmal blüht im Jahr der Mai, nur einmal im Leben die Liebe …* war *sein* Lieblingshit. Er streckte dabei einen Arm in die Luft und begann wie ein Gigolo zu tanzen.

Lasst uns am Alten, so es gut ist, halten,
aber auf dem alten Grunde Neues schaffen jede Stunde.
(Unbekannter Verfasser)

Als für dieses Bauvorhaben das Richtfest gefeiert wurde – dabei stand der Zimmerer hoch im Gebälk, sagte seinen Richtspruch auf, leerte das Schnapsglas auf das Wohl der Familie und des Hauses und warf es gegen die Wand –, hörte ich, wie mein Onkel August, der wieder einmal auf dem Rad aus Drelsdorf gekommen war, zu Vater sagte: „Un nu 20 Demp Land mehr, wa Pedi?" Daraus wurde allerdings unter Vaters Regie nie etwas. Trotz seiner Geschäftstüchtigkeit und seines Fleißes hat er es nicht geschafft, Land zu kaufen. Ich denke, dass ich daran zumindest eine Teilschuld trage. Als ich älter wurde und feststand, dass ich Bauer werden wollte, wurde wiederholt ein Landkauf diskutiert und Vater fragte mich, wie ich darüber dachte. Ich werde ihn mit meinen Antworten viele Male enttäuscht haben; denn ich war wankelmütig, unentschlossen, selten konkret. Er hat viele Gummiantworten von mir bekommen, die ihn nicht befriedigen konnten und ihn eher nicht motivierten,

Richtfest 1951. Im Vordergrund Sönke Peter, der zweite Bruder des Autors

weitere größere Investitionen zu tätigen. – In Drelsdorf war Vater Pedi. Nach seinem Umzug in den Horst-Wessel-Koog war er äußerst besorgt darum, dass niemand seiner neuen Nachbarn hörte, dass seine Brüder oder Bekannte aus Drelsdorf ihn mit Pedi anredeten. Er wollte auf jeden Fall vermeiden, auch in der neuen Heimat zu einem Pedi zu werden.

Das am Abend stattfindende lustige Richtfest mit Handwerkern, Nachbarn, Freunden und Bekannten und Verwandten, mit gutem Essen, Trinken, Musik und Tanz stand unter dem Motto: *Das Richtfest vereinigt alle, die am Bau eines Hauses beteiligt sind …* Ich erinnere mich noch gut an eine kurze Ansprache Vaters, in der er, mit einem Glas Bowle in der Hand, den Fleiß und die Tüchtigkeit des sympathischen Zimmerergesellen Karl Blohm hervorhob. Ja, so etwas konnte er. Ich stand direkt neben ihm und hatte in diesem Moment große Achtung vor ihm.

Wohn- und Wirtschaftsgebäude 1954 vom A-Mast aus fotografiert

Obgleich mein Bruder und ich noch Schüler waren, durften wir, wohl auch, weil es ein Sonnabend war, an diesem Abend lange dabei sein.

Aus der Schule geplaudert

Als ich 1946 von der Grundschule in die Oberklasse (Grootschool) wechselte, war Alfred Geick Schulleiter in Osterhever und Lehrer der Klassenjahrgänge fünf bis zehn. Der kleine Klassenraum war mit fünfundsiebzig Schülern völlig überfüllt. Man stelle sich vor, fünfundsiebzig Schüler und ein Lehrer. Ähnlich ging es im Dorf zu, Einheimische, Flüchtlinge und Heimatvertriebene lebten hier dicht gedrängt nebeneinander in ihren Häusern. Den aus Zölling (polnisch Solniki), einem Dorf in Niederschlesien im heutigen Polen, stammenden, am 22. Dezember 1903 geborenen Lehrer Geick hatte es nach dem Krieg, in dem er in Kurland verwundet worden war, über Dänemark hierher verschlagen. Als ausgebildeter Realschullehrer war er beim Heer bis zum Major aufgestiegen, der in der Endphase des Krieges sogar als Regimentskommandeur eingesetzt gewesen war.

Weil sein Vorgänger, Herr Graßmann (s. o.), noch nicht aus der Kriegsgefangenschaft entlassen worden war, hatte er Glück und wurde am 1. Februar 1946 gleich als Schulleiter eingesetzt. Nachdem der alte Schulleiter im September 1946 zurückgekehrt war, kam es schon bald zu Rivalitäten, weil dieser darauf drängte, wieder in seine alte Position eingesetzt zu werden. Er konnte sich allerdings nicht durchsetzen und ließ sich, nachdem er noch bis 1952 in Osterhever die unteren Jahrgänge unterrichtet hatte, meines Wissens nach Borsthusen versetzen.

In den ersten sehr schlechten Jahren nach Kriegsende kam Herr Geick im gefärbten Uniformrock in den Unterricht. Als die Zeiten besser wurden, sah man ihn stets adrett im Anzug, mit buntem oder blauem Oberhemd und Krawatte. An der gelblichen Farbe seiner Zähne konnte man jedoch gelegentlich erkennen, dass er es nicht jeden Morgen geschafft hatte, sie zu putzen.

Mysteriöser Besuch

Jahrelang lebte er allein in Osterhever zur Miete bei Bürgermeister Meinhard Hansen auf der Ebenswarft. Seine Frau war in Ostpreußen geblieben, bis sie 1951 im Rahmen der Familienzusammenführung mit ihrem Sohn nach Osterhever kam. Eines Tages tauchte sie auf. Während des Unterrichts öffnete sich, ohne dass angeklopft worden wäre, leise die Klassentür. Frau Geick kam herein und stellte sich ohne zu grüßen hinten an die Wand neben die Tür und beobachtete den Unterrichtsverlauf einer Deutschstunde, die ihr Mann gab. Nun wurde Pelein (s. o.) gefragt, ob das *ie* in ziehen eine Dehnung oder eine Schärfung ist. Pelein hatte keine Ahnung und riet: „Eine Schärfung?!" Da ging das Temperament mit unserem Herrn Lehrer durch. Er sprang vor Pelein auf die Bank, zog ihn über das Schreibpult und verdrosch ihn jämmerlich in Anwesenheit seiner Frau. Warum so rasend, warum dieser plötzliche Jähzorn? Ich vermute, dass es ihm peinlich war, dass es in seiner Klasse immer noch Schüler gab, die die Begriffe Dehnung und Schärfung nicht auseinanderhalten konnten. Oder er meinte, seiner Frau zeigen zu müssen, dass in seiner Klasse Zucht herrschte. Leise, wie sie gekommen war, ohne ein Wort gesagt zu haben, verschwand sie gegen Ende der Stunde.

Bald nachdem ich in die Grootschool gewechselt war, investierte der Schulverband in eine Reihe neuer Bänke für die Schüler. Bedauerlich war, dass man bei ihrer Herstellung offensichtlich gespart hatte. Sie waren wohl glatt gehobelt, aber weder geölt noch gestrichen und nur aus nacktem Holz zusammengezimmert worden. Zudem konnte man die Schreibflächen nicht hochklappen. Diese waren zudem so kurz, dass wir uns beim Schreiben weiter nach vorne beugen mussten, als wir es von den alten Bänken gewohnt waren. Und trotzdem war ein wirkliches Geradestehen in den Bänken nicht möglich.

In der Grootschool stand nur ein kleiner Ofen, der wohl um zwei Drittel kleiner war als der in der Lüttschool. Bei rauer Witterung musste er glühen, damit der Klassenraum einigermaßen warm wurde. Wegen Kohlenknappheit war das allerdings an vielen Tagen nicht möglich. Um die Kreisläufe der Kinder nicht zu träge werden zu lassen, kam dann allenthalben das Kommando: „Auf! Nieder! Auf! Nieder!“ Was so viel bedeutete, wie: *Aufstehen! Setzen! Aufstehen! Setzen!* Der Ofen stand an der Ostwand, direkt neben der letzten Bankreihe des neunten Jahrgangs. Das Gesicht Günther Borms, dessen Platz direkt neben der Heizquelle war, glühte mit dem Ofen um die Wette.

Für uns Kleinen begann der Unterricht im ersten Jahr in der Grootschool eine Stunde später als für die Großen. Überpünktlich, wie wir es gewohnt waren, strebten wir zur Schule und warteten im Windfang oder draußen. Das störte unseren Lehrer anscheinend. Er ließ uns reinholen, uns unter die Wandtafel auf den Fußboden setzen und Choräle lernen. Wegen der Ablenkung durch den weiterlaufenden Unterricht war das nicht einfach; denn das Auswendiglernen erforderte größte Konzentration. Herr Geick konnte uns vom Klassenzimmer aus schon in weiter Ferne sehen, wenn wir auf dem Stockensteig durch die Fennen liefen. Wenn er merkte, dass wir trödelten, um das Lernen unter der Wandtafel zu umgehen, schickte er uns mehrere große Jungen entgegen, die uns greifen und in die Schule bringen sollten. Unsere Fluchtversuche waren meistens vergebens. Wir waren zehn oder elf Jahre, die Großen vierzehn, fünfzehn oder sechzehn Jahre alt. Da waren wir chancenlos.

Manches war damals allerdings nicht so schlecht, als dass es nicht auch etwas Gutes gehabt hätte. Noch heute kann ich bei Gottesdiensten oder Beerdigungen von vielen Chorälen mehrere Strophen mitsingen, ohne ins Gesangbuch gucken zu müssen.

Auch wenn es auf Schlittschuhen mühseliger war, als mit dem Rad oder zu Fuß zur Schule zu kommen, war es für einige von uns ein toller Spaß, uns so auf den Weg zu machen, wenn das Eis trug. Dafür mussten wir das Eis mehrere Male verlassen, um zwei Deiche, eine Reihe Zufahrten zu den Fennen und zweimal die Grandchaussee zu überqueren. Gerne liefen wir auch in längeren Pausen auf unseren Schlittschuhen. Nicht immer schaffte es jeder, sie zu Unterrichtsbeginn abzuschnallen, manchmal reichte die Zeit nur für einen. Wenn jemand dann das Pech hatte, mit einem Schlittschuh am Fuß an die Tafel humpeln zu müssen, war der Teufel los, obgleich die Kufen den rauen, abgetretenen Dielenbrettern dieses alten Klassenraumes nicht mehr schaden konnten.

In den Sportstunden mussten wir Kleinen, die eben in die Oberklasse gewechselt waren, zusammen mit den großen Schülern Mannschaftsspiele spielen. Alle waren ehrgeizig, nahmen Spiele bitterernst, jede Mannschaft wollte gewinnen. Bei Fußballspielen gab es sogar mitunter Tränen, wenn es schlecht für eine Mannschaft lief. Auch erinnere ich mich deutlich an ein Völkerballspiel, bei dem ich einem älteren Schüler im Weg stand und er mich unmissverständlich warnte, indem er mir im Dithmarscher Dialekt zurief: „Laup mi ni vör de Feut, Jung!“ (Laufe mir nicht vor die Füße, Junge!) Während ein anderer Großer mehr Verständnis für uns Kleine hatte und mit rauer Stimme laut übers Feld rief: „Laat de Lütten ok mol smieten!“ (Lasst die Kleinen auch mal werfen!)

Obgleich mein Bruder und ich zu Hause genug zu essen bekamen, konnten wir unsere Eltern überreden, uns an der öffentlichen Schulspeisung teilnehmen zu lassen. Natürlich gab es Gerichte, die ich gerne, und andere, die ich weniger gerne aß. Zu Letzteren gehörte Erbsensuppe. (Sie ist heute, allerdings anders zubereitet, zu einem meiner Lieblingsgerichte geworden.) Erbsensuppe konnten sie damals nicht

Schulleiter Alfred Geick und seine Frau Gerda

kochen. Die Erbsen waren hart und trocken, die Suppe schmeckte widerlich. Nun war eines Tages fürchterlich dicke Luft. Herrn Geick war zu Ohren gekommen, dass Schüler Essen weggeschüttet hatten. (Konnte ich bei dieser Suppe gut nachvollziehen.) Nun kam die Order, dass alle auf ihren Plätzen sitzend ihre Kochgeschirre unter seiner Aufsicht leer essen sollten. Er lief mit dem Knüppel in der Hand durch den Gang Patrouille. Mein Problem war, dass ich die Suppe beim besten Willen nicht runterkriegen konnte.

Es ging nicht anders, ich musste tricksen, täuschen und tarnen. Und es gelang mir, ihn zu täuschen, indem ich so tat, als führte ich volle Löffel zum Mund. Zuletzt entschloss ich mich, das Kochgeschirr für ihn laut hörbar auszukratzen. Mit dem leeren Kochgeschirr durften wir den Klassenraum verlassen und das Gefäß draußen in der Graft ausspülen. Wieder einmal hatte ich viel Glück gehabt. Mein Täuschungsversuch wäre kläglich gescheitert, wenn er einen Blick in mein Kochgeschirr geworfen hätte. Dann wäre er ernsthaft mit mir Schlitten gefahren. Es ging nicht anders. Ich musste es so riskieren.

In den Jahren nach dem Krieg wurden wir immer wieder animiert, Kräuter für medizinische Zwecke zu sammeln. Viele Jahre ließen wir uns überreden und opferten unsere ohnehin knappe Freizeit für das Sammeln von Kräutern, wie Hahnenfuß, Schafgarbe, Kamille und Co., um sie im Stall, auf dem Heu-, Korn- oder Kirchenboden zum Trocknen auszubreiten. Es wurde von der Möglichkeit geredet, die getrockneten Pflanzen verkaufen und ein paar Mark dafür zu bekommen. Ich erinnere mich nicht, dass je auch nur ein einziger Groschen für unsere Mühe in unseren Portemonnaies gelandet ist. Trotzdem machten wir im nächsten Jahr weiter. Ein ganz kleiner Trost mag im Nachhinein sein, dass wir nicht die Einzigen waren, die sich in ihrer Dämlichkeit zu dieser Arbeit beschwatzen ließen. Fast alle taten es.

Genau so eifrig waren wir, wenn es darum ging, Schafmist oder getrocknete Kuhfladen für Mutters Herd zu sammeln. Niemals hat uns das jemand gedankt, jedenfalls finanziell nicht.

Wohl um uns Schüler zu Verantwortungsbewusstsein zu erziehen, bekamen einige Aufgaben zugeteilt, für die sie dann auch verantwortlich waren. Aus mir nicht erklärlichen Gründen ernannte mich Herr Geick eines Tages zum Heizer. Schon nach kurzer Zeit beförderte er mich zum Oberheizer und meinen Mitschüler Uwe Jans bekam ich als Assistenten zugeteilt. Diese Posten behielten wir bis zum Umzug in die neue Schule im Frühjahr 1950. Uwe fungierte außerdem als Postbote, wenn Briefe zur Poststelle gebracht werden mussten. Schon damals hielt ich das für keine gute Lösung, denn der Unterricht lief weiter und der Stoff, der zwischenzeitlich durchgenommen wurde, fehlte natürlich dem Postboten.

Der Raum der Oberklasse (Grootschool) in Osterhever war 1854 im rechten Winkel an das alte Schulgebäude angebaut worden, weil der Platz für die wachsende Schülerzahl nicht mehr ausreichte. Als 1859 die separate Elementarschule (Lüttschool) gebaut wurde, wurde der ältere Teil der Grootschool in ein Wohn- und Wirtschaftsgebäude umgewidmet, das nun, Ende der 1940er Jahre, Peter Cornils, gemietet hatte und in dem er mit seiner Familie wohnte und eine kleine Landwirtschaft betrieb.

Wir Schüler der Oberklasse hatten Pause und wurden Zeugen, wie ein Viehhändler und Werner, der Sohn von Peter Cornils, der für uns *Onkel Peter* war, um eine gemästete Färse handelten. Werner forderte und der Händler bot. Es ging laut zur Sache, sie brüllten sich an. Für uns Schüler schien es, als wenn sie sich stritten. Mal demonstrierte der Händler sein Desinteresse an der Färse, indem er so tat, als wolle er ins Auto steigen und wegfahren, mal lief Werner in den Stall zurück und der Händler hinter ihm her. Bis auf einen halben Pfennig pro Pfund Lebendgewicht lagen Forderung und Gebot nur mehr auseinander. Beide schienen zu keinem weiteren Kompromiss bereit. Ein halber Pfennig, ein an sich lächerlicher Betrag, der bei einem tausend Pfund schweren Tier fünf Mark ausgemacht hätte. Dazu sollte man aber bedenken, dass der Kaufwert des Geldes im Vergleich zu heute ein Vielfaches betrug. Wir waren überrascht und erschüttert über die Hartnäckigkeit der beiden Handelnden.

Dabei waren wir nur Zeugen eines ganz gewöhnlichen Viehhandels gewesen, der dann doch schließlich als Zeichen, dass sie sich einig geworden waren, mit einem Handschlag endete.

Milchwagen auf Abwegen

In meiner Schulzeit und auch noch Jahre danach wurde die Milch der Bauern in Milchkannen, von mit Pferden bespannten Milchsammelwagen abgeholt und zur Meierei gebracht. Nicht alle Pferde waren ruhig und kapitelfest. Durch ein ungewohntes Geräusch oder eine ungewohnte Bewegung beim Warten an der Rampe hatten sich zwei Pferde erschreckt und waren durchgebrannt. – *Se lepen lapsch.* – Vermutlich waren sie nachlässig angebunden gewesen. Sie galoppierten mit voll beladenem Milchwagen Richtung Westen an unserer Schule vorbei. Inzwischen hatte der Meierist bei der Gastwirtschaft Johannes Lorenzen angerufen, dessen Haus in der S-Kurve direkt neben der Schule stand, und den Gastwirt gebeten, die Pferde anzuhalten. In unserer Pause wurden wir Schüler Zeugen eines tollen Spektakels. Auf seine gewohnt besonnene Art kam der Gastwirt in Pantoffeln – ich habe ihn nur in schwarzen Lederpantoffeln laufend in Erinnerung – aus seiner Gastwirtschaft, lugte um die Ecke der Durchfahrt und wartete auf die sich im gestreckten Galopp nähernden Ausreißer. Kurz bevor sie neben ihm waren, lief er auf die Straße, griff dem linken Pferd in den Zügel und riss dabei beide Pferde zusammen mit dem Wagen hart nach links, genau in Richtung der unmittelbar neben der Gastwirtschaft voll Wasser stehenden Graft. Pferde und Wagen sausten mit den Milchkannen direkt hinein. Viele Deckel flogen ab und große Mengen Milch liefen aus und vermischten sich mit dem Wasser in der Graft.

Die Pferde waren vom langen flotten Galopp fertig und schafften es nicht mehr, den Wagen aus der Graft zu ziehen. Sie mussten ausgespannt werden und sich erholen. Ich erinnere mich noch, dass das Wasser in der Graft zu einem weißen Gewässer geworden war.

Freude schöner Götterfunken

Es wird Ende der 1940er Jahre nach den Herbstferien, noch in der alten Grootschool, gewesen sein, da schlug Herr Geick vor, wir Schüler könnten für die kommende Weihnachtsfeier selbst das Drehbuch für ein Theaterstück schreiben. Jeder sollte sich nach seinen Möglichkeiten einbringen. Und unter seiner Regie kam tatsächlich etwas Brauchbares heraus. Nach der Aufführung sparten die Eltern nicht mit Applaus.

Soweit ich mich erinnere, war es ein Dreiakter, an dessen Titel ich mich nicht mehr entsinne. Es gab zwei Bühnenbilder: Erstes Bühnenbild: Eine Wohnstube mit dem frierenden, zeitungslesenden Vater, dargestellt von Heinrich Thomsen. Er ruft seiner Tochter, dargestellt von Helga Bubolz, die er Chrüschon nennt, laut zu: „Chrüschon, mok de Dör to, dat is kolt!“ Darauf dann sie mit heller Mädchenstimme: „Huhu, ich komme schon, mache eben alle Türen zu!“ Zweites Bühnenbild: Der Gardinger Weihnachtsmarkt. Der Polizist, von Eduard Petersen gespielt, überprüft die Marktbeschicker an ihren Ständen mit folgenden Worten: „Guten Morgen, liebe Leute, seht nicht so verdrießlich drein. Habt Ihr Euren Handelsschein? Packt ihn aus und gebt ihn mir. Huuuh, wie kalt ist das Papier.“

In diesem Stück bedachte mich unser Lehrer mit meinem Traumjob. Ich durfte als Kulissenschieber für aufgeräumte Szenenbilder sorgen.

Auch in den nächsten Jahren ging es immer wieder darum zu entscheiden, wer am besten für welche Rolle geeignet war. Mir grauste vor den öffentlichen Auftritten. Liebend gern machte ich dagegen den Kulissenschieber, der wurde schließlich auch gebraucht. Mit dieser Rolle war ich mehrfach davongekommen. Um mich nicht zum Ziel der Augen meines Lehrers zu machen, machte ich mich ein weiteres Mal so klein wie möglich in der Bank. Aber unsichtbar wurde ich dabei nicht. Und schon kam er fingerzeigend auf mich zu und sagte bestimmt: „Du mimst den Goethe Chrisjan, verstanden!?“ Er hatte natürlich bemerkt, dass ich mich zu drücken versuchte. Für diese Rolle brauchte ich zumindest nicht auf die Bühne. In die hintere Kulissenwand wurde ein Loch in Bildgröße geschnitten und ein Rahmen davorgehängt. Hinter der Kulisse auf einem Stuhl stehend guckte ich durch den Rahmen über die Bühne in den Saal. Im zweiten Akt musste ich zwei kurze Aphorismen von dem altehrwürdigen deutschen Dichter und Denker Joh. W. von Goethe sozusagen im Off sprechen:

„Grau, teurer Freund, ist alle Theorie, und grün des Lebens goldner Baum.“

Mit diesen Worten weist Mephisto im ersten Teil von Goethes Faust den Schüler auf die Unzulänglichkeit eines nur theoretischen Wissens hin. Mephisto weiter:

„… Doch der den Augenblick ergreift, das ist der rechte Mann.“

Das zweite von mir vorgetragene Teilzitat:

„Verachte nur Vernunft und Wissenschaft.“

Diese Worte ruft Mephisto schon siegessicher seinem Vertragspartner Faust nach. Mephisto weiter:

„… Des Menschen allerhöchste Kraft, lass nur in Blend- und Zauberwerken dich nicht vom Lügengeist bestärken, so hab ich Dich schon unbedingt.“

Als wir das Stück *Die Räuber* von Friedrich von Schiller mit verteilten Rollen lasen, wurden wir auf folgendes Zitat aufmerksam: „Stehlen, morden, huren, balgen [...]. Morgen hangen wir am Galgen." Natürlich wussten alle, was *huren* bedeutet. Trotzdem wollten wir es von Herrn Geick erklärt bekommen. So schickten wir denn Ilse vor, ihn zu fragen. Er antwortete kurz und bündig: „Mit den Weibern rummachen." Tja, nun wussten wir es ganz genau.

In meiner Zeit in der Grootschool mussten wir das Shakespeare-Schauspiel über den römischen Feldherrn, Politiker und Schriftsteller Caesar und das Drama über den legendären Freiheitskämpfer Wilhelm Tell, von dem wortgewaltigen Friedrich Schiller, mit verteilten Rollen lesen. Diese Deutschstunden hatten Niveau. Jeder Schüler war gehalten, ein Zitat auswendig zu lernen und bei Abfrage rezitieren zu können. Hier meines aus *Caesar*, wie Marcus Antonius sagt: „Begraben will ich Caesar, nicht ihn preisen, der edle Brutus hat gesagt, dass er voll Herrschsucht war." Aus Tell: „Das Alte stürzt, es ändert sich die Zeit, und neues Leben blüht aus den Ruinen." Oder wie Tell im längeren Disput mit Stauffacher sagt: „Der Starke ist am mächtigsten allein." Was für eine Wortgewalt! Obgleich man sich über die Aussage dieses Aphorismus sicher trefflich streiten könnte.

Bereits 1937 war mit der Planung und 1938 mit dem Bau einer neuen Schule mit zwei Klassenräumen und zwei Lehrerwohnungen für Osterhever in der Fenne nördlich der Grootschool begonnen worden. Nördlich des Schulhauses war an ein kleines Wirtschaftsgebäude für Klos, Kohlen, Garagen und Abstellräume gedacht worden.

Seit Beginn des Krieges 1939 fehlten Mittel und handwerkliche Kräfte, den Bau zu vollenden. So stand nur der Rohbau mit fertigem Dach, Fenstern und Türen bis Ende der 1940er Jahre. Dann flossen langsam und zäh einige öffentliche Gelder, so dass weitergebaut werden konnte. Mitte März 1950 war es dann so weit, dass wir in die neue Schule umziehen konnten und dort unterrichtet wurden.

Noch sehr genau erinnere ich mich an die Einweihungsfeier der neuen Schule am 9. Juni 1950. Es war zwar ein sonniger, aber stürmischer Tag. Um vor dem starken Wind etwas geschützt zu sein, mussten wir Schüler Stühle für Gäste und den Katheder für die Referenten ins Lee der Bäume des Pastoratsgartens schleppen. Wohl auch wegen des rauen Wetters waren nur sehr wenige Eltern gekommen. Aber einige Personen des öffentlichen Lebens, der Bürgermeister, der Schulrat und der Schulverbandsvorsteher, waren der Einladung gefolgt. Alle Prominenten hielten kurze Reden, an deren Inhalt ich keine Erinnerung mehr habe. Wochenlang hatten wir Schüler der Oberklasse an drei Liedern, die dreistimmig vorgetragen werden sollten, für diese Feier geübt.

Neben seiner Tätigkeit als Lehrer wirkte Herr Geick auch über zwanzig Jahre als Kantor und Organist in Osterhever. Und mit der Geige begleitete er uns im Musikunterricht beim Einüben neuer Lieder und Choräle. Den richtigen Anfangston bestimmte er mit seiner Stimmgabel. Aber wenn es zu lange dauerte, ehe wir alle die richtigen Töne gefunden hatten, wurde er ungeduldig und es gab gnadenlos Senge. – *Ein feste Burg ist unser Gott; Harre meine Seele* und *Freude schöner Götterfunken* standen für unseren öffentlichen Auftritt zum Richtfest auf dem Programm. Sowohl der Text als auch die Melodie der *Ode an die Freude* beeindruckten mich besonders. Es war so oft geübt worden, dass ich noch heute zwei Verse auswendig rezitieren kann.

1. Freude, schöner Götterfunken, Tochter aus Elysium,
wir betreten feuertrunken, Himmlische, dein Heiligtum.
Deine Zauber binden wieder, was die Mode streng geteilt,
alle Menschen werden Brüder, wo dein sanfter Flügel weilt.
Seid umschlungen Millionen! Diesen Kuss der ganzen Welt!
Brüder, überm Sternenzelt muss ein lieber Vater wohnen.

2. Wem der große Wurf gelungen, eines Freundes Freund zu sein,
wer ein holdes Weib errungen, mische seinen Jubel ein!
Ja, wer auch nur eine Seele, sein nennt auf dem Erdenrund,
und wer's nie gekonnt, der stehle weinend sich aus diesem Bund.
Was den großen Ring bewohnet, huldige der Sympathie!
Zu den Sternen leitet sie, wo der Unbekannte thronet.

(Worte: Friedrich von Schiller; Weise: Ludwig van Beethoven)

Trotz allen Übens und des guten Willens von Herrn Geick als Dirigenten wurde das Singen der Choräle und der Ode an die Freude eine Pleite. Der Wind blies so stark, dass er uns den Gesang von den Lippen riss. Melodien und Texte der einzelnen Stimmen kamen zu unterschiedlichen Zeiten an die Ohren der Zuhörer. Niemand konnte etwas dafür. Man hätte es vielleicht wissen müssen und die Feier in die Schule verlegen sollen.

Schulalltag

Herr Geick war ein fleißiger Arbeiter, der es, wenn er sich im Unterricht an einem Thema festgebissen hatte, oft versäumte, den Unterricht für die Pausen zu beenden. Ich denke, er war froh, dass es keine Pausenklingel gab. Diese ewigen Unterbrechungen für Pausen hätten ihn gestört. Immer wieder ließ er den Unterricht ohne Unterbrechung bis zu drei Stunden durchlaufen. Dann allerdings gönnte er sich und uns meistens eine wirklich große Pause.

Aus Gründen, die mir nicht ganz klar sind, erteilte er keinen Englischunterricht. Dieses Fach überließ er in all den Jahren den verschiedenen Lehrerinnen der Lüttschool. Ich vermute, er war wohl eher des Französischen kundig. Diese Fremdsprache war jedoch in Osterhever nicht gefragt.

Wenn wir merkten, dass die Luft in dem überfüllten Klassenraum stickiger wurde, und jemand fragte, ob ein Fenster geöffnet werden dürfe, antwortete er meistens: „Lasst das Fenster ruhig zu. Warmer Mief ist besser als frieren." Er hat uns vieles über den Krieg erzählt. Wir wussten, dass er lange, auch in Wintern, an der Ostfront gewesen war und diesbezüglich seine Erfahrungen mit Kälte gemacht hatte. Auf der anderen Seite war er auch abgehärtet. Wiederholt erzählte er uns, dass ihm achtzehn Grad in seinem gemieteten Arbeitszimmer völlig ausreichten.

Für uns war er Lexikon, Autorität und Kritiker zugleich. Wiederholt echauffierte er sich über das Totalversagen der Politiker und Institutionen beim von Deutschland angezettelten und schließlich im völligen Chaos endenden Krieg mit seinen Millionen Toten und Verwundeten, den zerstörten Städten und den immensen Landabtretungen. Er als Niederschlesier war Betroffener, war selbst zum Vertriebenen geworden.

Nie vergessen werde ich Herrn Geicks Vorbereitungsbuch für den Unterricht. Es war Marke Eigenbau und bestand aus zwei Pappdeckeln, etwas größer als DIN-A5, mit je zwei kleinen Langlöchern in jedem Deckel, durch die er zum Zusammenhalten zwei Lederriemen gezogen hatte. Nun brauchte er nur noch für jeden Schultag ein oder zwei leere Zettel, in die er Löcher für die Riemen machen musste, und hatte so ein verstellbares Vorbereitungsbuch. Wahrscheinlich hat Herr Geick sich bis zu seiner Pensionierung nicht von dieser praktischen Improvisation trennen können. Noch heute sehe ich in Gedanken die auf inzwischen vier bis fünf Zentimeter Dicke angewachsene Schwarte mit den abgewetzten Pappdeckeln und den abgestoßenen Ecken in meinem Entlassungsjahr 1952 auf dem Katheder liegen.

Sein Unterrichtsstil war fordernd, genau genommen waren viele – ich selbst möchte mich da nicht ausnehmen – von uns zumindest zeitweise überfordert. Er unterrichtete auf Realschulniveau, hatte aber Hauptschuljahrgänge vor sich. Ich kann über mich selbst sagen, dass ich im Fach Rechnen nur 1949 mit einem *Gut* dabei war. Die größten Probleme hatte ich mit Algebra, auf die er besonderen Wert legte. Einfache Aufgaben mit zwei Unbekannten bekam ich hin, aber wenn dann noch das *Z* dazu kam, sich Klammern, Bruchstriche, Wurzelziehen usw. in einer Aufgabe wiederfanden, war bei mir schnell finito.

In der neuen Schule saßen wir Kinder, je nach Anzahl der Schüler, zu je vier oder sechs Schülern an zwei oder drei zusammengestellten Tischen. Auf einen dieser Tische setzte Herr Geick sich gerne direkt vor die Nase der Schüler. Es waren Urban und mein Bruder Paul. Irgendwann bemerkten die beiden, wie in einer Unterrichtsstunde sein Hosenboden leicht flatterte, und sie begannen zu kichern. Herr Geick wusste natürlich warum, und das ging gar nicht … Ohauahauaha!

Auch er war, wie viele andere, die beim Militär gewesen waren, Kautabakpriemer und starker Raucher. Gegenüber der Klassentür hatte er auf der hohen Fensterbank im Flur seinen Aschenbecher mit angerauchten Zigarillos stehen.

Meistens schon vor Ende der Stunden war sein Nikotinspiegel so weit abgesackt, dass er dringend der Auffüllung bedurfte. So öffnete er die Tür, lief quer über den Flur zu seinen Zigarillos, steckte einen an, nahm ein paar Züge, legte ihn in den Aschenbecher und kam wieder in die Klasse zurück.

Als ich 1947 die Note *Ausreichend* in Rechnen in meinem Zwischenzeugnis fand, war ich enttäuscht und diskutierte diese Note in einer Pause mit meinem Schulfreund Udo. Der war auch unzufrieden, aber dreister und protestierte direkt bei Herrn Geick und nutzte dabei gleich die Gelegenheit, auch meine Unzufriedenheit zur Sprache zu bringen. Herr Geick ließ mich zu sich rufen. Alle bekamen das mit. Großes Treffen im Schulflur. „Du bist mit deiner Note in Rechnen nicht zufrieden, Chrisjan? Wie viel sind denn 4 ½ Prozent von 850 Mark?“ Diese Aufgabe im Kopf zu lösen, war ein paar Nummern zu groß für mich und ich begann zu flennen. Na ja, ich war damals elf Jahre alt und da darf auch ein Junge noch mal heulen, wenn er verlegen ist, sich schämt und in die Enge getrieben fühlt. Übrigens weiß ich heute zwar das Ergebnis dieser Aufgabe, aber eine ähnliche im Kopf zu rechnen, wäre ich nicht fähig. Ich hatte riskant und hoch gepokert. Ich hätte wissen müssen, dass sich an der Note nichts ändern würde. Auf der anderen Seite war Udos Vorgehen eigenmächtig gewesen.

Um das Kopfrechnen zu üben, stellte er uns gerne Kettenaufgaben. Eine Aufgabe war zu Ende gestellt. Alles brüllte falsche und richtige Zahlen durcheinander. Nichts war zu verstehen. Dann ich, klar und deutlich in eine kurze Geräuschlücke: „Einhundertfünfundzwanzig.“ – „Jaaa, da ist er!“, und er zeigte auf mich. „Natürlich Chrisjan mit seiner ruhigen, vernehmlichen Stimme!“, er wörtlich. Ja, ja, unverhofft kommt oft. Mitunter hatte sogar ich Glück in der Schule. Und das im Fach Rechnen.

Dank Vaters Nachhilfe konnte ich mit Ach und Krach dem Unterrichtsstoff im Rechnen folgen. Vater konnte alles, er konnte uns Niederschriften diktieren, wenn wir keinen Anfang wussten, er konnte sich schnell in alle Rechenarten reindenken und meine Brüder bei den Englisch-Hausaufgaben unterstützen. Häufig setzte er sich nach Feierabend mit mir hin und unterwies mich in Algebra. Immer wieder wurde es spät dabei, die Konzentration ließ nach. Wecken war im Sommer morgens um Viertel vor sechs. Dann in Eile frühstücken und fast zwei Kilometer per pedes zur Schule und mittags ebenso zurück. Aber ein bisschen hat diese Nachhilfe anscheinend doch gebracht; denn mit einem *Befriedigend* war ich im Fach Rechnen im Abschlusszeugnis dabei.

Deutsch lag mir besser als Rechnen. Ich konnte in den letzten Schuljahren fast fehlerlose Diktate schreiben und konnte in meinem Abgangszeugnis nicht mit einer *Eins*, aber mit einem *Gut* glänzen. Es war nicht einfach, bei Herrn Geick ein *Gut* zu bekommen. Gewisse Zweifel habe ich schon, ob ich diese Note wirklich verdient hatte; denn in Grammatik und Stil war ich damals schwach und bin es heute noch. Möglicherweise ist dieses Handicap zum Teil auf meine plattdeutsche Muttersprache zurückzuführen. Allerdings bin ich immer noch ein wenig stolz auf das Ergebnis des Testdiktats für die Landwirtschaftsschule im Herbst 1955 in Garding, das jedem designierten Schüler der Fachschule am ersten Tag abverlangt wurde, allerdings nicht als Voraussetzung für die Teilnahme an den beiden Semestern. Das Diktat ließen die Lehrer wohl schreiben, um einen groben Überblick über das Leistungsniveau der Schüler zu bekommen. Unter den vierundzwanzig Schülern waren ein Abiturient und ich die Einzigen, die keine Fehler gemacht hatten.

In einer Deutschstunde ging es darum, Zeugnisnoten für das Fach Lesen zu finden. Der Reihe nach mussten wir aus einem Buch lesen. Jeder einen Absatz, dann kam ohne Aufforderung der nächste Schüler an die Reihe. Jedes Mal, wenn sich jemand verlesen hatte, wenn z. B. Grete statt Sambesi *Sambessi* las und die Schüler das bemerkten, mussten sie laut Sambessi?, fragen. Und der Leser bzw. die Leserin musste sich dann korrigieren. Albernes Gelächter gab es, als Uwe Jans statt Tropenkrankheit *Trompetenkrankheit* las. Mich ließ Herr Geick dann hängen. Ich musste bis zum Ende der Stunde durchhalten und schaffte es, ohne anzuecken oder zu haken. „Lies ruhig weiter, Chrisjan." Vielleicht hat er darauf gewartet, dass ich mich verlas. Obwohl ich wegen eines einmaligen Verlesens wohl nicht den Hintern versohlt bekommen hätte.

Ein Satz aus einem Lesebuch, aus dem wir in einer Deutschstunde lesen mussten, ist mir gut in Erinnerung: *Er war das Ziel aller Augen.* Zum Ende der Lesestunde durften wir fragen, was wir nicht begriffen hatten. Einige Fragen wurden gestellt und Bedeutungen erklärt. Aber über diesen Satz war niemand gestolpert, er wurde nicht hinterfragt. So wurden *wir* denn gefragt, was er bedeutete. Tiefes, betretenes Schweigen. Niemand konnte sich unter diesem Satz etwas vorstellen. Dass wir nicht gefragt hatten, war sträflich und wurde der Reihe nach bestraft.

Herr Geick mag sich gesorgt haben, dass wir an Wochenenden – nur am Sonntag hatten wir schulfrei – Langeweile haben oder Unfug machen könnten. Jedenfalls gab es über viele Sonntage äußerst umfangreiche Hausaufgaben zu erledigen, z.B. Niederschriften, mindestens eine, lieber eine und eine viertel DIN-A4-Seite. Oder Aufsätze, zwei handgeschriebene DIN-A4-Seiten erwartete er. Ob nun Niederschrift oder Aufsatz, zu beiden Arbeiten wurden zum Inhalt passende Skizzen oder Zeichnungen erwartet. Auch größere, verzierte Anfangsbuchstaben waren damals sehr beliebt.

Der *Maulwurf* war Thema in Naturkunde gewesen. Also war die Wochenendaufgabe eine Niederschrift über ihn. Natürlich meinte ich, mir Mühe gegeben zu haben. Ich hatte einen Maulwurfskessel skizziert und einen verzierten Anfangsbuchstaben gezeichnet, allerdings den Maulwurf auf nur einer Seite abgehandelt. Herr Geick war mit der Arbeit nicht zufrieden. *Alter Faulpelz* hatte er sie mit roter Tinte kommentiert und mit *Befriedigend* bewertet. Das fand ich damals und finde es auch heute noch widersprüchlich. *Alter Faulpelz* und *Befriedigend* passen nicht zusammen.

Gefühlt mehrmals jährlich ordnete das Gesundheitsamt in jenen Jahren für die Schüler eine Reihenimpfung an. Jeder kam dran, wenn er es nicht verstand, sich aus dem Staub zu machen. Und jeder hatte Angst vor dem kleinen Pieks. Es wurde diskutiert, es zirkulierten Ratschläge, wie man sich verhalten sollte, um den Stich möglichst wenig zu spüren. Man sollte sich beispielsweise ruhig verhalten, um das Blut nicht in Wallung zu bringen.

Einer der ganz großen Angsthasen war Dirksen, genannt *Dicke*, ein Dreivierteljahr älter als ich und ein Schuljahr weiter. Als Dicke versuchte, sich heimlich vom Acker zu machen, wurde er gesehen, wie er sich auf sein Rad schwang und längs des Stockensteiges mit hohem Tempo nach Hause strebte. Sofort bekam eine Abordnung großer Jungen Weisung, ihm zu folgen und ihn zurückzubringen. Dicke sah das, trat noch fester in die Pedale und fuhr in seiner Angst, ohne abzusteigen oder sich an den Geländern abzustützen, nacheinander über drei nur 25 Zentimeter schmale Holzbrücken, die über die breiten Gräben gelegt waren. Das riskierten seine Verfolger nicht. Sie resignierten vor so viel Entschlossenheit und Wagemut und kehrten unverrichteter Dinge zurück.

Als ich eines Tages mit einer Clique Schulfreunde auf dem Rad zum Spieker zum Baden unterwegs war, bemerkte ich bald, dass im Vorderradschlauch zu wenig Luft war. Ich denke, Dicke hatte zum Geburtstag eingeladen, denn mit einer Horde Jungen stand er an der Straße. Ich hielt und fragte nach einer Luftpumpe. Sofort eilte er ins Haus, kam mit einer Pumpe zurück und begann mit einem ungewöhnlichen Eifer zu pumpen. Auch als ich bemerkte, dass es genug sei, pumpte er weiter. Plötzlich fiel es mir wie Schuppen von den Augen: Er wollte so viel Druck im Schlauch aufbauen, dass er platzen würde. Nun wurde es Zeit. Ich drängte ihn vom Rad, bedankte mich und wir fuhren weiter. Dieser Schlingel!

Urban

Alles war damals äußerst knapp, beginnend mit Papier über Lehrbücher bis zur Kreide usw. Zudem war das Schreibpapier in den Nachkriegsjahren von minderwertiger Qualität. An vielen Stellen im Papier gab es kleine Erhebungen aus Holzspänen, hinter denen sich die Feder des Federhalters häufig verhakte. Wenn man versuchte, die Späne zu entfernen, gab es Löcher im Papier. Wir schrieben mit Federhalter und Tinte aus Tintenfässern. Nur Urban war stolzer Besitzer eines wertvollen, von vielen Mitschülern begehrten Montblanc Füllfederhalters mit breit und wunderbar weich schreibender goldener Feder. Einige wollten ihm den Füller abkaufen oder ihn eintauschen. Doch Urban wollte nicht. Er war es auch, der uns eines Tages wissen ließ, dass er mehrere Karl-May-Bücher als Weihnachtsgeschenk erhalten hatte. Nun folgte eine Phase der Bettelei. Viele von uns waren versessen darauf, diese für Jungen hochspannenden Reiseerzählungen zu lesen. Urban war großzügig. Er lieh die Bücher an jeden, der sie lesen mochte, aus. Auch bei uns zu Hause waren sie wochenlang beliebtes Lesematerial. Noch gut erinnere ich mich an die Titel *Winnetou I* und *II*; *Der Schut* und *In den Schluchten des Balkan*.

Über Urban, der mitunter bereit war, allerlei zu riskieren, gibt es eine interessante Geschichte zu erzählen. Ich erinnere mich nicht mehr, ob wir ein Deutsch- oder ein Rechendiktat geschrieben hatten. Jedenfalls stellten einige von uns sofort nach Abgabe der Arbeiten fest, dass wir Fehler gemacht hatten und auch *welche*. Da Urban mit Herrn Geick in einem Haus wohnte, überredeten wir ihn, das für uns zu regeln. Urban wusste, dass er nach dem Mittagessen üblicherweise noch eine Weile am Tisch sitzen blieb und sich mit seinen Eltern unterhielt. Grundsätzlich stellte er seine Tasche mit den Arbeiten *vor* dem Essen im Treppenhaus ab. Genau diese beiden wichtigen Kriterien sollte Urban zum Korrigieren seiner und unserer Fehler nutzen. Er stand, unmittelbar nachdem er satt war, vom Tisch auf und lief aufgeregt und nervös ins Treppenhaus. Hier öffnete er die Tasche und suchte die zur Korrektur vorgesehenen Arbeiten heraus. Nachdem er die Fehler in zwei oder drei Arbeiten korrigiert hatte, ließen ihn seine Nerven im Stich. Er stopfte die Arbeiten in die Tasche und verschloss sie. Keine Sekunde zu früh; denn in dem Moment, als er die Treppenhaustür öffnete, kam ihm Herr Geick auch schon entgegen. Die Unterhaltung mit den Hansens war heute kürzer als üblich gewesen. Diese Schummelei war gerade noch mal gut gegangen. Nie wieder ließ Urban sich zu so einer riskanten Schummelei überreden.

Als Urban eines Tages mit dem kleinen, ein Jahr jüngeren Erich in Streit geriet, kam es zu einer handfesten Schlägerei, bei der der Ältere den Kürzeren zog. Beide verteilten flott ein paar Schläge, bis Erich einen Kinnhaken landen konnte und Urban sofort in die Knie ging. Nie mangelt es bei solchen Auseinandersetzungen an Zuschauern. Ruck, zuck schließt sich ein dichter Ring um die beiden Kampfhähne. So erging es auch mir, als ich eines Tages dem ein Jahr älteren Dicke gegenüber frech geworden war. Sofort fing ich einen Magenhaken vom ihm ein und brach zusammen. Wenn mich nicht jemand der Umstehenden reaktionsschnell aufgefangen hätte, hätte ich im Dreck gelegen. Wegen der vielen Zuschauer ist so etwas doch recht peinlich für den Unterlegenen; denn öffentlich zu leiden, ist doppelte Strafe, wenn zum Schaden auch noch Spott kommt.

Eine weitere Erinnerung aus meiner Schulzeit ist mir noch sehr präsent: Es geht um einen Unfall, den Herr Geick auf der Hofstelle Meinhard Hansens, der Ebensburg, hatte. Einmal im Jahr veranstaltete unsere Schule ein Kinderfest, für das die Jungen Ringstechen übten. Einige spannten ein Tau zwischen zwei Bäume, andere zwischen zwei Hecktorpfähle. Ein solches Tau, das Urban zwischen die beiden Hecktorpfähle zur Ein- und Ausfahrt der Hofstelle gespannt und vergessen hatte wegzunehmen, wurde Herrn Geick zum Verhängnis. Als er auf seinem Fahrrad mit Hilfsmotor in hohem Tempo die Warft hinunterrollte, fuhr er gegen das Tau, das ihn auf Höhe des Halses erfasste, und kam dabei zu Fall, verletzte sich aber nicht. Das beschädigte Fahrrad brachte er in den Stall zurück, holte sich seinen Handstock und machte sich zu Fuß auf die 2,8 Kilometer lange Strecke zur Schule.

Wegen seiner Verspätung standen bereits alle Schüler wartend auf dem Schulhof und sahen ihn schließlich bei Ketels um die Kurve kommen. In dieser kleinen halben Stunde Fußmarsch muss sich bei ihm – ich sage, verständlicherweise – eine ungeheure Wut angestaut haben. Wir ahnten, dass *dicke Luft* herrschte und dass es ungemütlich für uns werden könnte. Zielstrebig marschierte er zur Wandtafel, schmiss seine dicke Aktentasche in die Ecke, erstellte mit ein paar schnellen Kreidestrichen an der Wandtafel eine Skizze des Unfallortes, und wir mussten deren Bedeutung erraten. Als das Rätsel schließlich gelöst war, schnappte er sich den Verantwortlichen, klemmte ihn sich zwischen die Beine und versohlte ihm mit voller Kraft den Hintern.

Es war die Zeit, als kurze braune Lederhosen mit weißen Biesennähten gerade in Mode gekommen waren. Zu ihnen gehörten dicke, braune Knöpfe aus Hirschhorn mit weißen Rändern und zünftige lederne Hosenträger mit einem verzierten Querriegel. Links hatten die Hosen eine Seitentasche für einen Dolch. Leider hatten sie keine Gesäßtaschen. Ein Fliegender Händler hatte sie für 35,– Mark an den Haustüren angeboten. Er muss ein guter Kaufmann gewesen sein; denn ein großer Teil der männlichen Schüler trug sie nun. So hatte auch Urban an diesem Tag zum ersten Mal seine neue – allerdings eine graue – Lederhose an, auf die die Schläge mit hellem Knallen niedersausten. Und er behauptete später, sie hätte ihn relativ gut geschützt. Die Lederhosen wurden durchweg ein paar Nummern größer als erforderlich gekauft, so konnten wir hineinwachsen. Aufschleißen konnten wir sie ohnehin nicht, höchstens dass mal eine Naht aufging, die der Schuster dann nähte. Als ich versuchte, sie einige Jahre nach der Schulentlassung im Sommer als Arbeitshose zu tragen, musste ich jedoch zu meinem Bedauern feststellen, dass ich aus *meiner* herausgewachsen war. Aber dafür hatte mein zweiter Bruder etwas Solides über dem Hintern.

Um bei Urban zu bleiben, greife ich ungefähr fünf Jahre vor: Urban und ich gingen in der Landwirtschaftsschule in die gleiche Klasse. Eines Tages in einer Pause stellte er sich in einem Anfall von Übermut in die offenstehende Tür der Oberklasse, um laut hineinzusingen: „Jede Nacht um drei, werd' ich vor Sehnsucht wach. Diese Wachereihei, die macht …" Da stoppte er abrupt, weil er den Direktor der Schule, Herrn Hammerich, am Pult sitzen sah, der noch einen Text von der Wandtafel abschrieb, aber aufgrund der lustigen Szene amüsiert grinste.

Trotz der so viele Jahre zurückliegenden Schulzeit sorgt dieses für Urban etwas peinliche Erlebnis bei Zusammenkünften mit ihm immer mal wieder für laute Lacher bei Nichteingeweihten.

Werner

Weil er klein und schmächtig war, war unser Mitschüler Werner eines Wintertages gut zu gebrauchen. Ein im Gebäudeflügel der Schulklasse der Grootschool integrierter, ursprünglich als Hühnerstall genutzter Raum, war zum verschlossenen Kohlenlager umgewidmet worden. Hier lagerten nun die so wertvollen Wärmeenergiespender für den Ofen. Der Schlüssel war eines Tages nicht auffindbar. So bekam Werner Order, durch das Hühnerloch in den Kohlenraum zu kriechen und die notwendigen Kohlen nach draußen zu schaufeln. Am nächsten Tag konnte das Schloss dann mittels einer Bolzenschere geknackt werden.

Herr Geick nannte Werner einen kleinen Filou, wer ihn näher kannte, musste ihm beipflichten. Eines Abends sollte unsere Klasse in geschlossener Gruppe auf Fahrrädern nach Garding fahren und dort im Holsteinischen Hof eine Theateraufführung über Klaus Störtebeker sehen. Nach Ende der Vorstellung sollten wir *gemeinsam* nach Osterhever zurückfahren. Es war ausdrücklich Weisung ergangen. Werner war die Gruppe zu langsam. Er setzte sich ab und fuhr voraus. Er war überhaupt ein flotter Radfahrer und ein eleganter Schlittschuhläufer. Aber das nützte ihm alles nichts, am nächsten Tag gab es eine ernsthafte Standpauke und etwas auf den Hintern.

Ein anderes Mal trieb Werner seinen Schabernack mit alten Leuten. Er füllte eine leere Tabaktüte mit Spreu, umwickelte sie mit Tau, um sich mit dem Tauende in der Hand im mit Reet bewachsenen Graben zu verstecken. Als der nächste Radfahrer, ein Tagelöhner aus Osterhever, die Tüte sah, anhielt, abstieg und sich danach bückte, zog Werner die Tüte am Tau zu sich heran und rannte grinsend davon.

Aber auch Werners großer Bruder Uwe legte zumindest uns Jüngere ohne Skrupel rein. Eines Tages war jede Menge Strandgut angeschwemmt worden, jedenfalls so viel, dass er nicht alles, was er mitnehmen wollte, transportieren konnte. So bat er meinen Bruder und mich, auch unsere Karren mit seinem Strandgut zu beladen. Natürlich willigten wir ein, schließlich war er unser Nachbar, zumal er uns wiederholt versicherte: „Ik betahl jem dat chut." Naiv, wie wir waren, haben mein Bruder und ich uns mit seinem Strandgut abgeschleppt und es sogar zu seinen Eltern nach Hause gebracht. Nicht einmal eine Pfeife aus Lakritz, im Bäckerladen seiner Eltern für fünf Pfennige zu bekommen, machte er locker.

Ein weiteres Erlebnis, das ich mit Werner hatte, ist es noch wert, festgehalten zu werden. Wir waren bei steifem Nordwestwind mit unseren Rädern mehr oder weniger nach Garding gesegelt. Uns graute vor der Rückfahrt, die unvermeidbar war. Kurz hinter Garding, aus dem Wind war inzwischen ein Sturm geworden, strampelten wir Richtung Norder-Hever-Koog. Ganz langsam überholte uns der Spediteur Bock aus Garding mit seinem dreirädrigen Tempo-Lieferwagen. Sein Auto war mit einem 250-cm³- Einzylinder-Fichtel & Sachs-Motor ausgerüstet, also völlig untermotorisiert, und kämpfte schwer gegen den Sturm. Durch raschen Blickkontakt verständigten Werner und ich uns, konnten ihn einholen und die Seitenklappe seines Autos ergreifen, uns anhängen und mitschleppen lassen. Das hielt Herr Bock für keine gute Idee. Er hielt an, stieg aus und verjagte uns laut schimpfend und mit der Faust drohend. Aber er musste ja wieder einsteigen, um weiterfahren zu können. Er war mit seinem Auto nicht wesentlich schneller als wir mit unseren Rädern. Schnell hatten wir ihn wieder eingeholt und uns erneut angehängt. Drei Mal stieg er aus und verjagte uns laut schimpfend. Dann resignierte er und schleppte uns bis in den Koog. Mut, Frechheit und Dreistigkeit siegen ja mitunter, aber heute wäre so etwas doch wohl undenkbar.

Über eine Fehleinschätzung, der wir beide unterlagen, möchte ich noch gerne berichten. Bis zum Dunkelwerden waren wir einen ganzen Nachmittag, mit einer Vielzahl von Schulkameraden, Schlitten gefahren. Immer noch mal den Innendeich hinunter. Der Schnee war längst hart gefahren und die Schlitten liefen auf Teufel komm raus. Aber wir meinten, es könnte noch besser werden, wenn wir den Deichabschnitt, den wir befuhren, mit Wasser begießen und dieses Wasser über Nacht gefrieren lassen würden. Wir holten uns also Eimer, schlugen ein Loch ins Eis des anliegenden Grabens und gossen eine Dreiviertelstunde lang eimerweise Wasser auf unsere Schneeschlittenbahn. Was wir nicht bedacht hat-

Schulfreunde. Werner Hans; der Autor; Uwe Jans

ten, war, dass das Wetter umschlagen könnte. Und es schlug um. Wir hatten eine Rechnung ohne den Wirt gemacht. Am nächsten Morgen regnete es auf unsere feine Schlittenbahn von gestern.

Wenn wir in den Kriegsjahren zu Fuß den Schlackenweg neben dem Norderdeich zur Schule liefen, kam uns oft ein Zigarren schmauchender Tagelöhner auf dem Rad entgegen, der zur Arbeit in den Koog fuhr. Jedes Mal, wenn er uns begegnete, merkten wir an dem unangenehmen Geruch, der ihm wie ein Kometenschweif folgte, dass er direkt vom Klo kam und dort geraucht hatte. Aber wir bewunderten ihn für sein *Schnurgeradeausfahrenkönnen.* Es sah aus, als wenn er fahren konnte, ohne den Lenker zu bewegen.

An diesem schmalen Schlackenweg standen eine Reihe Häuser. In einem dieser Doppelhäuser wohnte eine fünf- oder sechsköpfige Familie. Mit ziemlicher Regelmäßigkeit wuchs sie Jahr um Jahr um einen weiteren Kopf. Als wir mittags auf dem Nachhauseweg waren und die erneut hochschwangere Mutter vor der Tür wuseln sahen, sagte Werner: „Kiek di dat an Chrüschon, E… hett a wa een Spitzköhler.“ (Sieh dir das an Christian, E… ist schon wieder schwanger.)

In diesem Doppelhaus gab es auch einen kleinen Stall, in dem Onkel Scheele die Tiere versorgte. An einem 1. April sahen wir ihn mit zwei Eimern Wasser laufen. Auf typische Schulkinderart wollte Werner ihn auf den Arm nehmen und rief ihm warnend zu: „Mensch Onkel Scheele, de eene Ammer leckt je.“ Prompt stellte der einen Eimer ab, verfolgte uns, das Wasser aus dem anderen Eimer hinter uns herschüttend, und brüllte: „Ja, passt man op, dat jem ni chliecks lecken doot.“ Wir waren natürlich viel zu flink, als dass uns der nasskalte Segen erreichen konnte.

Im Nachbarhaus wohnte Lotte Gertz. Ihr Mann war nicht aus dem Krieg zurückgekehrt. Sie hatte die große Graft vor ihrem Stall kleien lassen. Jeden Schultag mussten wir dort vorbei. Nun war das sogenannte *Kitzeln* bei den Schülern in Mode, das bedeutete, einen flachen Stein so niedrig über die Wasserflächen zu werfen, dass er auf dem Wasser mehrere Sprünge machte. Unbedacht ließ auch ich einen Stein springen. Von der Küche aus sah Tante Lotte unser Tun, klopfte mit etwas Hartem an die Fensterscheibe und hieß uns so zu warten. In meiner Unbedarftheit blieb ich stehen. Wütend lief sie direkt auf mich zu und verpasste mir, ohne Vorwarnung und ohne zu schimpfen, eine schallende Ohrfeige. Es dauerte lange, bis das aus der Nase strömende Blut zum Stillstand kam. Als ich nach Hause kam und Mutter den Grund meines Nasenblutens erklärte, machte sie sich zu Fuß auf den Weg und beschwerte sich. Tante Lotte rechtfertigte ihr hartes Vorgehen, in dem sie sagte, ich hätte einen ganzen Armvoll Dreck in ihre frisch gekleite Graft geworfen. Ich will mein Tun nicht schönreden, natürlich hatte ich

Unrecht getan. Aber eine ordentliche Standpauke hätte mich vielleicht auch gelehrt, zukünftig etwas länger zu überlegen, was ich anstelle. Aber so war es damals. Wer überlegen war, teilte aus. Die Denkzettel folgten auf dem Fuße.

Uwe

Als Uwe und ich in einer Pause wegen unterschiedlicher Auffassungen nach gegenseitigen verbalen Attacken, mehr aus Spaß, zu rangeln begannen und Herr Geick das mitbekam, schimpfte er nicht los, dass wir aufhören sollten, sondern setzte sich ins Gras und sagte: „Macht ruhig weiter, Jungs!“, und schaute uns zu. Im Nu versammelten sich alle Schüler unserer Klasse um uns herum. Ich war, obgleich um die acht Monate älter als Uwe, der Unterlegene. Ruck, zuck klemmte er mich in den Schwitzkasten, aus dem es trotz größter Anstrengungen kein Entrinnen gab. Allerdings war die Niederlage selbst nicht so unangenehm wie das Wissen um die vielen Zuschauer.

Eine Erzählung von Herrn Geick bestätigte mir meine Sicht der Dinge. Er hatte in Westerhever auf einer Schleusenmauer gesessen und war mitsamt seinen Klamotten ins Wasser gefallen. Das Erste, was er tat, nachdem er die Graskante hochgekrochen war, war ein Rundumblick, um festzustellen, ob jemand sein Missgeschick beobachtet haben könnte. Also, wenn jemandem, warum auch immer, ein kleines Malheur passiert, ist das nicht weiter tragisch. Schlimm und peinlich wird es erst, wenn es andere mitbekommen und vielleicht noch schadenfroh grienen.

Mit Uwe hatte ich mich an einem heißen Sommertag zu einer Fahrradtour nach Tönning, immerhin zwanzig Kilometer entfernt, verabredet. Unser Freund Richard lag dort schon einige Wochen mit Hüftgelenkproblemen im Krankenhaus. Es war heiß, sehr heiß. Wir hatten nichts zu trinken dabei. Um unseren Durst zu löschen, wollten wir auf der Rücktour für jeden eine Flasche Brause in der Gastwirtschaft von Fritz Voss in Warmhörn kaufen. Gemeinsam mit seiner Frau war er dabei, Tiere zu wiegen. Als wir ihn um zwei Flaschen Brause fragten, sagte er: „Nee, hüüt chiff dat hier nix to drinken." Maßlos enttäuscht stiegen wir wieder auf unsere Räder. Es musste so gehen.

Als Richard nach längerem Unterrichtsausfall wieder in die Schule kam, sollte er in der ersten Deutschstunde einen Satz mit einem Partizip bilden. Er stand auf, aber weil ihm spontan kein Beispiel einfiel und es Herrn Geick zu lange dauerte, bildete dieser verärgert selbst, Bezug nehmend auf Richards krankes Bein, den Satz: „Das Bein schwingend, fiel ich vom Misthaufen, wie?" Daran, ob Richard dieses Mal den Stock zu spüren bekam, erinnere ich mich nicht mehr.

In den großen Ferien 1951 hatten Boye, Urban, Uwe Alberts, mein Bruder Paul und ich uns verabredet, eine fünftägige Radtour durch das nördliche Schleswig-Holstein zu machen. Von Anfang an stand fest, dass sie nicht viel kosten durfte. Den Proviant hatten wir zum Teil schon dabei. Milch für Suppe wollten wir unterwegs bei Bauern kaufen. Auch wollten wir fragen, ob wir bei ihnen auf den Heuböden übernachten durften. Beides lief nach Plan. Aber Milchsuppe zu kochen, haben wir in den fünf Tagen nicht gelernt. Jedes Mal bildeten sich beim Einrühren des Puddingpulvers Klumpen, so dass wir die Suppe nur widerwillig aßen. Weil sie eigentlich nicht genießbar war, nannten wir sie abwertend *Eiderstedter Klütensupp.*

Die Räder von Boye, Urban und Uwe waren schon damals mit Dreigangschaltungen ausgerüstet. So fuhren sie meinem Bruder und mir in den Angeliter Hügeln schon mal davon.

Eines Tages bekam Uwe, ausgerechnet der ehrgeizige Uwe, einen Platten. Es nützte nichts, das Rad musste auf den Kopf gestellt und das Hinterrad ausgebaut werden. Uwe war das Ganze so peinlich, er schämte sich so, dass ihm die Tränen auf den zu flickenden Schlauch tropften.

Bis auf eine Nacht, in der uns Heumilben schwer zu schaffen machten, war das Übernachten auf fremden Böden für uns Jungs kein Problem.

Dicke Luft

Jeder bekam bei Herrn Geick mal den Hintern versohlt. Der eine häufiger, der andere weniger häufig. Natürlich hatte auch er, wie fast alle Lehrer, seine Lieblinge, die er bevorzugte. Ich denke, dass er versucht hat, gerecht zu sein, was er aber längst nicht immer war. Viele Schüler bekamen die Weidenrute wegen Lappalien zu spüren, weil es dem Herrn Lehrer in den Fingern juckte. Sie bekamen auch Prügel, wenn es keinen Grund dafür gab. Man kann sagen, so ging es uns allen mehr oder weniger. Trotzdem haben sich unsere Eltern deswegen nie bei ihm beschwert.

Bei bis zu neun Fehlern in Diktaten gab es für jeden Fehler einen Schlag auf den Hintern, dann war Schluss. Bei über neun sollte die psychologische bzw. moralische Keule wirken, sie sollte mindestens ebenso schmerzen wie die physische. Bei einigen Schülern mag es vielleicht so gewesen sein, andere waren froh, so davongekommen zu sein.

Einmal im Jahr wurden wir in den Nachkriegsjahren von einer Wiegekolonne gewogen. Jeder musste sich auf eine Dezimalwaage stellen, und alle, die Gewicht verloren hatten, bekamen den Hintern versohlt. Jeder wusste, es wurde nach Gründen gesucht, den Knüppel nicht kalt werden zu lassen. Natürlich versuchten einige, sich zu schützen, entweder durch dickere Hosen oder es wurde ein Kaninchenfell zwischen Hose und Unterhose geschoben. Das jedoch waren Spielereien, die nicht wirklich etwas brachten. Peinlich wurde es dann, wenn das Fell bemerkt und vor der Klasse herausgezogen wurde. Wir konnten diesbezüglich wenig, genau genommen nichts machen, wir mussten da durch.

Nach einer Stunde Vertretungsunterricht in der Unterklasse hatte Herr Geick festgestellt, dass Reimer, unser Nachbarssohn, unsicher war, was die Begriffe *Wohlbehagen* und *Unbehagen* betraf. Herr Geick testete ihn mehrfach, indem er ihn streichelte oder ihm den Hintern versohlte. Bekam er den Hintern versohlt, antwortete er, völlig verunsichert mit *Wohlbehagen.* Wurde er gestreichelt mit *Unbehagen.* Nun wurde er am nächsten Tag für erneute Tests in die Oberklasse zitiert. Da stand er nun alleine vor all den großen Klugscheißern und schmiss die Begriffe immer wieder durcheinander. Er kam schließlich davon, indem er nach einem Streicheln „Wouhnbehagen" nuschelte und Herr Geick wohl *Wohlbehagen* verstand. Oder vielleicht hatte er Gnade vor Recht ergehen lassen, um ihn nicht länger zu quälen. Er würde den Unterschied nicht begreifen.

Aber auch mein Bruder und ich hatten vor allem in Grammatik riesige Probleme. Immer wieder ertappte Herr Geick uns dabei, wie wir *mir* und *mich* durcheinanderschmissen. Er meinte: „Es gibt nichts Einfacheres. Ihr braucht nur *wem* oder *wen* zu fragen." Für uns indessen lagen das *m* und das *n* phonetisch so dicht beieinander, dass fast immer beides passte. Bei mir ist die Unsicherheit bis heute geblieben. Auch ein Grund, dass ich am liebsten Plattdeutsch spreche.

Eine riesige Enttäuschung ist in diesem Zusammenhang die Rechtschreibreform von 2006. Es ist bedauerlich, dass von der Kultusministerkonferenz in Grammatik überhaupt keine Vereinfachungen beschlossen wurden. Die Groß- und Kleinschreibung ist kompliziert wie eh und je. Obgleich einige kluge, mutige, vorausschauende Leute aus der Kultusministerkonferenz Vorschläge gemacht hatten, das englische Modell zu übernehmen, konnten sie sich leider gegen die ewig Gestrigen nicht durchsetzen. Einzig bei der Getrennt- und Zusammenschreibung kann von einer ganz winzigen Reform gesprochen werden, weil bei einigen Wörtern beide Varianten erlaubt sind.

Unser Duden ist ein Wälzer mit 2016 Seiten und mehr als 500000 Anwendungsbeispielen sowie Angaben zur Rechtschreibung, Herkunft, Grammatik und Stil. Kaum jemand kann all diese Wörter, im Wörterbuch auch noch in kleinster Schriftart abgedruckt, richtig schreiben. Von einer geplanten Reform, deren Sinn es letzten Endes sein sollte, Kinder das richtige Schreiben leichter erlernen zu lassen, ist nach vielem Getöse nicht einmal ein Reförmchen geblieben. Lehrer Geick vermutete, dass im deutschsprachigen Raum vielleicht nur ein oder zwei Leute fehlerlos schreiben können.

Wenn Herr Geick sich über irgendetwas geärgert hatte, konnte er ungemütlich werden. „Ich kann auch anders, meine Henn,[14] dann könnt ihr was erleben, dann werde ich mit euch Schlitten fahren, dann wird sein Heulen und Zähneklappern." Ja, dieses Zitat, das er leicht abgewandelt dem Matthäusevangelium Kapitel 13, Vers 50 entlehnt hatte, hörten wir oft aus seinem Munde. Gott sei Dank wird nichts so heiß gegessen, wie es gekocht wird. Er hielt diese Dickeluftstimmung nie lange durch. Mitunter schon nach wenigen Stunden, spätestens jedoch nach einem oder zwei Tagen, war er wieder der Alte.

Irgendwie hat in der Schule in Osterhever in all den Jahren ein großer, mutiger Junge gefehlt, der unserem Herrn Lehrer nur einmal eine richtige Abreibung, einen Denkzettel verpasst hätte. Und wenn er ihn nur angehoben hätte, wenn dieser sich ihn für einen strammen Hosenboden zwischen die Beine geklemmt hatte.

Eines Tages, gleich am frühen Morgen, bekam mein Bruder Paul unerwartet und nach seiner Meinung unbegründet den Hintern versohlt. Nachdem diese Arbeit getan war, fragte Herr Geick ihn, ob er wisse, warum er Schläge bekommen habe. Paul wusste es nicht. Am Vortag hatte Herr Geick einen Auswärtstermin gehabt und seine Frau hatte ihn vertreten und uns unterrichtet. Es fiel ihr zusehends schwer, Disziplin in der Klasse zu halten. Auch mein Bruder wird aus ihrer Sicht auffällig gewesen sein. Sie griff sich seinen noch von der Schulspeisung auf dem Tisch liegenden Löffel und schlug ihm damit auf die Wange. Das war nicht so arg schlimm. Schlimmer war da schon, dass sie ihn bei ihrem Mann verpetzt hatte. So klärte der ihn dann auf: „Mit dem Löffel haste einen kriegen müssen."

Gerhard Blüm war so ein armer Teufel, der häufiger als andere über die Bank gezogen wurde, um ihm den Hintern zu gerben. Eines Sommertages machte unsere Klasse geschlossen eine Wattwanderung hinaus an die Hever. Ausdrücklich war wieder Weisung ergangen, auch auf der Rücktour in geschlossener Gruppe zu laufen. Doch schon bald wich Blüm von dem vorgegebenen Rückweg ab. Erst blieb er unauffällig zurück, um dann flott diagonal zum Außendeich zu laufen. (Der nächste Weg für ihn, um nach Hause zu kommen.) Schon bald war er nur noch schemenhaft auf dem Watt erkennbar. Mehrmals hörten wir Herrn Geick sagen: „Na warte, mein Freund, du kannst was erleben." Am nächsten Morgen war es dann so weit.

Als Augenzeuge ist mir von Blüm noch ein Erlebnis in Erinnerung. Er war längst konfirmiert und aus der Schule entlassen. Wir hatten Pause und standen mit Herrn Geick, unsere Brote essend und uns unterhaltend, auf dem kleinen Schulhof, der direkt an die Dorfstraße grenzte, als Blüm auf dem Rad vorbeifuhr, wohl grüßend, aber nicht, wie es sich gehörte, die Mütze abnahm. Herr Geick, darüber ärgerlich, rief ihn mit dem Zeigefinger heranwinkend zu sich. „Komm doch mal her, mein Freund." Blüm, nichts ahnend, kam heran und fing sich, nachdem er sich eine Standpauke über Ehrfurcht und Respekt Älteren und im Besonderen seinem alten Lehrer gegenüber angehört hatte, eine schallende Ohrfeige ein und bekam den Hinweis mit auf den Weg: „Nächstes Mal, wenn's de mich triffst, nimmste gefälligst die Mütze ab, wie?!"

Am nächsten Morgen klopfte Blüms Mutter an die Klassentür. Herr Geick lief zu ihr in den Flur. Wir konnten keine Einzelheiten dieses langen und lauten Disputs verstehen. Natürlich wussten wir jedoch, um was es ging.

Wenn die Schüler unserer Klasse etwas länger ohne Aufsicht waren, wurden sie immer lauter – sie wussten sich so viel zu erzählen. So öffnete Herr Geick zwischendurch die Klassentür und rief herein: „Meine Henn, ich wanne[15] euch!" Immerhin sackte dann der Gesprächslärmpegel kurzzeitig ab.

Unter Ehepaaren ist Arbeitsteilung durchaus etwas Normales. So trieben es auch die Geicks bis zur Perfektion. Denn in Frau Geicks Unterklasse gab es Schüler, denen mitunter das Fell juckte, gegen das nur eine Tracht Prügel etwas ausrichten konnte. Sich jedoch die Köpfe solcher Rüpel zwischen die Beine zu klemmen, den Hosenboden stramm zu ziehen und den Knüppel darauf tanzen zu lassen, stand Frau Geicks Hemmschwelle entgegen. In ihren Zuständigkeitsbereich rückte die Bestrafung der kleineren Unartigkeiten, denen sie mit Schlägen auf Fingerspitzen oder mit Ohrfeigen begegnete. Bei ganz schlimmen Fehlverhalten gab sie Weisung, dass die Übeltäter – nur Jungen – der Oberklasse einen Besuch abstatten und sich dort von ihrem Mann das Fell gerben lassen sollten. Nach empfangener Strafe trotteten die Deliquenten, der eine vielleicht weinend, der andere grinsend – ein Indianer kennt keinen Schmerz! – in ihre Klasse zurück.

Geprügelt wurde in Osterhever fast täglich. Somit war eine solch kurze Unterrichtsunterbrechung keine aufregende Angelegenheit. Niemand schüttelte den Kopf oder dachte: Diese armen Schweine.

Aus meiner Schulzeit gibt es noch eine weitere Geschichte zu erzählen: Herr Geick war ein Mann, der modern eingestellt war und meistens mit der Zeit ging. Als es ihm finanziell etwas besser ging, hatte er sein Fahrrad mit Hilfsmotor in die Ecke gestellt und sich ein kleines DKW-Motorrad mit 98 cm^3 gekauft. Während der Unterrichtszeiten stellte er es in der zur Schule gehörenden Garage unter. Die Tür stand offen und wir Schüler standen um die Neuanschaffung herum und begafften sie. Ede Manderla kam dem Gefährt zu nahe, berührte es und es kippte um. Zwar wurde es umgehend wieder aufgestellt, aber der Besitzer hatte Wind davon bekommen. Sofort war dicke Luft und die Pause beendet. Es gab eine ellenlange Standpauke vor der versammelten Klasse, die mit dem Satz endete: „Das ist ja das Schmarotzertum des deutschen Volkes." Weder damals noch heute finde ich einen Zusammenhang zwischen diesem Satz und dem von Ede versehentlich umgestoßenen Motorrad. Er hatte einfach Pech gehabt. Aber es gab einen Grund, ihm gehörig das Fell zu versohlen.

Weniger fortschrittlich war Herr Geick dagegen in einer anderen Angelegenheit. Es mag irgendwann zwischen 1947 und 1949 gewesen sein. Unsere Oma Osten hatte meinem Bruder und mir je einen Kugelschreiber geschenkt. Wir waren die Ersten, die ein solch modernes Utensil mit in die Schule brachten und benutzen wollten. Unmittelbar, nachdem Herr Geick die Dinger bei uns gesehen hatte, war dicke Luft und er verhängte ein totales Kugelschreiberverbot für alle. Der *Kuli* wurde, soweit ich mich erinnere, bis zum Ende meiner Schulzeit aus der Schule verbannt. Man muss Herrn Geick zugutehalten, dass die Schreibqualität der ersten Kulis längst nicht der der heutigen entsprach. Die Tinte floss unregelmäßig, sie schmierten. Den Siegeszug dieses heute unentbehrlich scheinenden Schreibwerkzeugs hat er mit seinem Verbot allerdings nicht aufhalten, nur ein wenig verzögern können.

Alfred

Später, als ein Teil der Flüchtlinge in andere Teile Deutschlands verzogen war, saßen wir nur noch zu viert oder fünft in den Bänken. Plötzlich hatte Alfred, mein Platznachbar, der auch Französisch singen konnte, etwas gefunden. Er zeigte es mir und sagte: „Ik wies Cheick dat." Das hörte der, regte sich fürchterlich auf und brüllte herum, wie es denn mit unserer Höflichkeit und Achtung gegenüber Vorgesetzten und Erwachsenen bestellt sei. Unter anderem sagte er: „Noch bin ich euer Herr, meine Henn!" In Gedanken sehe ich noch deutlich, wie Alfred vor Schmerz seinen Mund verzog, als er am Gürtel über die Bank gezogen und mit schnellen, harten Schägen „verjackelt" wurde.

Alfred war ein äußerst musikalischer Junge. Schon früh hatten seine Eltern seine Begabung erkannt und dafür gesorgt, dass er Musikunterricht und ein Knopfgriffakkordeon bekam. Eines mit Knöpfen – nicht nur auf der Bass-, sondern auch auf der Melodieseite, bei der, je nachdem, ob die Quetsche auseinandergezogen oder zusammengedrückt wurde, unterschiedliche Töne erklangen. Trotz Musikunterrichts hat Alfred das komplizierte Notenlesen nie so richtig begriffen, brauchte er auch nicht. Er drückte die richtigen Knöpfe für die flottesten Lieder nach Gefühl. Er konnte das. Ich habe ihn für seine Musikalität bewundert und beneidet zugleich. Ich traute ihm zu, dass er frei improvisieren konnte. Für einige Stücke hatte er sogar ein Präludium parat.

Bei einer Weihnachtsfeier der Berufsschule bat unser Fachlehrer Herr Kempe Alfred, ein paar Lieder nach *seiner* Wahl zu spielen. Und er legte los: „Morgen will mein Schatz verreisen, siehste woll, Abschied nehmen mit Gewalt, siehste woll. Draußen singen schon die Vögel, singen schon die Vögel in dem dunkelgrünen Wald, siehste woll. Denn es ist ja so schwer, aus der Heimat zu geh 'n, wenn die Hoffnung nicht wär, auf ein Wieder-, Wiederseh'n. Lebe wohl, lebe wohl, lebe wohl, lebe wohl, lebe wohl, auf Wiederseh'n." Da kam bei uns Jugendlichen echte, fröhliche Weihnachtsstimmung auf. Leider blieb es bei der einen Strophe dieses flotten Abschiedsstücks; denn Herr Kempe schlug vor, Alfred möge doch lieber auf sein Weihnachtsliederrepertoire zurückgreifen.

Genauso musikalisch, wie er war, so stark war er auch. In einer Pause kam es aus Übermut zu einer Rangelei mit ihm. Vier oder fünf Schüler fielen über ihn her und wollten ihn runterkriegen und klebten wie die Kletten an ihm. Er machte sich frei, indem er sich kurz wie ein nasser Bär schüttelte. Da stand er und grinste uns bedeppert dreinschauende Schwächlinge an.

Auf dem Tonnenhof in Tönning, auf dem er später jahrelang arbeitete, hat er einen rund fünfhundert Pfund schweren Betonklotz mit *einer* Hand an einem eingemauerten Haken ziehend, leicht anheben können. Dabei hatte er allerdings den anderen Ellenbogen auf dem Knie abgestützt.

Lehmann Siegga

Eine Episode aus Lehmann Sieggas Leben muss unbedingt noch zu Papier. Wie so viele unserer Mitschüler war Siegfried Lehmann – von uns *Lehmann Siegga* genannt – Flüchtling, sprach einen anderen Dialekt und wurde von uns häufig gehänselt. Ich kann mich davon nicht freisprechen, auch ich habe Mitschüler geärgert. Heute bedauere ich das.

Bis auf Siegfried Lehmann sprach Herr Geick alle seine Schüler mit Vornamen an. Eines Tages hatte Lehmann wegen mehrerer Fehler im Diktat den Hintern versohlt bekommen. Herr Geick fragte den heulenden Lehmann: „Lehmann, was hatte denn dein Vater für einen Beruf?“ Lehmann darauf mit kläglicher, weinerlicher Stimme: „Mauaurer“[16] – „Lehmann, was willste denn mal werden?“ Lehmann darauf erneut: „Mauaurer.“

In allen Jahren nach dem Krieg war in einer Sommerwoche von Donnerstag bis Sonntag Jahrmarkt in Garding. Das war für uns ein großes Ereignis und fast alle Schüler fuhren auf ihren Rädern dorthin. Wie wir schon mehrfach festgestellt haben, kümmerte Herr Geick sich auch um Angelegenheiten, die ihn eigentlich nichts angingen. So wurden am Montagmorgen danach die Schüler der Reihe nach befragt, wie viel Geld sie auf dem Jahrmarkt ausgegeben hatten. Die genannten Beträge lagen zwischen 2,50 und 3,50 Mark. Nur Lehmann hatte angeblich 32,20 Mark ausgegeben. Das ging überhaupt nicht. Ausgerechnet ein Flüchtlingskind verprasste Unsummen auf einem Jahrmarkt. So etwas musste mit einer ordentlichen Tracht Prügel bestraft werden. Das ging auf keinen Fall anders.

Wie schon gesagt, alles war knapp, auch vernünftiges Schuhzeug. Wir liefen, wenn nicht barfuß oder in mit roten Flicken geflickten Gummistiefeln, in Lederschuhen mit untergenagelten Holzsohlen. *Holzschuhglubbers* nannten wir sie. Um ein zu schnelles Verschleißen des Holzes zu verhindern, wurden passend zurechtgeschnittene Fahrradreifenteile mit Blaustiften untergenagelt. Viele Schüler, so auch Lehmann, kamen auf flachen Holzpantinen in die Schule, in die man ähnlich wie in Pantoffeln hineinschlüpfen konnte. Eines Tages kam Lehmann mit einem, von seiner Mutter gestrickten, neuen Rollkragenpullover angelaufen. Das hatte kaum jemand bemerkt. Ein gefundenes Fressen für uns Mitschüler war, als er nach ein paar Tagen in dem selben Pullover, aber ohne Rollkragen erschien. Er war einfach, ohne ihn danach an der Schnittstelle umzunähen, abgeschnitten worden. Vielleicht, weil ihm die harte Schafwolle am Hals gekratzt hatte. Jede Gelegenheit nutzten wir ihn zu uzen: „Lehmann Siegga seine Muut'r hat den Kraagen abgeschniet'n."[17] Damit hatten wir übertrieben. Lehmann ärgerte das, er schimpfte, sann auf Rache und verfolgte uns mit den Worten: „Au warte, du bekommst!" Wir rissen aus. Weil er uns jedoch wegen seiner flachen, locker sitzenden Holzpantinen nicht einholen konnte, zog er sie aus und schmiss damit nach uns. Ja, Lehmann hatte es nicht leicht in der Schule, er musste eine Menge wegstecken. Heute würde man wohl von *Mobbing* sprechen.

Lehmann Siegga hatte, als er als Flüchtling zu Herrn Geick in die Oberklasse kam, einen Vers mitgebracht, den auch

Geick noch nicht kannte. In allen Erdkundestunden, in denen Lehmann etwas gefragt wurde und keine richtige Antwort parat hatte, musste er ihn zum Amüsement der Schüler und auch des Lehrers zum Besten geben: „Ich bin ein toller Italiener, unser Land das wird ja immer kleener. Sizilien ham se uns jenommen, in Rom, da werrn se ooch noch kommen." Wer nun den Italienern etwas weggenommen hatte, ist leider nicht diskutiert worden und war mir weder damals, noch ist es mir bisher klar geworden. Aber Lehmann Siegga kam mit seinem Vers gut an. Er konnte einige Punkte sammeln.

Bratkartoffeln in Muckefuck

Unter den Flüchtlingen gab es ein paar Schulschwänzer. Sie fehlten allenthalben – auch Hausaufgaben machten sie selten oder nie – und gaben vor, erkrankt zu sein, standen jedoch schon länger im Verdacht, einfach keine Lust zu haben. Weil ich Beteiligter eines Kommandos war, das so einem Fall auf den Grund gehen sollte, ist er mir in besonders guter Erinnerung. Es ging um Harry, der mit seiner Mutter und seiner Schwester Christel bei Helm Ketels einquartiert war. Von uns wurde er nur der *Saame Haary* genannt, weiß der Teufel aus welchen Gründen auch immer. Wir wurden also mit drei oder vier Schülern zu Ketels geschickt und drangen bis zu Harrys Zimmer vor, klopften an die Tür und fanden ihn im Bett. Unser Befehl an ihn lautete: „Aufstehen, anziehen, Ranzen schnappen und mitkommen." Er tat tatsächlich wie befohlen und lief mit uns gemeinsam zur Schule und setzte sich in seine Bank. Von der Begrüßung, die Herr Geick für ihn bereithielt, ist mir leider nichts mehr in Erinnerung. Sicher wird er ernsthaft gerügt und ermahnt worden sein.

Er war auch einer von denen, die andauernd die Krätze hatten. Ein Bild, das sich mir eingeprägt hat, sind seine rot- und kaputtgekratzten Kniekehlen.

Auch ich gehörte zu denen, die sich eines Tages mit Krätze angesteckt hatten. Und das kam so: Vater hatte für die Zeit der Kohlernte als Aushilfe einen Jungen Mann aus Tönning angestellt. Zu der Zeit hatte Vater eine tragende Färse dorthin verkauft, die der Junge Mann und ich zu Fuß zum Käufer bringen sollten. Man stelle sich vor, *eine* Tour war immerhin zwanzig Kilometer, die wir mit einem hochträchtigen Tier am Halfter laufen mussten. Nach dieser Tour war der Tag rum, es war Abend geworden. Quartier nahmen wir, wie abgesprochen, bei den Eltern des Jungen Mannes. Das Abendessen war auch ein Ausdruck der allgemeinen Lebensmittelknappheit, es gab in Muckefuck angerichtete Bratkartoffeln. Weil ich das so nicht kannte, war diese Kost für mich gewöhnungsbedürftig. Aber ich hatte Hunger und der trieb sie hinein. Mutter hatte immer etwas Fett für Bratkartoffeln und zum Bestreichen der Brotschnitte auftreiben können. Aber das war auf einem landwirtschaftlichen Betrieb natürlich einfacher als in der Stadt. In Tönning war es wie überall, Wohnraum und Betten waren knapp, so dass ich mir mit dem Jungen Mann ein Bett teilen musste. Und schon begannen Milben mit ihrer Wühlarbeit, Bohrgänge zwischen Zehen und Fingern und in die Kniebeugen zu bohren.

Natürlich waren auch mein Bruder und ich nicht davor gefeit, geärgert zu werden. Es war die Zeit der Carepakete, von denen wir von unseren Angehörigen in den USA etliche erhielten. In einem dieser Pakete waren unter anderem eine gebrauchte Lederjacke und eine Jacke aus einer Art Wachstuch mit einem breiten, dicken Fellkragen. Es mag eine ausrangierte Fliegerjacke gewesen sein. Irgendwie waren beide auf jeden Fall auffällig und passten wohl nicht in die damalige deutsche Modewelt. Wir ahnten so etwas von Anfang an und zogen sie nur widerwillig und unter Protest an. Wir mochten uns mit diesen Jacken bei unseren Mitschülern nicht sehen lassen. Jedoch bei schlechtem Wetter zwang Mutter uns hinein. Kinder sind grausam, sagt man. Wir Kinder jedenfalls freuten uns im Laufe der Zeit nicht mehr so sehr auf die Carepakete wie auf die ersten, obgleich immer wieder reichlich Süßigkeiten geschickt wurden.

Anno 1950, es mag auch 1949 gewesen sein – ökonomisch hatten sich die Zeiten zumindest für einige erheblich gebessert. Die Leute verdienten etwas mehr Geld. Die Regale in den Geschäften waren voll, so dass man fast alles kaufen konnte. Unsere Eltern waren äußerst sparsam. Auch wir Kinder wurden entsprechend kurz gehalten und liefen, wie viele andere Schüler auch, im Sommer barfuß oder in billigen Sandalen und im Winter in alten, immer wieder mit *roten* Flicken – ich glaube, es gab damals nur diese – geflickten Gummistiefeln in die Schule. Da sagte nun eines Tages unser sich um alles kümmernder Herr Lehrer zu meinem Bruder: „Weißte was, Paul? Deine Stiefel sehen aus wie mein Schlauch 45.“ Damit zog er den Vergleich mit seinem Fahrradschlauch, der in der wirklich schlechten Zeit 1945 bis 48 so geflickt aussah wie unsere Gummistiefel noch drei oder vier Jahre später, als das eigentlich niemand mehr nötig haben sollte. Wir konnten ja nichts dafür, wie wir rumliefen. Unsere Mutter, na ja, Vater natürlich auch, bestimmten, was wir anzuziehen hatten.

Auch wir bemerkten damals schon, dass es modische Bekleidung gab, die viele Eltern – auch Flüchtlingsfamilien – für ihre Kinder kauften. Aus den USA schwappte erst die Mode der Lumberjacken aus Cordstoff mit Reißverschluss und breitem Bündchen in der Taille, später die der längeren und unten etwas ausgestellten Farmerjacken, ebenfalls aus Cord und mit nicht ganz bis nach unten reichendem Reißverschluss, nach Deutschland herüber. Neidvoll haben mein Bruder und ich sicher häufig auf diese modernen Kleidungsstücke unserer Mitschüler geguckt und den Eltern unsere diesbezüglichen Wünsche dargelegt, allerdings vergeblich. Vielleicht wussten sie schon damals:

Weltliche Eleganz heißt, in Rufweite hinter der Mode zu bleiben.

(Marie von Ebner-Eschenbach)

Ebenso wie Paul und ich wurde Gerd, mein jüngster Bruder, von Herrn Geick wiederholt vor der Klasse bloßgestellt, nur eben mit anderen Themen. Wohl auch deshalb, weil Vater so spät seinen Führerschein gemacht hatte, war er kein guter Autofahrer. (Das ist noch geschmeichelt.) Nachdem er erst mit 47 Jahren nach bestandener Prüfung seine Fahrerlizenz erhalten hatte, wurde auch der Trecker nie sein Ding. Er setzte sich lieber in den bald danach angeschafften Käfer. – Die Führerscheinprüfung war für ihn anscheinend nicht so *ganz* glatt abgelaufen; denn als der Prüfingenieur ihm das Dokument mit einem ironischen Kommentar überreichte, soll Vater: „Na ja, man sagt ganz leise Servus", gesagt haben. Woraufhin sich der Mann, dem es anscheinend an Humor gefehlt hat, kompromittiert gefühlt haben soll. – Aber mit dem Käfer hatte Vater vor allem beim Rangieren Probleme. An vielen Stellen stand ihm etwas im Wege, das härter war als seine Blechkiste. Entsprechend sah sie aus. Das hatte sich bis zu Herrn Geick herumgesprochen. So fragte er meinen Bruder dann eines Tages: „Na Gerd, wer hat denn die meisten Beulen im Auto?"

Gerd, der jüngste Bruder des Autors, als kleiner Kleintierhalter

Gerd auf dem alten Lanz – früh übt sich, wer ein Meister werden will.

Jedes Jahr im Januar oder Februar kam die Zeit, dass bessere, allerdings nicht immer die besten Schüler – schließlich entschieden häufig die Eltern – für weiterführende Schulen ausgewählt wurden. Und jedes Jahr mokierte sich Herr Geick darüber, dass bessere Schüler dem Schulstandort Osterhever verloren gingen. Sie gingen ihm schwer ab. Er vertrat folgende These: „Ihr braucht gar nicht nach Garding auf die Realschule oder nach St. Peter aufs Gymnasium zu gehen. Was ihr dort lernt, könnt ihr auch bei mir lernen."

Eine Reihe von Schülern, zu denen auch ich gehöre, hat ihm auch nach all den inzwischen vergangenen Jahren nicht verziehen, dass er uns wiederholt den Hintern versohlt hat, nur weil es ihm in den Fingern juckte. Es mag sicher widersprüchlich klingen, wenn ich nun schreibe: Trotzdem erinnere mich noch gut daran, wie wichtig es für mich war, dass er zu meiner Konfirmationsfeier eingeladen war und ich neben ihm sitzen durfte.

Mein Urteil über meinen alten Lehrer nach 63 Jahren: Einerseits hassten wir ihn wegen seiner Prügelei. Auf der anderen Seite aber verehrten wir ihn wegen seines umfangreichen Wissens, von dem er uns, je nach Auffassungsgabe, mehr oder weniger vermittelte.

Und wir fühlten uns geehrt, dass auf seinen Wunsch hin ausgerechnet sechs Schüler meines 1952 entlassenen Jahrgangs ihn sechzehn Jahre später auf den Osterhever Friedhof zur letzten Ruhe tragen durften. Er war nach langer, schwerer Leberkrebserkrankung am 29. Februar 1968 64-jährig gestorben.

Lehrjahre

Vater stand meinem Berufsziel, Bauer zu werden, eher kritisch gegenüber. Er meinte, es mangele mir an Interesse für die Landwirtschaft. Da hat seinerseits wohl eine gewisse Enttäuschung darüber mitgespielt, dass ich nur selten Neigung zeigte, meine knappe Freizeit für ihn und den Betrieb zu opfern.

Obgleich Landwirtschaft nicht gerade zu meinen Passionen zählte, sah ich für mich keine wirkliche Alternative. Sicher habe ich keinem von meinen Lehrherren und Lehrern übergroßen Kummer gemacht, aber alle werden sich oft über mich geärgert haben; denn in meiner Jugend haben es weder meine Eltern, meine Lehrer, mein Lehrherr noch meine weiteren Chefs einfach mit mir gehabt. Ich war einerseits fleißig, aber auf der anderen Seite eigenmächtig und eigenwillig.

Die Ausbildung zum landwirtschaftlichen Gehilfen dauerte drei Jahre, die sich in der Regel aus zwei Jahren Elternlehre und einem Jahr Fremdlehre zusammensetzten. Bis zum achtzehnten Geburtstag bestand für uns einmal wöchentlich Berufsschulpflicht.

Als ich eines Wintertags nachmittags gegen 18:15 Uhr von der Berufsschule nach Hause kam, setzte ich mich an den Schreibtisch und machte mich an meine Hausaufgaben, wohl wissend, dass die Stallarbeiten noch nicht erledigt waren. Meine Arbeitskraft hatte für die Fütterung, das Melken und Ausmisten gefehlt und Vater war noch im Stall am Rennen. So dauerte es auch gar nicht lange, bis er Wind davon bekam, dass ich zu Hause war, und schon stand er in der Tür und pfiff mich hinaus.

Nachdem ich aus der Schule entlassen worden war und wir ohnehin ein drittes Pferd benötigten, kaufte Vater zur

Entlastung der vorhandenen Pferde, für die Kutsche und für mich als Reitpferd, von seinem Bruder einen Schimmel. Es war *in*, dass wir Bauernsöhne in unserer Umgebung reiten lernten. Es war ein Tier mit langen Beinen, das mit flotten, raumgreifenden Schritten traben konnte. In der Reitschule lernte ich nun in der Praxis das Reiten im Sattel und theoretisch vier- und sechsspännig zu fahren, ein kompliziertes Verfahren der Leinenführung nach dem Achenbacher Fahrsystem.

Bevor ich am 1. April nach Heiligenhafen in die Fremdlehre ging, lernte und übte ich im Winter 1953/54 für den Führerschein, den ich Ende März ausgehändigt bekam. Vater hatte es als wichtig erachtet, dass ich nicht ohne Fahrerlaubnisschein in das Fremdlehrjahr ging. Schließlich gab es auf dem Betrieb einen Lanz-Bulldog-Trecker und ein Motorrad der Marke Zündapp.

Wilhelm Bütje, mein Lehrherr in Heiligenhafen, war ein großer, stark gebauter Mann, der kahl geschoren, spät aus sowjetischer Gefangenschaft entlassen worden war. Viele seiner Nachbarn waren nicht gut auf ihn zu sprechen. Er war selbstherrlich, ein Grantler eben. Hinter vorgehaltener Hand war er für sie *Iwan der Schreckliche*. Als er sich beim büroleitenden Beamten des Bürgermeisters von Heiligenhafen beschwerte, dass ihm von seinen auf dem Wachtelberg am Feldrand abgestellten Maschinen Teile gestohlen worden seien, soll der ihm den Tipp gegeben haben: „Bütje, Bütje, mein lieber Bütje, seh'n Sie gleich zu, dass Sie ihn (den Dieb) zu faten kriegen, der soll gleich drei Daler tahlen."

Zweimal habe ich durch gravierende Fehlentscheidungen bei meinem Lehrherrn besonders großen Unmut hervorgerufen und natürlich Kosten verursacht.

Meine Aufgabe war, den Dreesch[18] auf Kleberkamp einzuzäunen. Ich belud den kleinen Milchwagen mit allem, was ich dazu brauchte, spannte Fanny davor und fuhr den Wachtelberg hinauf.

Fanny hatte ich als ruhiges Pferd kennengelernt und traute ihr zu, dass sie, während ich die Weidezaunpfähle in die Erde steckte, mit dem Wagen neben dem zu setzenden Zaun herlaufen würde, ohne dass ich sie mit dem Zügel lenkte. Das tat sie nur wenige Meter, dann ging das Temperament mit ihr durch, sie trabte an und wurde trotz meiner verzweifelten *Prr*-Rufe immer schneller. Schon am Ende der Koppel, als sie im 90-Grad-Winkel auf den Weg umbog, überschlug sich der kleine Wagen, das Drehgestell riss ab und Fanny rannte mit der hinterherschleppenden Einspännergabel in gestrecktem Galopp Richtung Stall. Ich war fix und fertig, habe geheult und hatte eine unbändige Angst, dass mein Chef mich verprügeln würde. Tat er nicht. Er blieb verhältnismäßig ruhig.

Bei mir übertragenen Aufgaben habe ich mich schon immer bemüht, sie akkurat und gewissenhaft zu erledigen. Ich versuche noch heute Perfektionist zu sein, was mir, ich habe den Mut, es so zu schreiben, wie es ist, eher *selten* gelingt. Die Arbeit, an die ich dabei besonders denke, war die Markstammkohlstoppeln mit den beiden Pferden Fanny und Hansi für die Winterfurche tief zu pflügen. Nun gibt es auf dem Wachtelberg einen über zwei Meter tiefen Sammelschacht für Wasser aus Drainagerohren, mit einem Durchmesser von etwa 1,20 Metern. Nun kann der Perfektionismus bei einigen Leuten zur Manie werden, jedenfalls lenkte ich Hansi, um bis an den Schacht pflügen zu können, dicht, zu dicht an den mit einem Betondeckel gesicherten Schacht. Das Schicksal wollte es, dass Hansi, ich sage noch so manches Mal Gott sei Dank, den Deckel mit den Hinterfüßen durchtrat und rücklings in den Schacht fiel. Trotzdem gab es für ihn ohne Hilfe hieraus kein Entkommen. Ich war fürchterlich verzweifelt. Wie sage ich es meinem Chef? Ich musste etwas tun. Also habe ich Fanny abgeschirrt, mich auf sie gesetzt und bin zum anderthalb Kilometer entfernten Betrieb geritten. Überraschenderweise sagte der Chef nicht viel – er kannte seinen Lehrling ja inzwischen –, setzte sich aufs Motorrad und besah sich das Malheur. Er war Mitglied in der Freiwilligen Feuerwehr und alarmierte diese kurz entschlossen. Die Mannschaft rückte flott an. Hansi bekam ein paar Gurte um den Bauch gelegt und mit vereinten Kräften und vielen *Haurucks*, gelang es, ihn aus seiner misslichen Lage zu befreien. Mir aber war meine eigene Dämlichkeit unendlich peinlich. Ich schämte mich und wäre am liebsten in Grund und Boden versunken, als ich mir das Getratsche der vielen Leute über die Ursache und den Verursacher bewusst machte. Für meinen Chef ist der Einsatz der Wehr nicht überaus teuer geworden. Er wurde als wichtige Einsatzübung deklariert. Ich weiß es nicht, aber ich könnte mir vorstellen, dass er an einem der folgenden Kameradschaftsabende eine Runde hat spendieren müssen, vielleicht auch zwei.

Mit einem Lehrling, wie ich einer war, konnte es nicht ausbleiben, dass auch die weisungsbefugte Chefin gelegentlich Ärger mit ihm hatte. Wecken war für uns Männer gegen 5:30 Uhr, für die Frauen etwa um 7:00 Uhr. Eines Morgens, nach nächtlichem Schneefall, fragte mich die Chefin, ob ich den Schnee auf dem Steg zum Speicher wegräumen könne. Ich war schon anderthalb Stunden in Gang, sie gerade aufgestanden. Ich sagte: „Wi hemm so veel to doon“, und fragte sie ganz bescheiden: „Kann Astrid (das Junge Mädchen) dat

Hinten: die drei Hilfskräfte.
Vorne: die drei Kinder der Familie Bütje: Hinrich, Annegret und Dorothee

ni?" Zu mir sagte sie nichts weiter, verpetzte mich aber bei meinem Lehrherrn. Natürlich gab es einen gehörigen Anschiss. Und für einen sauberen Steg zum Speicher musste ich auch noch sorgen.

Wenn die Herrschaften nicht zu Hause sind, tanzen die Mäuse auf dem Tisch, sagt eine alte Regel. Genau wie bei uns zu Hause üblich, gab es auch bei Bütjes zum Nachmittagskaffee als Zwischenmahlzeit drei Stücke fertig geschmierte Brote. Das reichte für uns junge Leute nicht, um auch nur annähernd ein Sättigungsgefühl zu spüren. So konnten denn Alu und ich unsere Astrid überreden, noch ein paar Brote für uns zu schmieren. Irgendwie ist unserer Chefin aufgefallen, dass in der Speisekammer etwas fehlte, und sie stellte Astrid zur Rede. Diese hatte keine Ausrede parat und musste gestehen und unsere Chefin hat uns bei unserem Chef verpetzt. Ich erinnere mich nicht an die einzelnen Worte seiner Moralpredigt. Wohl aber daran, dass er uns, und vor allem mich als den Älteren, fürchterlich zur Sau gemacht hat. Wieder hätte ich wissen müssen, dass es schiefgehen könnte.

In den 1950er Jahren war es bei uns im Koog und auch bei Bütjes üblich, die Kühe drei Wochen nach dem Kalben auch mittags zu melken. In Heiligenhafen war das besonders in den Sommermonaten umständlich und zeitaufwendig, weil die Kühe auf weit entfernten Weiden liefen. Und genau wie im Koog wurde diese undankbare Arbeit in der Mittagsstunde an den Lehrling delegiert. Einen Melkeimer an den Fahrradlenker gehängt, quälte ich mich nun täglich den dreiundfünfzig Meter hohen Wachtelberg hinauf, während andere sich aufs Ohr hauten.

Während meiner Lehrzeit in Heiligenhafen machte ich gleich zu Anfang Bekanntschaft mit der Polizei. Alu Grube, mein kleiner fünfzehnjähriger Mitarbeiter, und ich hatten auf Leidenkamp gearbeitet und hatten für den Heimweg nur ein Fahrrad zu Verfügung. Wir einigten uns darauf, dass er sich vorne auf die Mittelstange setzen sollte. Wie es das Schicksal wollte, kamen uns prompt ein paar *Weiße Mäuse* in ihrem Käfer entgegen, stoppten, ließen uns absteigen und hielten einen kurzen Vortrag über Verkehrsregeln und was im öffentlichen Verkehrsraum erlaubt sei und was nicht. Zwei Erwachsene auf einem Rad, das ging jedenfalls gar nicht. An sich waren wir nun ja aufgeklärt, aber es reichte nicht. Statt einer Geldstrafe wurden wir dazu verdonnert, an *drei Sonntagvormittagen* – wahrscheinlich, damit sich der Arbeitsausfall nicht allzu stark auf den Betrieb auswirkte – an einem Verkehrsregelaufbauseminar teilzunehmen. Nun fuhren wir an den nächsten drei Sonntagen auf unseren Fahrrädern ins etwa zehn Kilometer entfernte Oldenburg.

Nicht versäumen möchte ich, ein Erlebnis – oder war es eine Begebenheit? – aus meinem Fremdlehrjahr festzuhalten.

Es war an einem wunderschönen, stillen Nachfeierabend Mitte Mai 1954. Der Chef hatte Weisung gegeben, dass wir noch drei halbjährige männliche Kälber auf den Dresch auf dem Wachtelberg bringen sollten. Den Kälbern wurden Halfter aufgesetzt und Alu, der Chef und ich führten die Tiere am Halftertau. Meine Chefin, mit einem leichten Stock bewaffnet, fungierte als Treiberin. Als wir uns dem Dreschschlag näherten, wunderten wir uns über zwei am Wegrand abgelegte Fahrräder. Unser Erstaunen wurde noch größer, als plötzlich zwei Köpfe, ein weiblicher und ein männlicher, über dem Klee auftauchten. Sie waren durch unser Reden auf uns aufmerksam geworden. Nun nutzte kein Wegducken, kein Verstecken mehr. Sie waren gesichtet worden. Als wir uns ihnen mit den Kälbern weiter näherten, standen sie auf, bückten sich, griffen eiligst nach ihren Kleidungsstücken und flüchteten splitterfasernackt südlich den Wachtelberg hinunter, während der Chef zu brüllen begonnen hatte, dass sie stehenbleiben sollten. Doch die beiden ignorierten sein wütendes Gebrüll. Da war nichts zu machen.

Aber da lagen ja noch ihre Räder. Wir bekamen Order, sie mit nach Hause zu nehmen und in der Werkstatt einzuschließen. Der Chef saß so am längeren Hebel und wollte abwarten.

Und siehe da, ein paar Tage später kamen die beiden reumütig um die Ecke und baten um ihre Räder. Der Chef mimte den Verärgerten. Schließlich hatten sie an einigen Stellen seinen Klee runtergetrampelt. Sie fingen sich aber keine Backpfeifen ein.

Wohingegen er ein anderes Mal keine Hemmung hatte: Als Alu und ich eines Morgens auf dem Misthaufen standen und mit Forken den frisch mit der Karre hinausgeschobenen Mist einebneten, sah der Chef, wie uns ein paar vorbeilaufende Schüler mit Schneebällen bewarfen. Sofort rannte er den Lausbuben hinterher und schlug sie mit der flachen Hand von hinten an die Köpfe.

Beim Mittagessen kam es zu einem hitzigen Disput mit seiner Frau über sein Vorgehen gegen die Jungen, da sie meinte, dass es zu Klagen kommen und somit für ihn durchaus gefährlich werden könnte. Er lachte und meinte, dass er es gerne auf eine Klage ankommen lassen würde und dass es ihm das Wert sein würde.

Als ich mich am 31. März 1955 von meinem Chef verabschiedete, wünschte der mir trotz all meiner Unzulänglichkeiten für die Zukunft das Beste. Oder gerade deswegen? An seinen letzten Satz erinnere ich mich genau: „Es war ein gutes Jahr, Christian." Das wollte ich allerdings so nicht bestätigen. Er war ein äußerst strenger Chef gewesen – und hatte mir wegen zu vieler Lappalien die Leviten gelesen. Um der Wahrheit die Ehre zu geben, muss ich aber gestehen, dass ich nicht leicht zu lenken war. Vielleicht aber war er auch zufriedener mit mir gewesen, als es mein Gefühl mir sagte; denn fleißig war ich ja. Habe allerdings manches Erarbeitete mit dem Hintern wieder umgestoßen.

Zweimal haben Bütjes uns im Koog besucht, als ich längst selbstständiger Bauer war. Andererseits könnte er aber auch gedacht haben: Der wird nie ein Bauer werden, der wird nie zurechtkommen. Vielleicht war er neugierig und wollte seine Vermutung bestätigt sehen. Wer weiß schon, welche Wege die Gedanken in den Gehirnwindungen mancher Chefs gehen!

Wieder zu Hause

Nachdem mein Fremdlehrjahr im Frühjahr zu Ende gegangen war, kaufte Vater mir im Sommer 1955 ein Motorrad, damit ich für die Fahrten zur Landwirtschaftsschule nach Garding, die ich ab Herbst besuchen sollte, motorisiert sein würde. Schon seit Längerem hatte ich von einer NSU-Max geträumt. So eine wie Rolf Lohff hatte. Eine Maschine mit einem Viertaktmotor, mit einem für meine Ohren wohlklingenden, tiefen, grollenden Sound. Da stellte Vater sich allerdings quer. „Utgeregnet de grötzde Renner wullt du hemm." (Ausgerechnet den größten Renner willst du haben.) Der größte Renner war die NSU, weil Rolf sie fuhr, der allenthalben mit hohem Tempo zu seiner Freundin bei uns vorbeidonnerte. So ließ Vater sich nicht umstimmen und ich merkte zu meiner Enttäuschung, dass ich kleinere Brötchen backen musste. Für mich kaufte er ein Motorrad vom Hersteller DKW mit 250 cm^3 und Zweitaktmotor, dem der damals für mich so wichtige Sound völlig fehlte. Von der Leistung waren beide Modelle gleichwertig, beide hatten einen Viertelliter Hubraum.

Mehrere Male bin ich mit dem Krad zu Fall gekommen, habe mich aber dabei nur einmal leicht verletzt. Auf dem Weg zur Landwirtschaftsschule und zurück hatte ich einen Berufskollegen aus der Nachbarschaft auf dem Soziussitz. In Poppenbüll lief uns eines Morgens unvermittelt ein großer Köter direkt vor das Krad. Anhalten war nicht mehr möglich. Wir überrollten den Hund, es gab zwei harte Rucks und wir kamen, wie wohl selten bei so einem Malheur, nicht zu Fall.

Als wir an einem Morgen bemerkten, dass uns ein Motorradfahrer der Oberklasse kurz vor der Schule überholen wollte, wollte ich das nicht zulassen und gab Gas. Trotzdem schaffte er es, an uns vorbeizukommen. Wohl aus zwei Gründen: Erstens saß er alleine auf seiner Maschine und zweitens hatte seine zwei Zylinder, also sicher auch einige PS mehr. Eigentliche Sieger blieben *wir* trotzdem. Er hatte so stark beschleunigt, dass er zu schnell fuhr, um in die Auffahrt zum Schulhof einbiegen zu können, und vorbeiraste. Als er umgedreht war und zurückkam, lachte ihn ein Pulk herumstehender Schüler aus und meinte, dass er seine Maschine nicht so richtig im Griff habe.

Einmal wurde meine Maschine schwer beschädigt. Ich kam nachts aus Husum und fuhr auf der Hauptstraße über Warmhörn Richtung Sieversfleth. Hier gabelt sich die Straße, ich musste also entscheiden, ob ich über Osterhever oder durch den Wasser-Koog in den Norder-Hever-Koog fahren wollte. Bis direkt vor der Gabelung war ich unentschlossen, welche Richtung ich nehmen wollte. Zu spät fiel dann die Entscheidung, über Osterhever zu fahren. Ich überlegte, dass das Tempo wahrscheinlich zu hoch sein würde, um diese scharfe Linkskurve noch unbeschadet durchfahren zu können. Trotzdem versuchte ich es und legte mich in die Kurve. Dabei rutschte das Vorderrad weg und das Motorrad knallte gegen eine dort liegende volle Teertonne. Der Aufprall war für den Rahmen so stark gewesen, dass er sich verzog. Zwar konnte ich noch langsam nach Hause fahren, aber das Motorrad musste repariert werden. Die ganze Angelegenheit war mir äußerst peinlich. Ich wollte nicht, dass jemand mein Missgeschick bemerkte. So stellte ich das Krad in den leeren Pferdestall und deckte es wie gewöhnlich mit einer Kuhdecke ab. Danach bin ich eine Woche lang jede Nacht, wenn ich meinte, dass alles schlief, aufgestanden, habe das Krad zerlegt und gerichtet. Wenn ich nun schreibe, es brauchte nur Schläge mit dem Vorschlaghammer, hört sich das zwar simpel an, war es vielleicht auch. Aber die Arbeit mit dem schweren Vorschlaghammer war eine fürchterliche Schinderei. Der Rahmen war doch zäher als gedacht. Ich musste hart zuschlagen. Dazu kam die Angst, dass jemand im Haus durch den Lärm wach wurde und mein Tun bemerkte. Anscheinend habe ich es von ihnen unbemerkt hinbekommen; denn niemand hat mich deswegen angesprochen. Und mit dem Motorrad konnte ich wie bisher wieder freihändig fahren, ein Zeichen dafür, dass die Räder spurten, also genau hintereinander liefen.

Eine kleine Geschichte, an die ich mich selbst nicht mehr erinnere, schrieb mir kürzlich mein zweiter Bruder – er ist um die neun Jahre jünger als ich – aus den USA. Ich hätte ihn wohl gelegentlich auf meinem Motorrad zu Tanzveranstaltungen mitgenommen, auf denen sich übermütige junge Leute, die nicht wussten, wo sie ihre Kräfte lassen sollten, gerne mal prügelten und hierzu am liebsten Schwächere ins Visier nahmen. Da er ein schmales Hemd war – so bezeichnet er sich selbst heute in der Rückschau –, war er bevorzugtes Ziel dieser Prügeleien. Er schrieb mir, dass ich mich, wenn nötig, zwischen die raufiustigen Gesellen und ihn gestellt und damit gedroht hätte, sie bekämen es mit mir zu tun, sollten sie ihn anfassen. So soll er denn wiederholt ungeschoren davongekommen sein, was er mir hoch anrechnet. An sich kenne ich mich nicht so. Eigentlich war meine Klappe meistens größer als meine Kräfte. Nach meiner Schulzeit habe ich es geschafft, jeder Prügelei aus dem Wege zu gehen.

Auch in einer anderen Sache sieht er doch wohl höher zu mir auf, als ich es verdient habe. Allerdings habe ich ihn, sofern sich die Möglichkeit bot, immer zwischen verschiedenen Arbeiten wählen lassen, wenn er mir helfen sollte oder wollte. Ich war immer bestrebt zu vermeiden, dass man mir nachsagte, ich schustere mir die angenehmeren Arbeiten zu.

Für mich war es immer selbstverständlich, jüngere, schwächere Kräfte, gerade auch Frauen und Mädchen, für die leichteren Arbeiten einzuteilen.

Wenigstens einmal habe ich mich mit solchem Vorgehen fürchterlich in die Nesseln gesetzt. Vater wollte in Hocken stehenden Weizen auf dem Hofplatz in einen Diemen zusammenfahren. Partout wollte ich das Staken auf dem Feld übernehmen. Vater warnte mich vorsorglich und eindringlich: „Laat dat no, laat Hans Dircks (der Junge Mann von Onkel Johann, mein Kollege auf der Tour mit den Grassamen nach Flensburg) dat moken, de is stärker as du.“ Ich ließ mich nicht beirren, blieb stur. Er ließ mich. Es war grauenhaft. Der Weizen hatte viel Regen abbekommen, hatte durch die Feuchtigkeit gekeimt und die Keime der Ähren waren mit dem Stroh und den Keimen der nächsten Garben verwachsen. Jede Garbe musste mit schwerer Knochenarbeit von der nächsten losgezaust werden. Aber gesagt ist gesagt. Das Ehrgefühl lässt in so einem Fall kein Zurück zu.

Als ich eines Frühlingsnachmittags mit Getreidedrillen auf Neuland fertig war, stand ich vor der Frage, wie ich Wagen und Drillmaschine nach Hause bekommen sollte. Die Pferde mussten gelenkt werden und auch die Drillmaschine brauchte einen Steuermann. Ich wartete vergeblich, dass mir ein Mann vom Hof geschickt würde. So hakte ich die Drillmaschine hinter den Wagen, in der Hoffnung, die Pferde würden den kurzen Weg alleine nach Hause laufen. Den fanden sie auch, aber es ging nach Hause in den Stall. Dann musste es schnell gehen. Gleich, nachdem sie vom Acker auf den Sandweg eingebogen waren, begannen sie zu traben, um dann in gestreckten Galopp überzugehen. Ich, hinten die Drillmaschine steuernd, begann zu rufen: „Prr, prr, prr!“, fand aber kein Gehör bei den beiden Halunken; denn es war niemand da, der die Zügel anzog. Schon sehr bald konnte ich bei dem Tempo nicht mehr mithalten, musste die Lenkstange der Drillmaschine loslassen und hinterherrennen, noch immer verzweifelt „Prr, prr!“ rufend. Ein Vorderrad hakte hinter einen Lichtmast, die Vorderkarre der Maschine verdrehte sich, bäumte sich auf, riss von Wagen und Drillmaschine ab und blieb liegen. Als ich auf den Hof kam, standen die beiden Pferde schwer atmend, darauf wartend, abgeschirrt und gefüttert zu werden, vor der Stalltür. Se wern mol wa lapsch lopen.

Der Schaden war nicht allzu groß. Natürlich musste die Maschine zum Schmied. Das war die Gelegenheit, sie endlich für den Treckerbetrieb umzubauen. Die Vorderkarre wurde verschrottet und an die Maschine schweißte Onkel Paul einen einfachen Haken zum Ankoppeln an den Trecker.

Ich bekam trotzdem einen ordentlichen Anschiss von Vater und ich vermute, die Nachbarn hatten mal wieder ein Opfer, über das sie tratschen konnten. Aber das hörte ich ja nicht, insofern bleibt es Spekulation.

Gerade auch bei dieser dämlichen Aktion war wieder viel Glück im Spiel gewesen; denn das Gespann musste schließlich die Koogchaussee queren. Und das taten die Pferde mit höllischem Tempo, ohne auf die Vorfahrt zu achten. Es hätte Tote geben können, wenn es hier zu einem Zusammenstoß mit einem Fahrrad, Motorrad oder Auto gekommen wäre.

Das ging nur halbwegs gut

Eines Tages nach der Kartoffelernte hatten wir auf der Lohdiele Kartoffeln zum Trocknen ausgebreitet. Nun sollte der eisenbereifte Wagen mit dem Bulldog in die Ecke rangiert werden. Das musste natürlich ich machen, weil Vater sich ungerne auf den Trecker setzte. Nun hatte die Deichsel am Wagen viel Spiel, alles war wackelig und verschlissen, so dass ein genaues Steuern sehr schwierig war und der Wagen beim Rückwärtsschieben ein paar Kartoffeln überrollte. Das machte Vater so wütend, dass er sich einen herumliegenden, gebogenen Deichselbolzen schnappte und damit auf mich losging. Ruck, zuck war ich vom Trecker und beim Absteigen – da war ich denn doch nicht ganz flink genug – konnte er einen leichten Schlag in meinem Nacken landen. Dabei blieb es dann. Ich entwand ihm den Deichselbolzen und drängte ihn in die Ecke. Ich muss achtzehn oder neunzehn, vielleicht auch schon zwanzig Jahre alt gewesen sein, jedenfalls hatte ich schon die Führerscheinprüfung gemacht und war ihm inzwischen körperlich überlegen.

Einmal hatte ich während der Heuernte eine schmerzhafte Schweinsbeule am Hintern. Das Sitzen wurde zum Problem. Es musste aber mit dem Trecker und der angehängten Heumaschine Heu gewendet werden. Auf dem harten Treckersitz war es nicht auszuhalten. Ich denke, dies war eine der seltenen Male, dass Vater sich gezwungenermaßen auf den Bulldogsitz setzte.

In dieser Zeit war es wohl auch, als er das letzte Mal versuchte, mich körperlich zu züchtigen. Gemeinsam mit unserem Nachbarn hatten wir eine Einmanndreschmaschine dänischen Fabrikats gekauft. Eines Nachmittags war es meine Aufgabe, die Garben vom Wagen in die Maschine zu forken. Das war eine Arbeit, die Spaß machte. Garbe um Garbe schluckte die Dreschtrommel. Am Geräusch hörte man allerdings, dass sie bei jeder Garbe Touren verlor. Nun weiß ich nicht mehr, ob Vater mich ermahnt hatte, langsamer einzuwerfen. Jedenfalls merkte ich, dass er plötzlich wütend auf der Wagendeichsel stand und zu mir hoch wollte. Ich roch Lunte, sprang hinten vom Wagen und flüchtete auf den Hofplatz. Da begann er zu brüllen, ich solle sofort zu ihm kommen. Ich weigerte mich, wollte mir weder eine scheuern lassen, noch war ich auf eine Schlägerei mit ihm erpicht. Er brüllte weiter, so dass Mutter es drinnen hörte und rauskam. Ihr gelang es schließlich, die aufgeheizte Lage zu beruhigen. Ja, er war ein hitziger Mann. Es war nicht einfach, in Frieden mit ihm auszukommen. Einmal hielt er mir vor, ich sei ein Sturkopf. Nein, diese Vokabel hat er nicht benutzt. Wörtlich sagte er: „So stur, as wat du biss." Ein anderes Mal meinte er, ich sei ein theoretischer Bauer. Ich will weder etwas beschönigen noch abstreiten. Ein Quäntchen Wahrheit wird wohl dran sein. Eine seiner Thesen: „Een richtige Buer oder de, de een warn will, mutt immer een Nagel, een Taschenmess un een Stück Tau inne Tasch hemm."

Eine ungeschriebene Regel sagt zwar: *Die Toten lasse ruhen.* Aber ein verrückter Hund war er mitunter schon, *sach* ich einfach mal so.

Billy Jenkins und Co.

In den letzten Schuljahren und in den Jahren danach verschlangen wir jede Menge Wildwestromane mit Titeln wie *Schüsse über Arizona*, *llano Geier* oder *The damned bloody grounds* usw., in denen Helden-Gestalten wie Tom Mix, Jerry Cotton, Tom Prox, Billy Jenkins und Co. als Sherifs oder Cops mit Pferden auf Banditenjagd ritten. Es war wie eine Seuche. Zwar waren die Helden nicht unverletzlich und fingen sich durchaus gelegentlich eine blaue Bohne ein, wurden aber in Fortsetzungsromanen so lange nicht tödlich getroffen, wie sie für die Serie gebraucht wurden.

Zwar wusste ich um Vaters·Aversion gegen jedwede Romanliteratur. Trotzdem hat er uns nicht verboten, sie zu lesen (hätte auch sicher nichts genützt), sie aber immer wieder als „31-Seiten-Schundschmöker" abgetan.

„Läs Iever wat Vernünftiges, ass disse oolen Wievergeschichten“ („Lies lieber etwas Vernünftiges, als diese alten Weibergeschichten“), hörte ich ihn eines Tages vorwurfsvoll sagen, als er sah, dass ich in dem Schinken *Verdammt in alle Ewigkeit* von James Jones las.

Vaters Interesse lag beim *Eiderstedter Tageblatt*, um lokal und global up to date zu sein. Und das wöchentlich erscheinende *Bauernblatt* war für ihn als Betriebsleiter fachliche Informationsquelle, somit Pflichtliteratur. Meist oberflächlich durchblätterte er indes die „Mappen“, ein Sammelsurium bunter Illustrierter wie den *Stern*, die *Quick*, den *Spiegel*, *Constanze*, *Bild der Frau* usw., die meine Eltern abonniert hatten und die wöchentlich ausgetauscht wurden.

Völlig umdrehen ließ er sich zwar nicht. Aber als ich ihm eines Tages über *Schicksale am Fluss*, einer bewegenden Familiensaga, die sich am Mississippi abspielt, erzählte, lenkte er ein.

„Ik probeer dat mol.“

Vater hatte einen Bruder in den Staaten, mehrere Schwägerinnen und Schwager, einen Neffen. Vielleicht waren diese Verwandten maßgeblich für seinen Schwenk. Eines Tages lag dieses Buch aufgeschlagen auf seinem Nachtisch.

Ich denke, auch Schlagermusik lag unter seinem Niveau. Eines Tages hörte ich, wie er Conny Francis nachäffte, als sie aus einem ihrer Hits „Paradiese unterm Sternenzelt, Paradies am Palmenstrand, ich komm' wieder in die Wunderwelt, wo ich deine Liebe fand“ sang.

Dagegen bin ich sicher über seine Begeisterung für Operetten. Gerade diesbezüglich empfinde ich meinen Eltern gegenüber große Dankbarkeit. Seit Anfang der 1950er Jahre, ich ging noch zur Schule, abonnierten sie jedes Winterhalbjahr monatlich vier Karten für Operettenbesuche und ich durfte mit. Schon tagelang vorher freute ich mich. Ich erlebte unvergessliche Abende mit eingängigen Melodien, flotten Tänzen, Darstellern in bunten Kostümen, den jeweiligen historischen Epochen angepasst, in der die Operetten spielten. Mir geht mein Herz heute nach über sechzig Jahren noch auf, wenn ich an die Gesänge der großen Chöre, die mit um die dreißig Sängerinnen und Sänger besetzt waren, zurückdenke. Ein Bus sammelte die Abonnenten ein, fuhr sie nach Husum zur Bühne und brachte sie wieder nach Hause zurück.

Schwedenreuter

Die Lehrer der landwirtschaftlichen Schule in Garding hatten für uns Schüler eine Studienreise mit dem Bus nach Schweden organisiert. Passenderweise hatte Joseph Czech einige Jahre dort gearbeitet und sprach perfekt Schwedisch. Ich durfte mitfahren und meldete mich an. Es war geplant, verschiedene landwirtschaftliche Betriebe zu besichtigen, unter anderem sollten wir lernen, wie Schwedenreuter aufgestellt werden. Besichtigt werden sollte auch eine Landwirtschaftsschule, in der wir versorgt werden und in deren Internat wir übernachten sollten. Schon bald merkte ich, dass es da Probleme geben könnte. Um 22:00 Uhr würden dort die Lichter ausgehen, so unser Lehrer und Reiseleiter. Ohauahauaha, und das mit Christian. Er fährt nicht mit 25 Jahren nach Schweden, um zu schlafen. Natürlich wird bei solchen Touren abends gefeiert, es werden Bekanntschaften gemacht, Freundschaften geschlossen, wenn auch vielleicht nicht für länger.

Ich kam mit einem feinen Mädchen ins Gespräch, aber um 22:00 Uhr gingen tatsächlich die Lichter aus. Wir mussten auf unsere Buden. Allerdings hatte sie mir gezeigt, wo ihr Zimmer war. Kurz vor dem Zapfenstreich verschwanden alle nach und nach in die mit vier oder sechs Schülern belegten Gemeinschaftsunterkünfte. Lange konnte ich nicht zur Ruhe kommen. Ich dachte, ich müsste zu ihr. Also aufgestanden und leise die Treppe zum Flur hinuntergeschlichen. Gerade als ich halb unten war, trat unser Lehrer und Reiseleiter, bekleidet mit langem Nachthemd und mit troddelgeschmückter Schlafmütze aus seinem Zimmer in den Flur. Ob er doch etwas gehört hatte? Innerlich war mir bei seinem Auftritt nach Grinsen zumute, aber das verging mir ganz schnell. Er war also auf Kontrollgang. Ich auf dem Absatz kehrtgemacht und die Treppe hochgehetzt, meine Zimmertür aufgerissen und mit Klamotten unter die Decke geschlüpft. Er muss mir hinterhergeeilt sein; denn die Tür öffnete sich, kurz nachdem ich sie geschlossen hatte. Das Licht war aus, alles schien zu schlafen. Ich denke, er hat angenommen, sich in der Tür geirrt zu haben; denn er schloss sie wieder und zog ab. Ungefähr eine Stunde später bin ich zu meiner neuen Bekanntschaft geschlichen und habe mich auf ihre Bettkante gesetzt. Unter anderem hat sie gesagt, ich erinnere mich an jedes Wort: „Ich kann dich nicht einladen, Christian, du bist Tourist." Ja, da hatte sie recht und das verstand ich auch. Aber mich ohne Widerspruch um 22:00 Uhr ins Bett zu kriegen, war nicht gerade einfach. Auch wenn es mitunter aufregend war und Nerven kostete, wenn ich gegen Hausordnungen verstieß, mir war es das wert. So bin ich nun mal. Und das hat sich bis heute nicht geändert.

War es schon damals der Anteil friesischen Blutes in meinen Adern, der nach Eigenständigkeit und Freiheit gierte? Ich hatte an jenem Abend wieder mal viel, sehr viel Glück gehabt. Wenn ich von unserem Genossen Kontrolleur bei meinem zweiten Privatausflug ertappt worden wäre, hätte ich sicher lange nach einer von ihm akzeptierten plausiblen Erklärung suchen müssen. Ich halte es für unwahrscheinlich, dass er mich bei seinem abendlichen Kontrollgang nicht erkannt hat. Eher vermute ich, dass er Gnade vor Recht hat ergehen lassen und dabei gleich beide Augen zugedrückt hat.

Eine Landjugendgruppe Osterhever gibt es seit Beginn der 1950er Jahre. In ihr schlossen sich Jugendliche der Heverbundgemeinden Osterhever, Poppenbüll und Westerhever zusammen. Dazu gehörten auch die kleineren, damals noch selbstständigen Gemeinden Alt- und Neu-Augusten-Koog. Maßgebliche Gründungsmitglieder waren Paul Ingwersen, Osterhever, Jürgen Hach und Karl-Heinz Schnoor, beide aus Poppenbüll. Von Beginn an gab es nur eine gemeinsame Gruppe für junge Mädchen und Männer, in der sich auch junge Leute aus weiteren Nachbargemeinden einfanden, die Interesse an gemeinsamen Treffen hatten. Mehrere Jahre fungierte ich als dritter Vorsitzender. Meine vorwiegende Aufgabe war es, das Kassenbuch zu führen, für die Eingänge der Mitgliedsbeiträge zu sorgen und bei den Generalversammlungen den Kassenstand darzulegen. Es war wohl der undankbarste Job in diesem Verein. Von einigen Mitgliedern Geld zu bekommen, grenzte an Bettelei. Sie wurden genauso kurz gehalten, wie wir es von zu Hause kannten. Mitunter dauerte es Monate, bis sich die Letzten bequemten, ihre Mitgliedsbeiträge zu zahlen. Meine Vorgänger hatten den Laden mehr oder weniger schleifen lassen. Wohl aus Resignation. Mir attestierten jedoch später Mitglieder, dass unter meiner Führung die Kasse in Ordnung gekommen sei.

Natürlich ließ es sich nicht vermeiden, dass junge Männer aus den anderen Gemeinden auch Mädchen aus Osterhever leiden mochten. Wir fanden damals, dass wir das nicht durchgehen lassen durften. Wir mussten unbedingt aufpassen, dass sie nicht unsere Mädchen verführten. Sobald wir merkten, dass sich etwas anbahnte, begleiteten wir mit zwei oder drei Jugendlichen aus Osterhever auf unseren Fahrrädern die beiden bis zum Haus des Mädchens und harrten dort so lange aus, bis dem *Ausländer* die Pfeife ausging und er sich trollte. Das mag für die Betroffenen hart gewesen sein, aber wir waren damals der Meinung, dass wir in unserer Heimatgemeinde unbedingt unser Revier verteidigen und die Oberhand behalten müssten. Das waren mitunter langwierige Prozeduren und es wurde spät. Schließlich waren fast alle Bauerntöchter und -söhne, deren Beruf es mit sich brachte, dass sie morgens sehr früh in die Stiefel mussten. Wie oft hat man sich in diesen Jahren, wenn man wieder mal die Nacht zum Tag gemacht hatte, morgens, wenn der Wecker rasselte, geschworen: Heute Abend geht's sofort nach dem Abendessen ins Bett. War der Abend jedoch da, war der Schwur null und nichtig. Man sah den neuen Abend aus einer ganz anderen Perspektive. Es hätte einem möglicherweise etwas entgehen können.

Eines Abends hatte Karl-Heinz für uns Mitglieder der Landjugendgruppe einen Fackellauf von unserem Treffpunkt, der Gastwirtschaft Lorenzen in Osterhever, nach der Westerheverecke, über den Köömdiek, durch den Norder-Hever-Koog, bei Ketels über den Koogsweg, über den alten Binnendeich und den weiteren Verlauf des Koogsweges, zurück nach Osterhever organisiert. Es war dunkel geworden und die Stimmung so lange fröhlich und locker, bis Dicke seine Fackel vom Köömdiek wegwarf. Die brennende Fackel flog in weitem Bogen den Deich hinunter. Das war von Karl-Heinz nicht unbemerkt geblieben. Er stürzte laut schimpfend auf den Übeltäter zu. Der, Dresche fürchtend, ging stiften. Karl-Heinz wies auf die Gefahr hin, dass unten Häuser gefährdet sein könnten. Sicher ging es ihm ums

Prinzip, er hatte aber übertrieben. Dicke und wir alle aus Osterhever – der Poppenbüller Karl-Heinz vielleicht nicht – wussten genau, dass es dort neben dem Köömdiek keine Häuser im Gefahrenbereich gab.

Groß Kummerfeld

Da Vater scheinbar nicht begreifen wollte, dass jede Arbeit ihren Lohn wert ist, kündigte ich meine Stelle bei ihm. Ich war des Bettelns um ein paar Kröten müde geworden. Er war verärgert: „Nu, nadem du dien Utbildung ferdi hess, haust du af." Ich fand im Herbst 1957 neue Arbeit in Groß Kummerfeld in der Nähe von Neumünster bei Bernhard Busch, wegen seines großflächigen Kartoffelanbaus *Kartoffelkönig* genannt. An sich keine spektakuläre Stelle, aber wegen der Geestböden wurden großflächig Hackfrüchte, hauptsächlich Steckrüben und Kartoffeln, angebaut und natürlich Roggen. In den sechzehn Monaten, die ich bei ihm war, probierten wir es auch mit einem Schlag Winterweizen, der aber wegen des leichten Bodens im Ertrag mit 33 Zentnern je Tonne[19] enttäuschte. Im Koog brachte er auf der gleichen Fläche im Schnitt über das Doppelte.

Vereinbart hatten wir ein monatliches Nettobarentgelt von zweihundert Mark. Ein damals durchaus üblicher Lohn für einen Jungen Mann wie mich. Bei den langen Tagen, die in der Landwirtschaft üblich waren, blieb allerdings ein kläglicher Stundenlohn. Das wird Bernhard auch gedacht haben; denn er legte nach kurzer Zeit freiwillig fünfzig Mark drauf. Ich gehe davon aus, dass er das nicht getan hätte, wenn er nicht mit mir zufrieden gewesen wäre.

Mir wurde ein nettes Zimmer gezeigt. Dass es direkt über dem Hühnerstall lag, war mir beim Vorstellungsgespräch nicht wirklich bewusst geworden. Es war grauenhaft. Der Lärm begann morgens weit vor dem Wecken. Die Hühner legten ihre Eier auch in den Mittagspausen und an meinen freien Feiertagsvormittagen und begackerten sie rücksichtslos. Viel Schlaf habe ich bei Bernhard nicht bekommen, zumal ich ein Nachtmensch bin und fast immer spät zu Bett gehe.

Aber Frau Lina Busch konnte gut kochen. Zwei gravierende Schwächen hatte sie indes doch: Zum einen gab es bei ihr keine Soßen zu den Kartoffeln. Als Soßenersatz reichte sie in viel Wasser gekochtes, leicht angedicktes Gemüse. Das kannte ich von Mutter so nicht und habe in der Zeit in Groß Kummerfeld nie Gefallen an Kartoffeln ohne richtige Soße gefunden. Allerdings verbot es mir meine Erziehung auch, dagegen zu protestieren. Zweitens ließ sie Brot vertrocknen. Noch heute sehe ich in Gedanken meinen mir gegenübersitzenden Chef deutlich vor mir, wie er mit den Fingern wiederholt die krummen Rücken der Brotschnitte nach unten drückt. Diese ließen sich zwar runterdrücken, gleich nach dem Loslassen machten sie jedoch wieder die Buckel krumm. Aber er meuterte nicht. Er war es so gewohnt. Meine Versuche, Frau Busch zu erklären, dass sich das Austrocknen von Brot durch Einwickeln in Plastiktüten oder Aufbewahren in einem Brotkasten vermeiden ließe, wie ich es bei Mutter gesehen hatte, verhallten.

Möglicherweise haben sich meine Herrschaften an einem Nachmittag beim Kaffeetrinken von mir nicht ganz unbeabsichtigt brüskiert gefühlt. Mit einer größeren Runde – auch einige nichtständige Helfer und Frau Buschs Junges Mädchen – saßen wir am Kaffeetisch. Ich bin ein Tomatenliebhaber. Doch obgleich der Sommer sich dem Ende zuneigte, hatte Frau Busch noch immer keine angeboten. So habe ich mir ein paar gekauft und eine davon in die Tasche gesteckt, habe sie während der Mahlzeit rausgenommen, aufgeschnitten und aufs Brot gelegt. Obgleich ich nicht hochgesehen habe, spürte ich, dass ich das Ziel aller Augen war. Für mich war das eine delikate Situation. Ich möchte Frau Busch keinesfalls unterstellen, dass Geiz Ursache für das Nichtanbieten von Tomaten war. Sie hatte einfach nicht daran gedacht. Sie hatte schnell begriffen, dass Tomaten im Sommer dazugehören.

Auf dem Hof von Bernhard Busch gab es viel zu tun. Ich war der einzige Festangestellte auf dem mit hundert Tonnen Eigenland ausgestatteten Betrieb. Nur in den Spitzenzeiten kamen Fremdarbeitskräfte zu Hilfe. Alle Erntearbeiten wurden mit eigenem Maschinenpark erledigt. Dazu mussten abends und morgens um die zwanzig Kühe gemolken werden. Besonders in den Sommermonaten war das zeitaufwendig, weil sie auf weit entlegenen Weiden liefen, die angefahren werden mussten. Zusätzlich musste ihnen Wasser dorthin gebracht werden.

Ein von Bernhard wohl nicht ganz zu Ende gedachter Auftrag an mich war, nachdem ich erst ein paar Tage dort war, im Dunkeln Wasser zu den Kühen in eine der vielen verstreut liegenden Weiden zu bringen. Ich war mit deren Lage noch nicht vertraut und bin auf der Suche nach der richtigen Weide lange mit dem Ritscher-Trecker und dem Wasserwagen in der weiten Feldmark umhergeirrt.

Der Anbau von Hackfrüchten war damals im Vergleich zu heute mit viel Handarbeit verbunden. So hatte auch Bernhard an vielen Tagen im Sommer 1958 eine zufällig zusammengewürfelte Mannschaft von Männern und Frauen aus den umliegenden Dörfern Klein Kummerfeld, Gadeland, Einbeck, Husberg und natürlich aus Neumünster zum Kartoffeln- und Steckrübenhacken angeheuert. Kartoffeln- bzw. Rübenhacken ist an sich keine anspruchsvolle Arbeit. Trotzdem muss konzentriert gearbeitet werden, damit nicht allzu viele Kulturpflanzen auf der Strecke bleiben. Es ist gut, dass bei so einer tristen Arbeit fast immer jemand etwas zu erzählen weiß. Über alle möglichen Themen wurde diskutiert, getratscht oder kluggeschissen. So konnte es kaum ausbleiben, dass auch Sex thematisiert wurde. Ich war doch sehr überrascht, als sich eine Frau und ein Mann schnell einig waren, *es* zu tun. Schon ließen sie ihre Hacker fallen, liefen flott durch die Steckrüben über den Acker zum Knick, huschten durch die dichten Büsche und waren unseren Blicken entschwunden. Nach einer knappen Viertelstunde kamen sie, ein wenig verlegen grinsend, über den Knick gekrochen, sammelten ihre Hacker und arbeiteten, als wäre nichts geschehen. Dies bestätigt wieder einmal die alte Weisheit: *Wo de Chef nich bi't Huus is, danzen de Müüs op de Disch.*

Bernhard hatte einen Claas-Mähdrescher, der vom hofeigenen Unimog gezogen und über eine Zapfwelle angetrieben wurde. Unterstützt wurde der Unimog von einem VW-Industrie-Aufbaumotor, der damals schon mit Gas betrieben wurde. Wieder einmal war es spät geworden, außerdem zwang der durch Tau klamm gewordene Roggen dazu, Feierabend zu machen. Wegen des etliche Kilometer vom Feld gelegenen Hofes sollten wir mit dem Unimog nach Hause fahren. Der Mähdrescher blieb auf dem Feld. Der Mechanismus eines Mähdreschers läuft nach Ausschalten der Zapfwelle noch lange nach. Um Zeit einzusparen, koppelte ich schon mal den Unimog vom Mähdrescher, ohne den Stillstand der Maschine abgewartet zu haben. Der Unimog, leicht im Gefälle stehend, rollte nur einige Zentimeter nach vorne und schon trennten sich die beiden noch schnell drehenden Zapfwellenteile. Nachdem sie ihre Führung verloren hatten, wirbelten sie wild herum. Bei diesem schnellen Drehen muss die Zapfwelle gegen das Chassis des Unimogs geschlagen sein und dabei das Zapfwellenlagergehäuse beschädigt haben. Weder der Chef noch ich hatten den Schlag, den es gegeben haben muss, wegen der noch drehenden Maschine gehört. Erst am nächsten Tag, als es mit dem Dreschen weitergehen sollte, wurden wir das Malheur gewahr. Wo Mechanik eingesetzt wird, geht mal was zu Bruch, das weiß jeder. Sicher konnte ich nicht wissen, dass der Unimog sich selbstständig machen würde, aber wegen meiner Unbedachtheit hatte ich doch ein schlechtes Gewissen. Mein Chef, der ein ruhiger, gebildeter und gutherziger Mensch war und mich in vielem gewähren ließ, hat mich scheinbar nicht verdächtigt. Die Ernte am nächsten Tag brauchte nicht unterbrochen zu werden, denn der Unimog wurde für die Zeit der Reparatur durch den zweiten Hoftrecker ausgetauscht.

Zum Einlagern der Kartoffeln für den Winter noch ein paar Sätze. Sie wurden bei Bernhard direkt nach dem Absammeln in kleinen Mieten aufgehäuft und nach einigen Tagen mit einer dreißig Zentimeter dicken Roggenstrohschicht bedeckt. Darauf wurde dann von Hand eine dünne Erdschicht geschaufelt. Genau dieser Vorgang wiederholte sich unmittelbar vor Winterbeginn. Ich denke, bei dieser Eindeckung hätten den Kartoffeln auch 50 Grad minus nichts anhaben können. Aber es war schwere Knochenarbeit, vor der auch der Chef sich nicht scheute.

Ein Erlebnis aus meiner Zeit in Groß Kummerfeld muss noch zu Papier. Die Nachbarn von Familie Busch waren die

Der Autor in Aktion. Im Winter ohne Mütze und Pullover.

Wulfs. Sie hatten drei Kinder im Alter zwischen achtzehn und fünfundzwanzig. Max war der Älteste, dann gab es noch Elfriede und Werner. Max war ein großer starker Kerl, der keiner Prügelei aus dem Weg ging. Zu seiner Strategie bei einer Schlägerei gehörte es, möglichst zu Beginn des Kampfes zu versuchen, seinen Gegner dadurch kampfunfähig zu machen, dass er ihm einen Arm brach. Einmal arbeitete ich auf einem Acker an der Straße, als Max mit Pferd und Wagen vorbeikam und bei mir anhielt, um mit mir zu sprechen. Er stand auf der linken Seite, also gegen die Fahrtrichtung. Bald kam ein Käfer angefahren, dessen Fahrer die Seitenscheibe runterdrehte und sich lauthals darüber beschwerte. Max darauf drohend und unmissverständlich: „Mok bloß to, dat du wiederkummst, sonst hol ik di dor rut!" Seinem Ton entnahm der Käferfahrer offenbar, dass eine Diskussion gefährlich werden könnte. Er kurbelte seine Fensterscheibe hoch und fuhr davon. So etwas zu sagen, wagt nur jemand, der sich seiner Überlegenheit bewusst ist oder dem es nicht darauf ankommt, ein Veilchen zu kassieren.

Während meiner Zeit in Groß Kummerfeld arbeitete mein Bruder als Elektriker in Hamburg-Rissen und hatte mich über ein Wochenende zu sich eingeladen. Nun ging es darum, für die anderthalb Tage ein Programm zu entwickeln. An zwei Punkte erinnere ich mich noch. Am ersten Abend waren wir in einer Bar. Natürlich hatten wir uns für diesen Abend, wie es damals üblich war, herausgeputzt. Beide trugen wir dunkle Anzüge, weiße Hemden und Schlipse. Aber warum der Conférencier uns zwei staunende Eleven in unserem Separee als zwei Triebwagen bezeichnete, ist mir bis heute rätselhaft geblieben. Er kannte uns überhaupt nicht persönlich. Für den Sonntagabend hatten wir Plätze im St. Pauli Theater reservieren lassen. Nach all den Jahren ist mir nur noch ein Satz aus dieser lustigen, unterhaltsamen, plattdeutsch inszenierten Vorführung in Erinnerung geblieben. Da sagt eine junge Darstellerin freimütig über ihre momentane Gemütsverfassung zu ihrer Gesprächspartnerin: „Mensch Gerda, ik kann dat knapp noch uthol'n, ik heff een Kramp mang de Been, ik heff de ganze Dach noch keen Mann hat." („Mensch Gerda, ich kann es kaum noch aushalten, ich habe einen Krampf zwischen den Beinen, ich habe den ganzen Tag noch keinen Mann gehabt.") So ist es nun mal, Unfug, der auch noch prägnant vorgetragen wird, prägt sich am besten ein. Runde 58 Jahre sind inzwischen vergangen.

Ein weiteres Beispiel, wie hart Vater sein konnte, sei noch kurz erwähnt. Weil mein Bruder sehr an unseren Eltern und unserem Zuhause hing, kam er während seiner Zeit in Hamburg alle vierzehn Tage übers Wochenende auf seinem kleinen Motorrad nach Hause gefahren. Vaters fröhliche Erwartungsstimmung schlug sofort um, als er meinen Bruder sah. Der hatte mit einem Kollegen gewettet, dass er sich eine gewisse Zeit einen Bart wachsen lassen würde. Vater darauf scharf: „Mit een Boort brukst du in dit Huus nicht weller to kom'n." Für meinen Bruder war sein Elternhaus wichtig und so nahm er sich den Bart ab und verlor die Wette.

Aber auch andere Väter waren hart. Siehe Onkel Ernst, Onkel Johann (Oha), Joh. Wegener, Lehrer Geick, der seinen Sohn genauso verprügelte wie uns. „Pfui, mein Sohn, entferne dich!" Waren sie so hart, weil sie im Krieg, weil sie Soldaten gewesen waren und sonst vor die Hunde gegangen wären? Oder waren sie so hart, weil sie selbst so erzogen worden waren? Denn ich verhielt mich später auch so und war nicht Soldat gewesen. Oder Onkel H., der seine Söhne den Hintern versohlte, weil sie Liese und Lotte nicht rechtzeitig von der Fenne geholt hatten: Bevor Onkel H. sich für die Mittagspause zur Ruhe legte, hatten seine Söhne Weisung erhalten, Liese und Lotte, die beiden Arbeitspferde, pünktlich zum Ende der Mittagspause nach Hause zu holen. Weil die Mittagspause viel zu früh zu Ende gegangen war, kam Onkel H. übellaunig aus der Stalltür. Aber noch ungnädiger wurde er, als er sah, dass Liese und Lotte noch nicht bereit zum Anschirren am Schuppen standen. Es war dem kleineren der beiden Brüder nicht gelungen, Lotte das Zaumzeug über den Kopf zu streifen. Jedes Mal, wenn er kurz davor war, hob sie den Kopf und machte ein paar Schritte rückwärts, so dass er nicht hochreichen konnte. So ging kostbare Zeit verloren. Mit grimmigen Gesicht schritt Onkel H. über den Hofplatz in die Fenne und regelte das. Dann marschierten die drei mit den Tieren zum Schuppen und banden sie dort an.

„Jem töben hier!" („Ihr wartet hier"), rief Onkel H. streng, mit dem Zeigefinger auf den Boden zeigend, wie wenn man einen Hund zum „Sitz!" auffordert. Er lief ins Haus und holte den Stock, der immer griffbereit und sichtbar ein Stück oben über die Küchenschrankkante ragte. Er kam zurück, legte sich die Jungs nacheinander übers Knie und ließ den Knüppel tanzen. Weisung war Weisung, da gab es kein Vertun. Es hatte eine gegeben und sie war nicht ausgeführt worden. Nach Gründen, warum nicht, wurde nicht gefragt.

Pferdenamen wie Liese und Lotte waren damals in. Onkel Oha, unser östlicher Nachbar, und Tante Martha, unsere westliche Nachbarin, hatten welche. Auch für zwei von Vaters ersten drei Pferden reichte die Fantasie nicht weiter. Er stellte allerdings bald auf Wallache um. Sie sind belastbarer als Stuten. Außerdem fallen sie nicht jedes Jahr eine Zeitlang aus, um Fohlen aufzuziehen. In der Hochträchtigkeits- und Säugephase müssen sie geschont werden, weil sonst die Milchproduktion zu schnell zurückgeht. Helfer oder doch eher Zugucker bei Fohlengeburten war ich so nur auf Nachbarhöfen. In Heiligenhafen war es ebenso.

Obgleich ich neulich gelesen habe, dass bei domestizierten Tieren die Sinnesorgane weniger leistungsfähig und das Gehirn runde 30 % kleiner ist, denke ich, dass sie, nachdem sie sich vom Menschen Sattel oder Zuggeschirr haben anlegen lassen, wussten, dass sie arbeiten müssen. Sie sind ähnlich launisch wie Menschen. Vielleicht waren Liese und Lotte noch nicht richtig satt geworden oder hatten den Zeitpunkt versäumt, ein zweites Mal zu saufen. Es gibt Halunken unter den Pferden, die schnappen sich ruck-zuck den dargebotenen Knust aus der Hand, drehen einem den Hintern zu und galoppieren mit beiden Hinterbeinen gleichzeitig ausschlagend, mitunter auch noch wiehernd oder schnaubend, den Kopf schüttelnd und furzend in die entfernteste Ecke der Fenne, und der Mensch dackelt wie ein Blödmann hinterher.

Nützt je nix.

Eine häufig vorkommende, mit äußerst starken Leibschmerzen verbundene Krankheit bei Pferden ist die Kolik. Ursache ist meistens eine Erkältung, verschmutztes Futter oder eine Verstopfung. Vor Schmerzen wissen die Tiere nicht wohin. Voller Unruhe rennen sie in ihrer Box hin und her oder rundherum, schmeißen sich hin, stehen wieder auf usw. Wer einmal ein an Kolik erkranktes Pferd erlebt hat, vergisst das nicht wieder. Ich erinnere mich, dass unser Pferd sich mit der Brust gegen die Bretter der Bande stemmte, bis sie zerbrachen und es auf den Hofplatz hinausrannte. Als es sich dort hinschmiss, nutze Vater die Gelegenheit, ihm einen Halfter aufzusetzen. Es ist eine ernsthafte Krankheit, und damals krepierten viele Pferde daran. In den meisten Fällen jedoch konnte der Tierarzt mit Einläufen helfen.

Erneut zu Hause

Zum Jahreswechsel 1958/59 bekam ich einen Brandbrief von Vater, ich möge doch nach Hause kommen und ihm helfen. Er bot mir monatlich hundert Mark reines Geld und freie Kost und Logis. Außerdem sorgte Mutter für meine Kleidung, auch für die Sonntagskluft. Sinngemäß schrieb er, dass er diesbezüglich zu keiner weiteren Konzession bereit wäre. So kündigte ich denn zum 28. Februar bei Bernhard, allerdings mit einem unguten Gefühl. Für ihn stand mit dem nahenden Frühling die hektische Zeit des Kartoffelsortierens und der Vermarktung an. Daneben musste das Vieh versorgt werden und die Feldbestellung stand bevor. Wegen der Nähe zu Neumünster hatte er immerhin keine Probleme, Fremdarbeitskräfte zu bekommen.

Vater baute neben allerlei Sonderkulturen Gras zur Gewinnung von Grassamen an. Nach der Ernte wurden zwei Anhänger, einer mit der Ernte unseres Nachbarn und einer mit der Grassaat aus unserer Produktion, vollgestapelt, hintereinander gekoppelt und mit unserem Bulldog davor zu der Vertragsfirma A. P. Kloster nach Flensburg gebracht. Hans Dircks, der Junge Mann von Onkel Johann, und ich wechselten uns als Fahrer ab. Auf der Rücktour wollten wir den Stiefsohn unseres Nachbarn im Husumer Krankenhaus besuchen, wo er nach einem schweren Unfall lag. Das Krankenhaus lag nur wenig abseits unseres Nachhauseweges, also wurde die Gelegenheit genutzt. Der Bulldog mit den beiden Anhängern wurde auf dem Krankenhausparkplatz abgestellt und auf Standgas laufen gelassen. An sich ist kaum etwas Interessantes an dieser Geschichte. Ich möchte nur schildern, was damals alles ging, ohne dass Leute sich beschwerten oder die Polizei aktiv wurde. Dazu muss man allerdings sagen, dass der gesamte Verkehr von und nach Eiderstedt, bis zur Fertigstellung der Husumer Umgehung 1963, über die *alte* B5 am Hafen vorbei, die Neustadt hoch durch die Stadt führte.

Gerd, der jüngste Sohn des Schmiedemeisters Paul Sältz, fuhr eine Zeit lang einen 700er BMW-PKW, einen feinen, flachen, flotten Flitzer. „Der geht dir unterm Arsch weg." Mit diesem Slogan pries Wilhelm Bienek, der hiesige BMW-Werkstattleiter aus Osterhever, diesen Renner an. Oft waren wir zusammen unterwegs, meistens mit vollem Auto. Mal fuhr ich mit Gerd, mal er mit mir in Vaters Käfer. In Pahlen gab es damals das *Pahlazzo*, eine riesige Halle, in der Tanzmusik gespielt wurde. Als wir nach Feierabend durch den Koog nach Pahlen unterwegs waren, saß der Land- und Fiskusarbeiter Hans Christian in seiner direkt an der Straße liegenden Fenne auf einem Dreibockschemel und melkte. Auf unserer Rückfahrt am nächsten frühen Morgen saß er genau an derselben Stelle unter derselben Kuh. Scharf ging Gerd in die Bremsen und fragte ihn: „Mensch Hans, bis du noch immer an't Melken? Kummt dor överhaupt noch wat?"

BMW 700 SL Limousine, 33 PS

Auf einer Rücktour bekamen wir kurz hinter Pahlen eine Panne. Alle hatten viel zu tief ins Glas geguckt, nahmen sich wichtig und wollten beim Montieren helfen. Als Gerd dem Ersten den Schlüssel für die Radmuttern reichte, konnte dieser die Muttern nicht finden. Er fummelte und fummelte. Dann Gerd selbstsicher: „Kumm, laat mi mol." Auch er suchte die Muttern vergebens. Währenddessen waren wir albern bis zum Gehtnichtmehr und krümmten uns vor Lachen, während ein anderer uns den Rücken kehrte und sich übergab.

Auf so lustigen Touren konnte Gerd, wenn er ein paar Cola Bacardi intus hatte, sogar singen. So klang es dann im Auto: „Schade, Soraya kriegt kein Kind, schade, der Schah hat Wind im Pint …", nach der Melodie des damals hoch in den Charts stehenden Ohrwurms „River Kwai-Marsch". Oder er sang: „Die Farah, die Farah, die Diba, sie liebt nicht den Schah, nur sein Geld …" nach der Melodie des von dem italienischstämmigen Komponisten interpretierten Schlagers „Marina, Marina, Marina, dein Schick und dein Charme, der gefällt, Marina, Marina, Marina, du bist doch die Schönste der Welt …" Rocco Granata.

Von Gerd hörten wir zum ersten Mal die These: An der Nase des Mannes, erkennt man seinen Johannes. Also durchweg eine fröhliche Schar, die jederzeit zu Unsinn aufgelegt war.

Wat'n Spooß.

Tricksen, täuschen, tarnen

Ich war Mitte zwanzig, als Vater sich einen Käfer kaufte, den ich mitunter nehmen durfte. Manchmal nahm ich ihn auch, ohne zu fragen. An einem Winterabend wollte ich nach Husum. Die Straßenverhältnisse waren *falsch*, das heißt, es war hier und da glatt. Obgleich ich langsam unterwegs war, konnte ich in Uelvesbüll das Auto in einer Kurve nicht halten und es glitt mir in den Straßengraben. Nach Frost hatte es einige Tage getaut und stark geregnet. Das Auto stand nun auf dem noch tragenden Eis im Graben. Auf dem Eis stand das Wasser so hoch, dass es in den Innenraum lief, als ich die Tür öffnete. Außer dem Wassereinbruch hatte es keine weiteren Schäden gegeben. Ich fragte beim nächsten Bauern, ob er das Auto auf die Straße ziehen könne. Das ging flott und ohne Probleme über die Bühne. Erneut stand ich, wie einige Jahre vorher mit dem beschädigten Motorrad, vor der Frage: Müssen die Alten eigentlich alles wissen? Ich sagte mir ‚Nein, sie müssen nicht'. Und wieder begann ich zu tricksen, zu täuschen und zu tarnen. Langsam, mit nassen Füßen natürlich, bin ich nach Hause gejuckelt, in die Garage gefahren und habe begonnen, das im Fußraum stehende Wasser mit einem Litermaß in einen Eimer zu schöpfen und den Rest aufzufeudeln. In den folgenden Nächten bin ich dann, wenn alle schliefen, aufgestanden und habe einen Heizlüfter ins Auto gestellt. Morgens, vor dem eigentlichen Aufstehen, habe ich ihn wieder entfernt. Ich stelle mir vor, dass Vater wegen der im Auto liegenden Gummifußmatten nichts von der Nässe darunter bemerkt hat.

Das schöne Geschlecht

In einem dieser Jahre mag es gewesen sein, dass mein um neun Jahre jüngerer zweiter Bruder gelegentlich nächtlichen Besuch von einem jungen Mädchen bekam. Es war Elli, der kleine Wildfang. Er hatte sein Zimmer auf dem teilweise ausgebauten Getreideboden. Die Treppe lag über der Küche. Es war also nicht einfach, unbemerkt hinaufzukommen. Mutter erzählte mir eines Morgens eine Geschichte über meinen kleinen Bruder, die ich nur schwer glauben konnte. Sie hatte mit ihren damals noch äußerst feinen Ohren etwas die Treppe hinaufschleichen gehört. Etwa eine halbe Stunde später ist sie selbst die Treppe hinaufgeschlichen und hat leise die Zimmertür meines Bruders geöffnet. Da lagen die beiden friedlich nebeneinander und flüsterten. Ganz leise schloss Mutter die Tür und hat ihren Sohn nicht bei seinem Vater verpetzt. Sie wusste nicht, wie er reagieren würde, und mochte diesen Frieden nicht stören.

Auch *ich* kann aus einigen dieser Jahre von herrlichen, unvergessenen Nächten berichten; denn gelegentlich bekam auch ich des Nachts nicht eingeladenen Besuch von jungen Mädchen. Wie es angefangen hat, erinnere ich nicht mehr. Wohl kannte ich sie, sie halfen häufig auf dem Feld – Vater war noch Chef – beim Pikieren der Rüben oder beim Unkrautjäten zwischen Gemüse oder Gewürzen. Sie schlichen sich nachts, mal diese, mal jene – meistens einzeln – in mein Zimmer, zogen sich aus und krochen zu mir unter die Bettdecke. Es war ein sagenhaftes, schwer zu beschreibendes Gefühl, diese jungen Dinger splitterfasernackt neben mir liegen zu haben. Die Schönheit dieser Stunden wirklich zu beschreiben, sind wegen meines literarischen Unvermögens Grenzen gesetzt. Ich durfte diese jugendlichen Körper streicheln und anfassen und diese kleinen, festen, noch wachsenden Busen in die Hand nehmen, ohne dass mir auf die Finger geklopft wurde. Ich konnte mich des Gefühls nicht erwehren, als wenn sie darauf warteten, berührt zu werden. Besonders ist mir noch in Erinnerung, wie die Mädchen zitterten. Wie kann man nur so zittern und beben, habe ich mich gefragt. War es aus Angst vor etwas Neuem? War es vor Aufregung? War es vor Erregung? War es Scham? Ich hätte den Mut haben sollen, sie zu fragen. Vielleicht habe ich es sogar getan, weiß aber nicht mehr um die Antworten.

Schon viele Male hatte ich, wenn ich allein in meinem Bett lag, mit offenen Augen davon geträumt, dass es schön sein könnte, nun ein Mädchen in den Armen zu halten und dabei leiser romantischer Musik aus dem Radio auf meinem Nachtschrank zu lauschen, wie: „und mancher wünscht sich, 's möcht immer so sein: bei einem Maderl und am Flascherl Wein“ (Aus dem *Kufsteinlied*). Nun war einer der oft geträumten Träume tatsächlich in Erfüllung gegangen, allerdings ohne Wein und Radiomusik. Diese kleinen Kompromisse musste ich machen. Manchmal waren die Mädchen fast vier Kilometer weit gelaufen, um zu mir zu kommen. Diese zauberhaften Nächte vergingen wie im Fluge und das Rasseln des Weckers rückte unerbittlich näher. Mir, und sicher wohl auch meinen Mädchen, grauste davor, raus zu müssen. Nachdem sie unter meine Decke geschlüpft waren, war in diesen Nächten an Schlaf nicht zu denken.

Wenn ich es irgendwie möglich machen konnte, nahm ich, in der Hoffnung, dass Vater schlief, seinen VW, um meine *Gäste* nach Hause zu bringen. Ob er es gelegentlich gemerkt hat? Ich weiß es nicht. Ich denke schon, er wird sich geärgert, aber sich dann doch vornehm zurückgehalten haben. Ich erinnere mich nicht, dass es je zur Sprache gekommen ist. Aber eines Nachts hatten wir es übertrieben. Wir hatten das Aufstehen zu lange hinausgezögert. Als ich das Mädchen nach Hause gebracht hatte und den Käfer langsam durch die Stöpe in den Koog rollen ließ, kam mir Vater auf dem Fahrrad entgegen. Er war schon unterwegs, um die Kühe zum Melken nach Hause zu holen. Nichts hat er sich anmerken lassen. Mutter hat ihren Sohn morgens sicher gelegentlich nachdenklich und kritisch beobachtet. Gerne hätte ich dann ihre Gedanken gelesen. Ich vermute, sie wird so manches Mal gedacht haben: „Oh Jette, wat'n Nach hett he wull wa hatt." Vielleicht hat sie auch manchmal etwas schleichen gehört: Irgendwo heißt es ja: „Ihr geht von deines Herzens Schlag, obwohl die Lippe schweigen mag, auch nicht ein leiser Ton verloren." Aber das ginge dann schon wieder in den Bereich der Spekulation.

In eine äußerst unangenehme, peinliche Situation war ich geraten, als mich eines Nachts ein Mädchen mit in sein Zimmer und schließlich zu sich ins Bett nahm. Meine Klamotten hatte ich auf einen Stuhl abgelegt. Als ich wenig später die Klinke der Schlafzimmertür hörte und der Chef des Mädchens ins Zimmer kam, hatte ich, bevor er Licht machte, in reflexartiger Reaktion, rasch auf Vogelstraußpolitik geschaltet und mich unter die Bettdecke verkrochen. Damit hatte ich *mich* zwar unsichtbar gemacht, aber wegen meiner Klamotten roch er Lunte, und ich hörte ihn zweimal mit mahnender Stimme den Namen des Mädchens sagen, um dann warnend zu ergänzen: „… dat much ik nich noch mol beleben." Dann zog er ab. – Ich hatte mal wieder unwahrscheinliches Glück gehabt. Genauso gut hätte er uns die Bettdecke wegreißen und zumindest mich verprügeln oder mit einem gehörigen Fußtritt nach draußen befördern können. Vielleicht ohne Hemd, ohne Autoschlüssel und ohne Unterhose?

Ohne zu einem Ergebnis zu kommen, denke ich häufig darüber nach, ob er wusste, wer da bei seinem Jungen Mädchen eingestiegen war, und was *er* in *ihrem* Zimmer wollte.

Als sie einige Tage später abends neben mir im Auto saß, merkte sie, dass ich mit meinen Gedanken nicht wirklich bei unserem Gesprächsthema war. War ich auch nicht. Ich hatte an mir selbst gespürt, dass meine Gefühle für sie nicht ausreichten, sie länger an mich zu binden. Als ich versuchte, ihr das zu erklären, und dass wir uns so nicht wieder treffen könnten, war es bereits zu spät. Sie hatte sich längst verliebt. Sie begann zu weinen und sagte: „Schick mi ni weg, Christian, lat mi ni alleen. Ik do alles för di." Eine tragische und geradezu groteske Situation, die mir aus Mitleid mit ihr, ebenso wie wahrscheinlich ihr, fast das Herz zerriss. Ich wusste genau, wie ihr zumute war. Auch mir war bereits einige Male gekündigt worden bzw. ich hatte den Laufpass, oder wie man es nun immer ausdrücken will, bekommen. Für mich jedoch war es ein Gebot der Fairness, wenn auch ein unbequemes, es ihr direkt zu sagen. Gerade diese Begebenheit kommt mir wohl heute noch häufig in den Sinn, weil sie den Mut gehabt hatte, zu gestehen, wie sie an mir hing.

Ich werde selbstständiger Bauer

Ich habe eine fröhliche, unbeschwerte Frau geheiratet, die leider nicht singen kann. Christine kann keinen Ton halten. Trotzdem sang sie in den ersten Jahren unseres gemeinsamen Lebens, auch im Frühjahr, im Sommer und im Herbst, allenthalben Weihnachtslieder. Wiederholt habe ich sie, wenn ich sie dabei ertappte, gebeten: „Och Christine, nu sing doch in de Sommer nich andauernd Wiehnachtsleeder." Es ist mir wichtig darzulegen, dass ich ihr nicht das Singen verbieten wollte. Ich weiß, dass ich wiederholt deutlich gemacht habe, dass ich singende Menschen und Gesang liebe. Meine Betonung lag immer auf *Wiehnachtsleder* zu unpassender Jahreszeit. Irgendwann hat sie es sich doch zu Herzen genommen. Es dauerte lange, zu lange, ehe ich bemerkte, dass ich mit meinen Bitten einen nicht wieder gutzumachenden Fehler begangen hatte, der mir noch heute zusetzt. Nun bettele ich sie an, doch mal wieder ein Lied zu singen. Vergebens, sie singt nicht mehr. Es ist aber nicht so, dass sie sonst ernster geworden wäre. Ihre lockere Fröhlichkeit hat sie sich erhalten können. Ergänzend sollte ich erklären, dass auch ich in den ersten Jahren unserer Ehe viel und oft gesungen habe. Weniger wurde es dann, als Lehrlinge ins Haus kamen und zuhören konnten.

Schon bevor Vater mir den Betrieb am 1. Januar 1966 zur Pacht überlassen hatte, pachtete er selbst einen leer stehenden Stall im Alt-Augusten-Koog, den er zum Hühnerstall ausbaute. Dort konnte er 4.000 Legehennen halten und die entsprechende Nachzucht betreiben. Er war fast den ganzen Tag mit seinen Hühnern beschäftigt und die körperliche Arbeit auf dem Betrieb lastete nun ausschließlich auf mir. Hinzu kam, dass er mich immer wieder für schwere Arbeiten in seinem Hühnerstall, wie z. B. für den Nachschub an Stroh für die Einstreu, dem Tragen der mit 150 Pfund Hühnerfutter gefüllten Säcke zum Boden und für das Ausmisten des Stalles, heranzog. Er setzte sich in seinen Käfer, mit dem er Eier an seinen immer größer werdenden Kundenkreis ausfuhr, war also oft unterwegs.

Durch sein vorsichtiges und fachmännisches Wirtschaften machte Vater es 1967 möglich, mir den Hof, was kaum einem Bauern gelang, mit einem Grundviehbestand schuldenfrei zu überschreiben. Sogar zwei meiner drei Brüder hatte er als weichende Erben abgefunden, so dass ich nur noch meinen jüngsten Bruder abzufinden hatte. Und die Rente meiner Mutter musste ich, nach Vaters Tod am 6. Februar 1967, wie die meisten anderen Hoferben auch, bis zu ihrem Tod 2004 aufstocken. Hierzu gehörte auch, das Altenteilerhaus, das meine Eltern 1962 bauen ließen und für das Mutter lebenslanges Wohnrecht hatte, zu unterhalten.

Nachbarschaftliches – Onkel Oha und Hermann

Onkel Johann Hargen Hinrichs, unser Nachbar, hatte für ein halbes Jahr den 27-jährigen gelernten Karosseriebauer Hermann Pruter als Praktikanten auf seinem Hof. Er hatte eine Bauerntochter kennengelernt, die einen landwirtschaftlichen Betrieb erben sollte. Die beiden planten zu heiraten. Hermann wollte also auf Landwirtschaft umsatteln und unter diesen Umständen war es für ihn selbstverständlich, eine Prüfung zum landwirtschaftlichen Gehilfen zu machen. Um zur Prüfung zugelassen zu werden, benötigte er den Nachweis, ein halbes Jahr Praxis mit Tagebuchführung auf einem landwirtschaftlichen Betrieb absolviert zu haben. Er war vier oder fünf Jahre älter als ich und ein belesener

Mann, von dem ich noch allerlei lernen konnte – nicht *nur* Unfug. Von ihm lernte ich, dass die beiden Lebensweisheiten „Was uns nicht umbringt, macht uns härter" und „Gehst du zum Weibe, vergiss die Peitsche nicht! vom Philosophen F. Nietzsche stammten. Oft schimpfte er mit hoher Stimme und nannte seinen Lehrherrn wegen seines aufbrausenden Wesens Onkel Oha, jedenfalls hinter vorgehaltener Hand.

Bevor es mit dem Mähdrescher aufs Feld ging, zog er vorher seine Unterhose bis zur Brust hoch. Wegen des Staubens beim Dreschen fettete er seine Nasenlöcher mit Nivea-Creme ein, damit die Schleimhäute nicht eintrockneten und verschmutzten.

Als ich ihn eines Tages fragte, was er sich davon verspräche zu heiraten, antwortete er mit seiner hohen, lauten Stimme: „Ja, wat meenst du denn, Chrüschon, cheregelte Cheschlechtsverkehr is wichti, wets du dat denn ni? Hihihi!!!" Ja, ja, genauso lachte er, laut und penetrant. „Kann de Dümmste un mach de Fuulste. Hihihi!!!"

Mein zweiter Bruder Sönke Peter brachte mir noch eine Eigenschaft von Hermann ins Gedächtnis. Er sei äußerst sparsam, man könnte vielleicht sogar von geizig sprechen. Jede Mark, die nicht unbedingt gebraucht wurde, legte er für den Betrieb, in den er einheiraten wollte, zurück. Geschlechtsverkehr sei wichtig, behauptete Hermann, aber sich vor Krankheiten und die Frauen vor Schwangerschaft zu schützen, sei eben nicht umsonst zu haben. Ein Kondom kostete damals eine Mark oder zwei. Und obwohl als Einwegprodukt vorgesehen, ist es nach Hermanns Ansicht nach einmaliger Nutzung nicht wirklich aufgeschlissen. ‚Das wollen wir kriegen', wird er gedacht haben, spülte sie akkurat aus und stülpte sie in seinem Zimmer zum Trocknen über die im Obstmesserhalter steckenden Messer. So hatte es Frauke, die 12-jährige Tochter von Onkel Oha, gesehen und meinem Bruder erzählt.

Er hatte noch zwei jüngere Brüder. Alle drei waren leidenschaftliche Bulldog-Fans. Immer wieder erzählte Hermann begeistert, dass sie mit dem Bulldog seines Vaters ohne wesentliche Reparaturen drei Sätze Reifen aufgeschlissen hätten. Wenn er mal nicht ordentlich ziehen wollte, weil die Kupplung rutschte, warfen sie eine Handvoll Sand hinein. Als ich die Einspritzpumpe von unserem Bulldog zerlegt hatte, weil es mit ihr Probleme gegeben hatte, und ich sie nicht wieder zusammensetzen konnte, war Hermanns Bruder Paul meine Rettung. Voller Stolz zeigte er mir die richtige Vorgehensweise.

Wenn beim Dreschen das Gebläse umgestellt werden musste, hieß es: vier Mann – vier Ecken. Hermanns Ecke kam nicht vom Grund. Wenn es irgendwie möglich war, versuchte er sich zu schonen. Schon brüllte Onkel Oha: „Nu lüüch doch mol mit an, Hermann!“ (Nun heb doch mal mit an, Hermann!) Der brüllte mit seiner hohen Stimme umgehend zurück: „Jo jooo, dat do ik je doch, Mensch!“ Beim zweiten Kommando funktionierte es dann.

Eine seiner klugen Thesen noch: ‚Lieber zwei Stunden liegen oder sitzen und spekulieren, wie man sich Arbeiten erleichtern oder ganz vermeiden kann, als fünf Minuten körperlich etwas zu tun. Hihihi!!!‘

Er hatte die Erfahrung gemacht, dass die Klabusterbeerenernte die Schwierigste überhaupt ist: „Wenn se riep sind, fangs an to schrien. Wenn du se unriep ernten deist, gripps in de Miss. Hihihi!!!“

Wenn er mit Onkel Ohas kleinem Güldner Trecker für Feldarbeiten auf den klutigen, unebenen Acker geschickt wurde, stand er die meiste Zeit auf dem Trecker, weil sein Schmerbauch beim Geholpere im Sitzen zu sehr schwubbelte.

Leider ist er mit 33 Jahren auf tragische Weise ums Leben gekommen.

Nachbarschaftliches zum Dritten

Mit Reimer (s. o.) habe ich bis auf ein oder zwei von mir unbedacht verschuldete Querelen all die Jahre harmonisch zusammengearbeitet. Wir hatten Maschinen von unseren Eltern übernommen, die diese zusammen gekauft hatten, die auch wir weiterhin gemeinsam nutzten, andere liehen wir einander aus. Wenn es irgend ging, halfen wir einander beim Anbauen der Maschinen an die Trecker. Das Timing über die Absprachen für die Nutzung der Maschinen klappte alle Jahre hervorragend. Als er mir dann doch einmal vorwarf, ich drängele mich beim Lohnunternehmer für den Mähdreschereinsatz vor, hat mich das schwer gekränkt. Natürlich haben die Nachbarn nicht nur Positives über mich getratscht. Aber wenn mir so etwas unterstellt wurde, musste ich mich zur Wehr setzen. Vordrängeln war damals und ist auch heute nicht meine Art.

Reimer und ich hatten uns im Laufe der Jahre so gegen Weidezaunstrom abgehärtet, dass wir Reparaturen am Zaun grundsätzlich ausführten, ohne den Strom auszuschalten. Die Fehler lagen mitunter Hunderte Meter vom Gerät entfernt, so dass es viel zu zeitaufwendig gewesen wäre, zum Gerät zu laufen und es abzuschalten. Gummistiefel oder Gummilatschen sorgten für eine einigermaßen erträgliche Isolierung. Wenn allerdings unsere Hosenbeine vom Regen oder langem, feuchtem Gras nass geworden waren, mussten wir die Zähne zusammenbeißen. Die Stromschläge ließen die Hände erzittern und Reparaturen waren dann nur mit äußerster Beherrschung möglich.

Ich kann es nicht lassen und fände es schade, wenn ich eine Meinungsverschiedenheit zwischen Reimer und seiner Frau Christa, die aus mir unerklärlichen Gründen zum Kooggespräch geworden war, hier nicht zu Papier brächte. Auf allen

Höfen gibt es viel zu tun, man muss sich sputen. Und so war Christa immer in Eile. Noch oft sehe und höre ich in Gedanken, wie sie über den holprigen Hofplatz zum Melkschuppen hetzt, das Milchgeschirr auf der kleinen Gummikarre scheppernd hinter sich herziehend. Entsprechend mangelte es ihr oft an Zeit, um etwas Abwechslungsreiches auf den Mittagstisch zu bringen. Aber sie wusste aus der Not eine Tugend zu machen. Pfannenkuchenteig lässt sich schnell anrühren und backen. Entsprechend oft, nach Reimers Meinung zu oft, buk sie dicke Pfannenkuchen. Reimer konnte sie nicht mehr sehen, schon gar nicht mochte er sie noch essen. So sagte er eines Tages verärgert zu ihr: „Du Christa, wenn du mi noch eenmal so'n dicke Pannkoken op de Disch stellst, schmiet ik di mitsamt de Pannkoken ut Finster rut."

Nachbarschaftliches – unser Schäfer

Unser Schäfer, der seine Schäfchen meistens aus erhöhter Position vom Deich aus zählte, hatte so nebenbei einen guten Überblick darüber, was seine Nachbarn auf ihren Ländereien trieben. Natürlich hat er auch kritisch auf mich als Jungbauern geblickt. So soll er im Gespräch mit einem Nachbarn mit seiner rauen Stimme gesagt haben: „Wat mokt Christan[20] dor nu denn all wa?" Dabei kann ich nicht sagen, was ich damals aus seiner Sicht für einen Mist baute. Ein anderes Mal soll er bewundernd über unseren in voller Pracht stehenden Raps geäußert haben: „Dammi, Christan sien Raps is inne Gang, duumdick!" (Donnerwetter, Christians Raps steht ja gewaltig – daumendick!)

Aber nichtsdestotrotz hatte er doch wohl eine Reihe Ressentiments mir gegenüber. Auf jeden Fall hat er mich bis zu seinem Tod für einen Klugscheißer und Grünschnabel gehalten. Bin ich natürlich auch, gebe ich ja zu. Zweimal –

einmal als Kind und einmal als Erwachsener – hat er mich geohrfeigt, allerdings nur ganz leicht gestreift.

Nach der Schur der Schafe hatte unser Schäfer die gesamte Wolle zum Abholen gegenüber von unserem Hof, auf dem Abbieger zum Schäferweg, in großen Säcken zu einem hohen Haufen gestapelt, auf dem ich übermütig herumturnte. Genau das wird er von seinem Haus aus beobachtet haben, hat sich auf sein Rad gesetzt, ist zu seinem Wollstapel gefahren, hat mich angebrüllt, verwarnt und mir eine geklebt.

Noch eine Szene mit unserem Schäfer, allerdings wohl zwanzig Jahre später: Die alte und die jüngere Generation der Nachbarn saßen bei Onkel Oha in der guten Stube. Irgendetwas wurde gefeiert. Plötzlich kamen die Alten auf den Krieg zu sprechen und unser Schäfer behauptete etwas, woran ich mich nicht erinnere. Worauf ich in meinem jugendlichen Leichtsinn einwarf: „Ja, Onkel Ernst, dor hess du rech." Sofort brüllte er los, ich sei ein junger Grünschnabel, nie Soldat gewesen, keine Ahnung vom Krieg! So war es. Alles, was ich über den Krieg wusste, hatte ich aus Erzählungen von Herrn Geick oder aus Kriegstagebüchern. Er langte mir jedenfalls eine. Ich darauf: „Onkel Ernst, do dat nich no mal; denn lang ik torüch." (Onkel Ernst, wenn du das noch mal tust, schlage ich zurück.) Er darauf, immer noch sehr laut im Wort: „Du junge Spunt, Christan, ehr du sowiet kummst, heff ik di lang de Hals affsned'n!" (Christian, du junger Spunt, ehe du soweit bist, habe ich dir längst die Kehle durchgeschnitten!) Alle anderen verhielten sich ruhig, aber nun hatten wir den schönsten Streit unter Nachbarn. Sein Sohn verließ darauf den Raum, setzte sich auf seine 250er-BMW. Kurz darauf erreichte uns die Botschaft, er sei gegen die Stöpe (die Öffnung des Deiches für die Straße) gefahren. Wir waren geschockt und sind zum Unfallort geeilt. Das beschädigte Motorrad lag noch an der

Straßenkante. Der junge Mann hatte Glück gehabt und war fast unverletzt davongekommen.

Es waren raue Sitten damals, fast wie im Wilden Westen, nur mit dem Unterschied, dass nicht gleich geschossen wurde.

Unser Schäfer war ein Mann, der sich über die kleinsten Kleinigkeiten fürchterlich aufregen konnte und dabei laut wurde. Oft hörten wir sein Schimpfen – er wohnte immerhin ungefähr vierhundert Meter von uns entfernt –, wenn er zu Hause Ärger oder Streit hatte.

Am Vormittag nach beschriebenem Vorfall waren Vater und ich in unserer Fenne an der Straße im Heu. Unser Schäfer kam auf dem Rad vorbei, stieg ab, sprang über den Graben und plauderte mit ihm, als wäre nichts gewesen. Es ist gut, wenn es so läuft. Vergessen wird so etwas natürlich nicht, aber man tut so.

Als ich, wieder einige Jahre später, eines frühen Morgens bei Dunkelheit beim Pflügen mit dem Trecker in unseren gemeinsamen Grenzgraben rutschte, bat ich ihn, weil er in der Nähe wohnte, um Hilfe. Sofort schmiss er seinen kleinen Güldner-Trecker an und zog unseren auf den Acker zurück. Auch die gegenseitige Nachbarschaftshilfe hatte keinen Schaden genommen. Wir mähten seinen Hafer mit dem Selbstbinder. Er half uns beim Heu-Reutern. Trotzdem hörte ich einmal, wie Vater sich Mutter gegenüber über die freundlich-verbindliche Art unseres Schäfers mokierte und sein Gehabe als *katzenfreundlich* bezeichnete. Allerdings wagte er diese Einschätzung über seinen Nachbarn nur vertraulich. Man will ja lieber keinen Streit.

Wer viel fragt, bekommt viele Antworten

Einige Jahre nach Vaters Tod musste seine Grabstelle mit Erde aufgefüllt werden. Mein Bruder Paul und ich luden

Erde auf einen kleinen Hänger, spannten unseren Bulldog davor und fuhren damit direkt durch das nicht verschlossene schmiedeeiserne Kirchwarfttor an die Grabstelle. Wir wussten genau, wenn wir den Kirchendiener – es war inzwischen nicht mehr unser Onkel Peter – fragen würden, würden wir die Erde auf Schiebkarren umladen und hochschieben müssen. Kaum oben angekommen, kam der Kirchendiener auch schon schimpfend auf dem Fahrrad angefahren, stauchte uns zusammen und meinte, dass es so nicht gehe. Wir taten schulbewusst, grinsten uns jedoch heimlich ins Fäustchen. Wir hatten ihn überlistet.

Nicht selten ist der direkte Weg der einfachste. Unsere Mutter hatte uns rechtzeitig gelehrt: Wer viel fragt, bekommt viele Antworten, eventuell auch solche, die ihm nicht gefallen. Viele Jahre nach unserem Überraschungscoup blieb die Pforte zum Friedhof verschlossen. Die Leute, die mit größeren Fahrzeugen auf die Kirchwarft wollten, mussten beim Kirchendiener nachfragen, bekamen aber meistens abschlägigen Bescheid.

Freud und Leid eines Bauern

Zum zweiten Mal in meinem Leben trauerte ich tief über eine tote Katze. So etwas Treues und Anhängliches wie sie hatte ich bisher nur bei unseren Hunden erlebt. Wenn ich die Kühe zum Melken nach Hause holte, trippelte sie wie ein Hund neben mir her, auch zu entfernten Weiden. Wenn ich später unten im Melkstand die Zitzenbecher aus den Spülbechern zog, lief sie mit rundherum.

Einer unserer Lehrlinge war früh morgens in der Hausfenne am Grasmähen für die Silageernte. Die Katze hatte wohl gestreunt, hatte sich vor der herannahenden Mähmaschine geduckt und war von ihr erfasst worden. So hatte sie sich

Heuernte, im Hintergrund der Außendeich

kläglich miauend zu mir in den inzwischen leeren Melkstand geschleppt, den ich gerade reinigte. Ein Bein war abgemäht worden. Eines hing noch an Hautfetzen, der Bauch war angeschnitten worden, schwerste Verletzungen am Kopf hatte sie davongetragen. Ich war tief erschüttert von diesem Anblick. Noch heute beim Schreiben fühlt es sich an, als würde sich mein Herz schmerzhaft zusammenziehen. Auf den ersten Blick war klar: Für sie gab es keine Rettung. Ich lief ins Haus und holte das Gewehr. Es half nichts, es musste getan werden. Je schneller, desto besser. Es mag sich eigenartig oder unglaubwürdig anhören, aber ich denke, dass ich über den Tod meiner Eltern nicht tiefer trauern konnte als über das traurige Ende dieser Katze.

Ein weiterer Fall, der mir in einem Winter als selbstständiger Bauer schwer zu schaffen machte, war eine sehr schwere Grippeerkrankung einer Reihe Jungtiere. Der Haustierarzt ging bei uns ein und aus. Alle Versuche, die Leiden der Tiere zu lindern, schlugen fehl. Auch ein weiterer Tierarzt, den wir in unserer Verzweiflung kommen ließen, war ratlos. Alle waren wir fertig, ein Tier nach dem anderen mussten wir mit dem Trecker tot aus dem Stall ziehen. Als ich vor den übrigen kranken Tieren auf dem Futtergang entlanglief und sah, wie sie schwitzten, ihren rasselnden Atem hörte und bemerkte, wie sie sich quälten, konnte ich nicht mehr. Ich setzte mich vor sie auf ein Bund Stroh, schlug die Hände vors Gesicht und weinte still vor mich hin. Dabei war es keineswegs der materielle Schaden, der mir zu schaffen machte. Es war für mich unerträglich, diesem Leiden hilflos zusehen zu müssen.

Obgleich unser Volker wie sein Vater als Baby häufig weinte, war er eines Sonntagsmorgens gut drauf: lachte, jauchzte und quietschte vor Lebensfreude. Gut ein halbes Jahr mag er alt gewesen sein. Die auch an Sonntagen unausweichliche Versorgung der Tiere war getan und er saß in Strampelhose auf unserem Bett. Auf der einen Seite von ihm saß Christine, auf der anderen ich. Aus der Küche drang Schlagermusik vom Sender NDR 1 in unser Schlafzimmer. Plötzlich hob und senkte er im Takt der Musik ein Bein und sagte dazu: „Blöbb, blöbb, blöbb, blöbb …" Mein Gott, wie hat mich diese kleine, friedliche Familienszene emotional bewegt. Sie tut es heute noch, wenn sie mir in den Sinn kommt.

Als die Familie mit Volker in die Kirche zum Taufgottesdienst war und der Junge leise zu quengeln begann, stand Vater auf, nahm ihn von Christines Schoß auf den Arm, verließ die Kirche und setzte sich mit ihm in den Käfer.

Nun sind beide längst über 50 Jahre alt. Wo sind die Jahre geblieben? Im Rückblick fuhren sie schnell dahin, als flögen sie davon!

Trotz friedlicher Familienszene kann es auch mal anders kommen. Jeden Morgen als Baby, wenn seine Mutter ihn in die Badewanne stecken wollte, begann er fürchterlich zu brüllen. Viele Morgen nervte mich das draußen im Stall. Da bin ich eines Morgens in die Badestube gelaufen, habe Christine zur Seite genommen und mir Volker übers Knie gelegt und ihm den nackten Hintern versohlt. Darüber, ob es richtig war, sind Leute sicher unterschiedlicher Meinung. Ich meinte, ein Exempel statuieren zu müssen. Schon dieser kleine Bursche war lernfähig. Nie wieder habe ich ihm die Ohren lang ziehen müssen.

Volker und Carsten: Ausritt auf einer Jährigen

Eines Tages forderten meine Jungs mich zu einem Fahrradwettrennen heraus. Der Schäferweg – knapp 400 m lang – sollte als Rennstrecke dienen. Vom Außendeich bis an die an unserem Hof vorbeiführende Kreisstraße. Sie mögen 12, 13 oder 14 Jahre alt gewesen sein. Zwar waren sie keine trainierten Vielfahrer – leider wurden sie zu Hause von einem Schulbus abgeholt –, aber sie hatten jüngere Lungen. Trotzdem ließ ich mich mit erheblichen Bedenken auf ihren Vorschlag ein. Gemächlich kijolten wir gemeinsam zum Start. Wegen meiner Stärke und meines größeren Gewichts konnte ich etwas rascher beschleunigen als sie und konnte einen winzigen Vorsprung mit äußerster Anstrengung bis zum Ziel knapp halten. Die Verlierer forderten, wie es ihr Recht ist, Revanche. Resümee: Ich hatte untrainiert alles gegeben, war auf dieser kurzen Strecke an die Grenze meiner Leistungsfähigkeit gegangen, war ausgepumpt und fertig. Sie wussten es und wollten meine geschwächte Konstitution nutzen – und auch *mir* war klar, dass ich ein erneutes Rennen nicht würde gewinnen können, und passte – zu ihrer Enttäuschung.

Bis Mitte der 1970er Jahre erfolgte die Stromversorgung unseres Hofes über einen in der Nordostecke unseres Gartens stehenden A-Mast und über einen Zwischenmast zu unserem Haus. – Inzwischen sind diese Leitungen in einem Erdkabel zusammengefasst. – Auf diesen Zwischenmast, etwa zehn Meter vom Haus entfernt, setzte sich in einem Sommer jeden Morgen gegen halb vier eine Schwarzdrossel und flötete ihre melodischen Lieder zwar schön, aber aufdringlich und schlafraubend. Auf Dauer wollte und konnte ich das nicht dulden. Eine Lösung musste also her. So habe ich abends das Gewehr gegen meinen Nachtschrank gelehnt und das Fenster einen Spalt offen gelassen. Es musste getan werden! Im Übrigen wurde nicht nur ich um den Schlaf gebracht. Wir hatten Lehrlinge und Kinder, ich hatte eine Frau. Als die Drossel mich am nächsten Morgen wachflötete, bin ich aufgestanden, habe bei erstem Büchsenlicht eine Patrone ins Lager geschoben, repetiert, entsichert, angelegt, gezielt und den Abzug gezogen. Dabei habe ich es nicht wirklich gerne getan. Zumal es kein weidmännischer Schuss war. Ich tat es eher aus einer Notsituation heraus, war aber doch zu einem Heckenschützen geworden und nicht stolz auf mich. Trotzdem will ich versuchen, mein Vorgehen zu rechtfertigen. Natürlich war es ein Schuss aus dem Hinterhalt gewesen. Es gibt Situationen, die kaum oder nur äußerst schwierig anders zu handhaben sind. Genau genommen wäre so jeder Schuss auf ein Stück Wild aus dem Ansitz hinaus einer aus dem Hinterhalt. Niemand, zumindest niemand aus der Jägerschaft, würde einen so handelnden Jäger einen Heckenschützen nennen.

Aber ich bin zu etwas noch Schlimmerem geworden. Mitunter kenne ich mich selbst nicht wieder. Ich komme mir vor, als schlügen zwei ambivalente Herzen in meiner Brust: Eines ist weich wie Butter. Ich sage gelegentlich – allerdings augenzwinkernd: „Genau genommen bin ik veel to week för disse Welt." Mein anderes ist hart wie Kruppstahl, als wenn da jemand einen Hebel umlegt. Und eine feinfühlige Stimme fragt mich dann: Was machst du hier bloß? Denn wenn ich weiß, dass eine Waffe greifbar ist, ist die Versuchung groß, sie zu nutzen. So, als ich eines Wintervormittags auf unserer Hausfenne in Schussnähe einen Fasanenhahn stehen sah. Ich bin ins Haus gelaufen, habe die Büchse geholt, geladen, gezielt und abgedrückt. Aber das war nicht unbeobachtet geblieben. Mein Nachbar Reimer hatte das Peitschen des Schusses gehört. Leider hat er den Mund nicht halten können und mein frevelhaftes Tun unter Bekannten ausgeplaudert. Zu meinem Glück war niemand unter ihnen, der

Anzeige erstattet hat. Das hätte Folgen haben können. Möglicherweise wäre das sogar ein Aufmacher für die hiesigen Printmedien gewesen. Schließlich hatte ich jagdbares Wild geschossen und war zu einem Wilderer geworden. Noch im gleichen Jahr habe ich mich zu einem Ausbildungskurs für die Jägerprüfung angemeldet, um mich mit den Jagdgesetzen auseinanderzusetzen.

In einem Dezember war ich eingeladen, als Treiber an einer Treibjagd auf Hasen teilzunehmen. Eine Aufgabe der Treiber ist es, Lärm zu machen, um die Hasen aus ihren Sassen zu stoßen.[21] Eine weitere, die toten Hasen zum Transportwagen zu tragen. Drittens, die Krankgeschossenen an den Hinterläufen aufzuheben und sie durch einen Schlag mit der Schmalseite der flachen Hand ins Genick rasch zu töten (abschlagen). So konnte auch ich diesem Kelch nicht entgehen. Ein krankgeschossenes Tier lief vor Todesangst kläglich und herzerweichend fiepend auf mich zu. Man weiß, dass man in so einem Moment das Ziel vieler Augen ist. Es nützte nichts, ich musste meiner Aufgabe gerecht werden. Natürlich ist es eine vernünftige Regelung, ein krankgeschossenes Stück Wild schnell zu erlösen. Aber als ich es dann selbst tun musste und dieses jämmerliche Fiepen hörte, zerriss es mir fast das Herz. Seither habe ich mich nie wieder als Treiber anheuern lassen. Auch als ich später den Jagdschein gemacht hatte, fielen mir immer irgendwelche vorgeschobenen Gründe ein, um nicht dabei zu sein. Mir waren diese Treibjagden auf Hasen zu unfair. Die Tiere hatten zu geringe Chancen zu entkommen.

Wenn ich schreibe, ich hätte den Hasen nur schweren Herzens getötet, so mag sich das widersprüchlich lesen, wenn ich andererseits erzähle, wie konsequent ich gegen Schädlinge, wie Vögel oder Ratten, vorgegangen bin. Es gibt Dinge im Leben eines Bauern, die *können* getan werden, und andere, die *müssen* getan werden. Zu Letzteren gehört es zwingend, Schädlinge vom Betrieb *fern-*, sie aber zumindest *kurz*zuhalten.

Unsere Tiere hielten wir teilweise im Laufstall. Diese Haltung hat den entscheidenden Nachteil, dass sie sich schwierig am Halfter führen lassen, weil sie es nicht von klein auf gelernt haben. Schon gegen das Aufsetzen der Halfter wehren sie sich. Als wir das schließlich bei einer zweijährigen Färse geschafft hatten und ich sie aus dem Stall führte, machte sie den Hals steif und begann immer schneller zu spurten. Nun bestimmte sie Richtung und Tempo. Ich konnte nur noch bremsen. Loslassen gibt es bei mir nicht. Nun rannte sie hart rechts an einem auf dem Hofplatz abgestellten Grubber vorbei, so dass ich, links von ihr laufend, über das Gerät musste. Noch heute ist es meiner Familie und den Lehrlingen ein Rätsel, wie ich dieses Akrobatenstück ohne Blessuren überstanden habe. Aber das Rennen ging bis in die offenstehende Einfahrt der zweihundert Meter vom Hof entfernt liegenden Weide weiter. Hier nun resignierte sie endlich, ebenso fertig wie ich, und stand da mit heraushängender Zunge und fliegenden Flanken. Mich quälten wegen dieses ungewöhnlich langen und harten Bremsmanövers tagelang Muskelkater in Oberschenkel und Waden.

Und noch eine Erinnerung aus den Anfängen meines gemeinsamen Lebens mit Christine will ich erzählen. Eines späten Abends, mitten im Sommer, trieben wir eine hochtragende Färse langsam von der Weide nach Hause und ich bemerkte, dass Christine Tränen über die Wangen liefen. Auf meine vorsichtige Frage, warum sie traurig sei, antwortete sie zu meiner Überraschung ganz einfach: „Ik freu mi.“ Dieses Erlebnis an diesem sagenhaft schönen, stillen Abend

Der Betrieb (Luftaufnahme)

hat mich emotional bis in die Tiefe meiner Seele berührt und mir erneut bewusst gemacht, wie wichtig sie für den Hof ist. Sie ist mit Leib und Seele eine tüchtige und interessierte Bauersfrau. Sie ist die Richtige auch für mich. Was will man mehr? Gibt es Schöneres, als sich so intensiv zu freuen, dass einem die Tränen über die Wangen laufen?

Wir wussten, dass die Färse in der kommenden Nacht kalben würde. Kein Bauer, jedenfalls, wenn er darum weiß und er es irgend möglich machen kann, überlässt sie dann ihrem Schicksal. Er beobachtet den Vorgang und greift, falls erforderlich, ein. Wir ließen den Wecker alle anderthalb Stunden klingeln und ich machte dann jeweils einen Kontrollgang in den Stall. Als es so weit war und der Geburtsvorgang begonnen hatte, begann ich ihn langsam zu unterstützen, spürte zuletzt jedoch, dass das Kalb mit den Hüften hängen blieb und ich es nicht würde alleine holen können. So rannte ich ins Treppenhaus und brüllte in den Flur: „Christine, kanns du chau mol kom'n, ik schaff dat ni alleen!“ Sie wusste, worum es ging und dass Eile geboten war, wenn ich so brüllte. So stand sie denn nur wenige Sekunden später splitterfasernackt im Mistgang und griff mit in die Geburtshelfertaue. So ist sie. Wenn Not am Mann ist, aber auch sonst, steht sie auf der Matte.

Aber das Jahr der Vorbereitung für ihre Meisterprüfung war enorm belastend gewesen, weil Haushalt und Betrieb weiterliefen. Für das Aneignen von theoretischem Wissen, das Addieren ellenlanger Zahlenkolonnen ohne Taschenrechner, für Schulungen und das Erstellen vieler maßstabsgerechter Skizzen blieben so nur Abende und Nächte. Als Christine nach gut bestandener Prüfung mit unserem Käfer aus Schleswig zurückkam, fiel sie mir völlig erschöpft, aufgelöst und weinend um den Hals. Die zusätzliche Belastung des letzten Jahres hatte tiefe Spuren an Nerven und Gemüt bei ihr hinterlassen. Se wer torecht mit Jack un Büx.

Rollkuren

An sich hatte ich vorgesehen, meine Jahrzehnte währenden gesundheitlichen Probleme nicht zu erwähnen. Weil sie jedoch unser Familienleben beträchtlich belastet haben – ich wurde rasch ungnädig und ungehalten –, sah Christine das anders. Sie meinte, ich solle darüber berichten. Schon im Vorschulalter begannen die Beschwerden. Ich bekam Magenschmerzen, spuckte häufig Blut und musste erbrechen. Kuriert wurde ich dann endlich mit Ende fünfzig. All die Jahre bis dahin habe ich Medikamente nehmen müssen. Sie kurierten die Beschwerden jedoch nicht, sondern milderten sie nur vorübergehend etwas. Vater hatte die Verursacher meiner Beschwerden, *Helicobacter Pylori*, vermutlich durch Tröpfcheninfektion auf mich übertragen. Kein Arzt wollte bis Ende der 1980er Jahre glauben, dass diese Bakterien im sauren Magenmilieu überleben können, bis ein australischer Wissenschaftler herausfand, dass dies sehr wohl der Fall ist. Er zeigte sogar einen Weg auf, sie abzutöten. Nachdem ich dies gelesen hatte, bin ich mit dieser neuen Erkenntnis umgehend zu meinem Hausarzt gegangen. Sofort spürte ich eine überhebliche Kälte und Ablehnung. *Hier war das Küken klüger als die Henne.* Das ging gar nicht. In meiner Verzweiflung habe ich ihn allerdings mit dem Vorschlag konfrontiert, dass ich nach Perth reisen würde, sollte er weiterhin untätig bleiben. Unter diesem Druck überwies er mich an einen Internisten, der mit der Therapie dieser Krankheit vertraut war. Kaum etwas war einfacher als diese Kur. Über zehn Tage verteilt nahm ich drei verschiedene Sorten Antibiotika ein und war kuriert.

Das Vertrauensverhältnis zwischen meinem Hausarzt und mir war danach erheblich gestört, zudem sah er immer noch auf mich herab. Er konnte nun ja auch nichts mehr an mir verdienen. Ich wechselte den Hausarzt, weil der alte mir jahrelang diese ihm bekannte Information verschwiegen und mir weiter mehr oder weniger unwirksame Medikamente verschrieben hatte. Am schlimmsten waren die Rollkuren. Das bedeutete, vierzehn Tage lang eine halbe Stunde vor dem üblichen Wecken aufzustehen – ein leerer Magen war Voraussetzung –, eine Tasse Wasser zu erwärmen, das Medikament darin aufzulösen, einzunehmen und sich fünf Minuten auf jede Seite zu legen.

Vater hatte die gleichen Probleme gehabt. Schon im Alter von einundzwanzig Jahren soll er, Böses ahnend, geäußert haben: „Ik kreper irgendwann an Magenkrebs." So ist es dann auch gekommen. Mit sechsundfünfzig war es so weit.

Die Bakterien reizen die Magenschleimhaut so lange, bis sich ein bösartiges Karzinom entwickelt. Bevor er ins Krankenhaus fuhr, sagte er: „Wenn ik nu in't Krankenhuus gah, koom ick nich wa, jedenfalls nich lebendi."

Gut in Erinnerung geblieben ist mir in diesem Zusammenhang ein Tag, an dem Vater und ich bei Onkel Oha bis spät in den Abend hinein beim Dreschen geholfen hatten. Hungrig setzten wir uns an den reichlich mit leichter und schwerer Kost gedeckten Tisch. Ich entschied mich für Bratkartoffeln und Rührei. Nachdem ich fast satt war, wurde mir übel und ich rannte hinaus. Alle ahnten, dass ich mich übergeben musste. Als ich wieder reinkam, war eine hitzige Diskussion in Gang. Ich bekam mit, wie Onkel Oha mit dem Zeigefinger auf verschiedene leichte Speisen wie Obst und Gemüse wies und dabei laut sagte: „Dat schall he eten, dat schall he eten, dat schall he eten!" (Das soll er essen!) Ja, ja, ich wusste auch, dass ich leichtsinnig gewesen war.

Meine Familie bestätigte mir, dass ich nach dieser Kur doch etwas ruhiger, ausgeglichener und gelassener geworden sei. Nun, nachdem eine Reihe von Jahren vergangen ist und ich diese Zeilen schreibe, spüre ich ein merkwürdiges Gefühl in der Herzgegend. So, als würde das Herz schmerzen und größer werden. Meine Sorge ist, dass ich Christine gegenüber vieles verkehrt gemacht haben könnte. Schmerzen gehen an Nerven und Gemüt. Sicher habe ich sie durch meine gelegentlich schroffe Art häufig verletzt, ohne es selbst bemerkt zu haben. Dafür möchte ich mich bei ihr entschuldigen.

In Rente

Herr Baumann und meine Trompete

Als Christine und ich 1991 in Rente gingen, waren wir beide aufgrund der jahrelangen Maloche körperlich am Ende. Mutter war schockiert, als sie von unseren Plänen erfuhr, dass wir den Hof verkaufen wollten. „Dat köt jem nich moken, so hett Vadder sik dat nich vörstellt." (Das könnt ihr nicht machen. Das wäre nicht in Vaters Sinn.) Natürlich hatten wir Verständnis für sie und ihre Sicht der Dinge. Schließlich gehörte sie der Pioniergeneration an, die den Hof von Anfang an mit aufgebaut hatte. Aber wir wussten, dass wir es tun mussten, wenn wir uns vom Betrieb gesundheitlich nicht ganz aufreiben lassen wollten. Auch für uns war diese Entscheidung – es war ein schwerer Schritt – keine einfache gewesen. Es war ein über einen längeren Zeitraum gereifter Prozess. Und so verkauften wir den Hof mit allem Drum und Dran, bis auf den Haushalt und zwei Anhänger voll Brennholz.

Nun hatte ich mehr Freizeit und begann mich dafür zu interessieren, selbst Musik zu machen. Blasmusik, vor allem die Trompete, hatte ich schon immer gerne gehört und wollte es nun selbst versuchen. Zum ersten Mal hatte ich Klänge aus einem Einzelinstrument im Sommer 1945 bewusst wahrgenommen, als Soldaten auf unserem Hof einquartiert waren. Einer dieser Männer hatte ein Instrument organisiert und lief täglich einige Hundert Meter in unsere Kornfelder und spielte auf einer Trompete für meine Ohren herrlich klingende melancholische Melodien.

So meldete ich mich bei Diakon Klaus Baumann in Koldenbüttel zum Unterricht an. In den folgenden Wochen und

Monaten unterwies er mich, wie man einer Trompete Töne entlockt. Das war in meinem Alter nicht einfach. Auch Notenlesen musste noch gelernt werden. Noch heute habe ich große Achtung vor seiner Kompetenz und seiner Geduld mit mir. Er mag sich manches Mal über mich geärgert haben, nie jedoch ließ er es mich spüren. Nach einiger Zeit des Übens und nachdem ich halbwegs sicher war, unterstützte ich den Koldenbüttler Posaunenchor.

Christine war Mitglied im Posaunenchor Osterhever. Wenn Chöre zu schwach besetzt sind, wird Unterstützung von Mitgliedern anderer Chöre erbeten. Da Christine ohnehin wöchentlich nach Osterhever fuhr, wurde ich später auch Mitglied dieses Chores. Ich bin aber nicht wirklich musikalisch, und nur mit viel Fleiß und konsequentem Üben konnte ich dem Instrument bald halbwegs passable Töne entlocken. Trotzdem blieb ich ein unsicherer Kandidat, wenn die zu spielenden Stücke kompliziert waren. Zu Klaus sagte ich: „Wenn die Noten zu kraus sind, zu viele Viertel-,

Lagebesprechung

zu viele Achtelnoten flott gespielt werden müssen, dann bin ich schnell weg vom Fenster." Gefreut habe ich mich über seine Entgegnung. „Nee, nee, Christian, stell dien Licht man nich immer ünner'n Scheffel, du biss unse groote Stütze." So ein Kommentar vom Chorleiter baut einen doch etwas auf. – Damals begann für mich eine wunderbare Zeit, vielleicht die erfüllteste in meinem Leben, an die ich gerne zurückdenke. Vor allem die Übungsabende mit *ihm* haben mir kaum zu beschreibenden Spaß gemacht. Es war eine Freude, mit ihm zusammenzuarbeiten.

Diakon Baumann war äußerst rührig und großzügig und organisierte unter anderem Reisen nach Frankreich und Spanien, um dort evangelische Christen kennen zu lernen und gemeinsam mit ihnen zu musizieren. Klaus organisierte zudem jeden Sommer ein öffentliches Parkfest mit vielen Spielen und Musik im Pastoratsgarten. Außerdem lud er die Chormitglieder und interessierte Dorfbewohner einmal im Jahr zu einem ausgedehnten Essen ein. Bei einem dieser Festmahle gab es unter anderem Avocados. Man stelle sich das vor, eine Frucht, die ich mit 57 Jahren zum ersten Mal zu sehen bekam. Anderen älteren Gästen ging es ebenso. Wir wussten nichts mit ihr anzufangen. Sie war fast geschmacklos. Aber was für ein Genuss eine reife, mit etwas Salz bestreute Avocado ist, lernten wir dann doch noch an diesem Abend.

An einem ähnlichen Sommerabend saßen wir nach einem Ständcheneinsatz in bunter Runde und tranken Kaffee und aßen Kuchen, tratschten und redeten. Lauter mir bekannte Bläser aus unserem Chor und einige Fremde aus auswärtigen Chören. Links neben mir saß Christine, rechts eine mir nicht bekannte Frau, vielleicht dreißig Jahre alt. Da spürte ich unversehens, wie sich eine kleine Hand meiner Platz-

Der Posaunenchor abends im Einsatz

nachbarin unter meinen Pullover schob und begann, meinen Rücken zu streicheln. Niemand, nicht einmal Christine, bemerkte etwas. Ich verspürte eine unbändige Lust, meinen Arm um sie zu legen und sie zu mir herüber zu ziehen. Mir schien das jedoch nicht opportun: Es gab zu viele Zuschauer. Ein bisschen gebummsfidelt fühlte ich mich schon und fand es bedauerlich, dass so herrliche Erlebnisse im Sande verlaufen.

Ich kann und sollte es auch nicht lassen. Wenn ich schon mein Leben, wenn auch mit einigen Lücken, Revue passieren lasse, so soll doch die folgende Story nicht fehlen: Die Familie unseres Volkers wohnt im Altenteil meiner Eltern. Susanne, Volker und die beiden Kinder sind zwischen Mai bis Mitte Juli geboren, deswegen bin ich nicht mehr sicher, zu wessen Geburtstag wir eingeladen worden waren. Mit etwa zehn oder zwölf Leuten, einschließlich der Gastgeber, saßen wir in der Dämmerung draußen am runden Tisch. Neben mir platzierte sich die frisch verheiratete Y. und trank Bier aus der Flasche. Es dauerte nicht lange, da hob sie ihre Hand, legte sie auf meinen Hemdkragen und begann, meine Nackenhaare zu kraulen. Wenn die Bierflasche leer war, lief sie in den Schuppen, holte eine neue und setzte das Kraulen fort. Was sollte ich machen? Für mich war die Situation heikel. Sollte ich sie wie ein lästiges Insekt abschütteln? Unmöglich für mich. Für mich war es ein Gebot der Höflichkeit, sie gewähren zu lassen. Ich, neben der soeben verheirateten, schäkernden Y., saß in einer Zwickmühle. Vor uns die grinsenden, sich amüsierenden Gäste, die den Vorfall längst bemerkt hatten. Ich als alter Bauer? Ohne psychologische Kenntnisse sitze und zerbreche mir mein Hirn und frage mich, ohne zu einem Ergebnis zu kommen: Was geht in den Hirnen dieser jungen Frauen vor?

Y. blieb nur ganz kurz verheiratet. Ich hoffe, nicht wegen unseres Verhaltens an diesem Abend.

Nur zögernd und schweren Herzens musste ich akzeptieren, dass meine Lippen mit Ende sechzig dem Anspruch dieses Instruments nicht mehr gewachsen waren. Ich wollte es nicht wahr haben. Immer wieder habe ich es hervorgeholt und verzweifelt versucht, ein bisschen Laienmusik zu machen. Als gestandener Mann von etwa siebzig Jahren habe ich in dieser Zeit vor Wehmut so manche Träne vergossen. Zu schaffen machte mir außerdem, dass es Chormitglieder gab, die mir meine Gründe für das Aufhören nicht abnehmen wollten. Sie vermuteten, dass ich zur Chorarbeit keine Lust mehr hatte. Sie hatten nicht begriffen oder wollten es nicht begreifen, wie mir die Musik und die Gemeinschaft mit ihnen fehlten.

Was man so alles erlebt …

Es wird wohl Mitte bis Ende der 1990er Jahre gewesen sein, als Christine und ich beschlossen, uns zum Silvesterball in Ahrenshöft anzumelden. Uns wurde dort ein Platz an einem langen Tisch mit sieben oder acht uns fremden Paaren zugewiesen. Es wurde ein sehr lustiger Abend, an dem natürlich viel Unfug erzählt wurde. Ein Mann gab beispielsweise preis, dass er es nicht riskieren dürfe, wirklich herzlich lachen, da sonst Gefahr bestünde, dass ihm die Zähne rausfielen.

Wie es sich gehört und wie ich es gelernt hatte, tanzte ich zuerst mit Christine und dann der Reihe nach mit den anderen Frauen an unserem Tisch. Eine außergewöhnlich schmucke, attraktive Frau war darunter. Schon zu Beginn hatte ich gespürt, dass sie schweren Ärger mit ihrem Mann hatte oder er mit ihr. Als ich sie um einen Tanz bat, lachte sie mich offen und zugewandt an und überraschte mich, als ich meinen rechten Arm um sie legte. Anstatt wie normalerweise üblich ihre rechte Hand auf meine linke Schulter zu legen, verschränkte sie ihre beiden Arme hinter meinem Nacken. Nun fehlte mir für meine linke Hand ihre Rechte, so dass ich beide Arme um sie legen musste. Für mich war diese Geste von einer mir fremden Frau ungewöhnlich, weil ich sie bisher nur bei mir bekannten Frauen erlebt hatte. Aber es war ein schönes Gefühl. Ich fühlte mich von ihr angenommen. Zudem war sie eine hervorragende Tänzerin, sag ich einfach mal so als Laie. Jedenfalls kam ich wunderbar mit ihr klar.

Aber damit war mein Erlebnis noch nicht zu Ende. Ich erinnere mich nach den vergangenen Jahren nicht mehr daran, worüber wir uns unterhielten, als sie mir noch näher kam und das Thema wechselte: „Du Chrüschon", flüsterte sie, „wenn du mi f… wullt, muss du mi eers küssen." Nachdem mir ihre direkte Art zunächst die Sprache verschlagen hatte, antwortete ich: „Dat heff ik over ni sech, dat ik dat wull." („Das habe ich aber nicht gesagt, dass ich das möchte.") Mehr fiel mir nicht ein. Sie hatte mich sprachlos gemacht. Später habe ich oft darüber nachgedacht, ob ich sie mit meiner passiven Reaktion enttäuscht haben könnte. Meine Antwort für mich selbst: vielleicht? Vielleicht auch nicht. Möglicherweise? Ich weiß es nicht!

Überhöhtes Tempo

Von all den Stürzen mit verschiedenen Fahrrädern, die ich seit Eintritt ins Rentnerleben überstanden habe, möchte ich als kleine Auswahl von drei spektakulären erzählen. Der am weitesten zurückliegende Sturz mag sich vor zwanzig Jahren zugetragen haben. Ich werde um die sechzig Jahre alt gewesen sein. Er lief, im Gegensatz zu vielen anderen Stürzen, nicht glimpflich ab.

Wir waren mit dem Auto irgendwo in Süddeutschland unterwegs. Wie immer bei solchen Touren hatten wir die Räder dabei. Ich hatte mir auf einer Anhöhe ein interessantes Gebäude angesehen. Auf der Rücktour ging es äußerst steil bergab. Ich ließ meinem Rad die Zügel locker und fuhr mit hohem Tempo auf eine Kurve zu und merkte zu spät, dass ich sie so nicht schaffen würde. Bremsen würde nicht ausreichen. So musste ich blitzschnell entscheiden. Entweder ich musste mich so stark in die Kurve legen, dass die Räder wahrscheinlich weggleiten würden, oder ich musste gegen die Bürgersteigkante steuern. Ich entschied mich für die zweite Möglichkeit, stürzte auf den grandigen Bürgersteig, überschlug mich und drehte mich dabei weiter um mich selbst. Schließlich landete ich auf einer Grünfläche. Knochen und Rad waren zwar wie durch ein Wunder heil geblieben. Aber ansonsten, ohauahauaha! Die eine Gesichtshälfte aufgeschürft und dick angeschwollen, das Kinn verschrammt, ein Auge wurde wie nach einer verloren gegangenen Schlägerei über Nacht veilchenblau, ein Knie war doppelt so dick wie das andere geworden. Wir hatten uns in einer Jugendherberge eingemietet und ich alter Mann musste am nächsten Morgen so lädiert und hinkend zum Frühstück in die Höhle des Löwen. Ich schämte mich fürchterlich. Die meisten Jugendlichen glotzten, als käme ich vom Mars. Es gab viel Getuschel, aber keine Fragen, so dass ich niemandem gegenüber Rechenschaft ablegen musste.

Dass es, wenn ein Schutzengel zugegen ist, auch anders geht, sei nachfolgend erzählt. Vor etwa zehn Jahren hatten wir uns zum *Inselhüpfen* in Kroatien angemeldet. Das heißt, auf Rädern über die hügeligen Inseln und von Insel zu Insel mittels Schiff. Auf einer sehr gut ausgebauten Teerstraße hatten wir einen Pass überwunden und fuhren nun auf einer langen Gefällstrecke und legten entsprechend Tempo zu. An allen gemieteten Rädern gab es am Rahmen Halter für Flaschen. Ich hatte gelernt, dass viel trinken, besonders nach Anstrengungen, wichtig sein soll. Mit meiner Linken holte ich die Flasche hoch, führte sie zum Lenker und öffnete mit der Rechten nach links übergreifend den Verschluss, den ich im gleichen Moment verlor. Instinktiv bremste ich mit der Rechten stark ab. Das Gewicht meines Oberkörpers übertrug sich durch das abrupte Bremsen über meinen Arm auf den Lenker und schob ihn so ruckartig nach vorne und das Vorderrad hart nach links. Bei dem hohen Tempo überschlug sich das Fahrrad und ich flog darüber hinweg. Es mag unglaublich klingen, aber ich landete auf den Füßen! Ich hatte keine Schramme abbekommen! Susanne, eine junge Schweizerin, die neben mir fuhr und das Ganze mit angesehen hatte, meinte: „Du bist aufgekommen wie ein Artist,

Christian." Das Rad war dieser harten Belastung denn doch nicht ganz gewachsen gewesen. Das Hinterrad war verbogen und lies sich erst, nachdem die Bremse ausgehakt worden war, drehen. Ich musste ab nun mit mehr Verstand und Überlegung fahren. Wegen des selbst verschuldeten Unfalls, der so glimpflich abgelaufen war, habe ich die Kosten für die Reparatur gerne übernommen.

Das dritte, ähnlich gelagerte Malheur mag um die vier oder fünf Jahre zurückliegen, also war ich 76 oder 77 Jahre alt. Ich war zu einem abendlichen Treffen in die alte Simonsberger Meierei eingeladen worden. – Alle im Dorf anberaumten Termine erledige ich mit dem Rad. – Ich fuhr auf der Dorfstraße, die auf dem alten eingeebneten Außendeich gebaut ist, und fuhr bei der Bäckerei das Ack[22] hinunter auf den Nebenweg. Nicht nur unangepasste Geschwindigkeit war Ursache dieses Sturzes. Der schwache Lichtstrahl meiner dynamobetriebenen Fahrradlampe reichte bei meinem Tempo nicht weit genug. Ich wusste, dass der Nebenweg hier eine Kurve macht, und steuerte schon mal auf Verdacht leicht hinein, allerdings zu früh, und fuhr genau gegen den Streugutbehälter aus Kunststoff, der dort stand. Beide, das Rad und ich, flogen über den Behälter und ich hatte wieder das unwahrscheinliche Glück, mit den Füßen aufzukommen. Während das Vorderrad heil blieb und einen schmalen Riss in den Behälter brach, wurde die Gabel durch den Aufprall bis zum Rahmen zurückgebogen. Fahren war nun nicht mehr möglich. Mein Schaden bestand darin, dass ich nun weiter zu Fuß gehen musste, zudem brauchte das Fahrrad eine neue Gabel. Außerdem hatte ich ein winziges, kaum sichtbares gräuliches Fleckchen an der linken Manschette meines Oberhemdes, das allerdings nach all den Jahren und vielen Waschgängen noch heute hartnäckig sichtbar ist.

Bei allen Unfällen bin ich mit hohem Tempo gefahren und bei allen dreien hätte ich mir Knochen, ich denke sogar das Genick brechen oder zumindest eine Gehirnerschütterung zuziehen können. Ja, dieser Schutzengel. Ein bisschen Aberglaube kann vielleicht doch nicht schaden.

Die Cops

Als ich im vorigen Jahr abends im Dunkeln in Husum mit dem Auto unterwegs war und Radiomusik hörte, setzte sich plötzlich ein VW-Bus, voll besetzt mit Polizisten, neben mich. Der Beifahrer hielt eine Haltekelle aus dem Fenster. Als sich beide Autos auf gleicher Höhe befanden, stoppten wir. Während ich die Fensterscheibe runterließ, brüllte der inzwischen ausgestiegene Beifahrer: „Merken Sie denn nicht, dass wir die ganze Zeit versuchen, Sie anzuhalten!?“

„Nein, das habe ich nicht bemerkt.“

„Schlafen Sie denn beim Autofahren?“

„Nein, das ist mir denn doch ein bisschen zu riskant.“

„Wissen Sie, was Sie gemacht haben?“

„Nein, keine Ahnung.“

„Sie sind gegen die Fahrtrichtung in eine Einbahnstraße gefahren!“

„Dann habe ich wohl im Dunklen das Einfahrtverbotsschild nicht gesehen.“

Dann brüllte der Fahrer durch die offen stehende Beifahrertür: „Hat er gesoffen?“

„Nein, hat er nicht!“, rief der mich kontrollierende Polizist.

„Dann lass ihn laufen!“, der Fahrer darauf.

So kann man unverhofft durch eine kleine Unachtsamkeit in eine Kontrolle geraten. Ein beruhigendes, fast ein be-

Das hoch angebrachte Einfahrtverbotsschild.
Im Hintergrund das Nissenhaus

freiendes Gefühl ist es dann, keine *Fahne* zu haben. Einige Wochen darauf habe ich das Einfahrtsverbotsschild gesucht und einen Zollstock angelegt. Es ist genau vier Meter und fünf Zentimeter über Straßenniveau an einer Peitschenlaterne angebracht. Bei Dunkelheit und Abblendlicht ist es nicht zu erkennen. Man muss wissen, dass sich dort eines befindet.

Aber mitunter hat man auch ganz einfach Glück. Als ich eines Nachts nach einem Lottoabend von Bredstedt nach Hause fuhr, stoppte mich in Husum am Hafen die Polizei. Ich ließ die Scheibe runter und hörte, wie ein Polizist sagte: „Allgemeine Verkehrskontrolle, Ihre Papiere bitte." Weil sie so gut schmeckten, hatte ich es riskiert, mir zwei *Tote Tanten* zu gönnen, die zusammen, in einer reellen Kneipe jedenfalls, immerhin 40 cm^3 Rum enthalten sollen. Der Polizist hat es anscheinend nicht bemerkt. Oder war er nicht ganz sicher? Ich weiß es nicht. Jedenfalls, nachdem er mir die kontrollierten Papiere zurückgereicht hatte, fragte er, ob ich Alkohol getrunken hätte. Meine Antwort darauf: „Als Kraftfahrer meide ich Alkohol." Dabei hatte ich aber kein wirklich gutes Gefühl. Daraufhin wünschte mir der Polizist: „Dann gute Fahrt."

Bei dieser Kontrolle machte mich sehr nachdenklich, dass die Kollegin des Polizisten, um keine Schussfläche zu bieten, mit einer Hand auf dem Pistolengriff seitlich zurückgestellt stehen blieb. Ich hielt das für überzogen; denn schließlich bin ich kein potenzieller Polizistenkiller mit entsichertem Colt auf dem Nebensitz. Aber hier war es ihre Aufgabe, ihren Kollegen zu sichern. Dass Polizisten sich hier in Deutschland bei einer routinemäßigen Kontrolle derart sichern müssen, ließ mich ihre Verunsicherung und das Gefahrenpotenzial, das ihr Beruf mit sich bringt, erahnen. Es erinnerte mich daran, dass bei derartigen Kontrollen in den letzten Jahren eine Reihe Polizisten ums Leben gekommen waren.

„Alter ist ein herrlich Ding …
… wenn man nicht verlernt hat,
was anfangen heißt."
… denn Zeit vergeht von selbst.
(Martin Buber, 1878–1965)

So weit Auszüge aus meinem Leben. Dabei kommt mir unvermittelt ein Schlager, den Freddi Quinn in den 1970ern interpretierte, in den Sinn: *Cigarettes and Whisky and Cheerio. Im Leben geht es mal so und mal so.* Genau so ist es. Was habe ich aus meinem Leben gemacht? Habe ich es ausgeschöpft? Bis zur vollen Neige war das nicht möglich, weil zu viele Widrigkeiten zu umschiffen waren, es zu voll von Problemen war, die der Lösung bedurften. Und es wartete zu viel Arbeit, die getan werden musste. Ich denke, ein Leben in Schlichtheit und Bescheidenheit gelebt zu haben. Längst nicht jeden Tag hat mir die Sonne geschienen. Wirklich umarmen mochte ich die Welt ganz selten.

In meinen Grundschuljahren mussten wir zu jedem Geburtstag einer Schülerin oder eines Schülers als Ständchen das Lied singen: „Ich freue mich, dass ich geboren bin, ich habe Geburtstag heut" … Nie habe ich es mit Inbrunst oder Überzeugung gesungen. Jedes Mal dachte ich, was wäre mir alles erspart geblieben – „das Leben ist eines der schwersten", hörten wir gelegentlich aus dem Munde unseres Lehrers Herrn Geick –, wenn ich gar nicht erst geboren worden wäre. Quintessenz: Ich wäre nicht gewesen, hätte also somit nicht bemerkt, dass ich eventuell etwas versäumen würde.

Allerdings steht es nun so um mich: Wenn ich mit 81 Jahren noch lebe, einigermaßen zufrieden bin und lieber noch nicht auf die letzte ganz große Reise gehen möchte, gestehe ich indirekt, dass ich noch am Leben hänge und trotz vieler Widrigkeiten eine ganz große Menge Dusel gehabt habe. Das Leben mag schwer sein. Bisweilen ist es schön.

Schlussbetrachtung – ein Wort zum Dank

In keinem Buch, selbst dem besten, kann jede Frau oder jeder Mann auf jeder Seite etwas Interessantes, Erquickendes oder Lehrreiches finden. In jedem Buch gibt es Aufs und Abs, je nach Interessenlage der Leseklientel.

Wer nun dieses Buch Seite für Seite gelesen hat, wird mich möglicherweise besser beurteilen und einschätzen können als ich mich selbst. Wiederholt habe ich meine vielen Schwächen, Unzulänglichkeiten und meine ungezählten Fehlentscheidungen schonungslos dargelegt – dagegen kaum Qualitäten aufzeichnen können – ich habe quasi die Hosen runtergelassen.

Es soll eine kritische Abrechnung mit mir selbst sein. Alles, was ich erzähle, habe ich bis auf ganz kleine Nuancen, bei denen mein Langzeitgedächtnis vielleicht denn doch nicht die allerletzten Feinheiten herausschälen konnte, tatsächlich so erlebt. Alles gebe ich nur aus meiner eigenen Sicht wieder. Alles stelle ich so dar, wie ich es in Erinnerung habe. Ich habe versucht, der Gefahr zu widerstehen, die Vergangenheit zu idealisieren, habe auf jede sentimentale Verklärung verzichtet. Jeder einzelne Dialog ist entsprechend meiner Erinnerung die bestmögliche Annäherung an die Form, in der er tatsächlich stattgefunden hat.

Bei einigen involvierten Personen habe ich die Namen weggelassen. Vieles konnte nicht geschrieben werden, weil Involvierte, deren Kinder oder Angehörige sich kompromittiert fühlen könnten. Wenn ich frei schreiben könnte, könnte ich sicher noch ein Büchlein füllen. Dann allerdings würde es nicht ausreichen, nur die Hosen herunterzulassen, dann müsste ich auch die Unterhosen ausziehen!

Für das Entstehen des Buches habe ich nur ganz wenigen Menschen zu danken. So ist es mir eine Herzensangelegenheit, meinem Sohn Volker dafür zu danken, dass er meine unzureichenden PC-Kenntnisse meistens ergänzen konnte. Das Verständnis und die Hilfe, die ich bei schwerwiegenderen Problemen mit der Software, dem Textverarbeitungsprogramm und dem Korrekturlesen bei meiner Schwägerin Brodine Petersen fand, waren unschätzbare Beiträge. Herzlichen Dank an diese Spezialisten.

Aber am allermeisten bedanke ich mich bei meiner wundervollen Frau Christine, die nach anfangs eher zögerlicher Mithilfe mich dann in den zweieinhalb Jahren der Arbeit an diesem Buch, mit ihren Möglichkeiten, bedingungslos unterstützte.

Endnoten

1 Nutzung von Grasland als Viehweide
2 In Deutschland in der Alltagssprache noch gebräuchliche Gewichtseinheit. Ein Pfund entspricht 500 g.
3 Ehemals in den deutschen Marschgebieten gebräuchliches Flächenmaß, 1 Demat entspricht in Eiderstedt 5000 m^2.
4 Pflug zum Umbrechen von Grünland
5 „Chrisjan“ – „Omma“: So sprach Lehrer Geick den Namen des Autors und seiner Oma aus.
6 In der NSDAP-Ära verordnetes Haushaltspflichtjahr für Mädchen
7 So sprach Pavel „Suppe“ aus.
8 So betonte G. Kuczera das Wort „Hunger“, wenn er Hunger leiden musste.
9 Gemeint ist hier rein, unvermischt
10 Grude (Koks) bezeichnet Koksrückstände, die bei der Braunkohlen-Schwelerei für die Paraffin- und Mineralfabrikation entstehen. Die Grude bleibt nach Abtrieb des Teers in den Retorten oder Schwelöfen zurück. Der Grudekoks ist schwarz pulverig, leicht entzündlich, brennt langsam, ruhig glimmend und eignet sich daher zur Erzielung einer milden gleichmäßigen Hitze.
11 Stöpe ist ein verschließbarer Durchlass für einen Verkehrsweg durch einen Deichkörper. Zweite Deichlinie
12 Weidmannsprachlich für Neuschnee
13 Weidmannsprachlich für Schwanz
14 So sprach Lehrer Geick das Wort „Herrn“ aus.
15 So sprach Lehrer Geick das Wort „warne“ aus.
16 Für „Maurer“ (Dialekt des Siegfried Lehmann)

17 „Lehmann Siegga seine Mutter hat den Kragen abgeschnitten.“ Dialekt des Siegfried Lehmann

18 Bezeichnung für eine grasbewachsene, vorübergehend ackerbaulich ungenutzte Fläche bzw. Brache im Rahmen der Feldgraswirtschaft. Teilweise wurde der Begriff auch für grasbestandene, beweidete Flächen im Allgemeinen verwendet. Dreeschwirtschaft ist eine extensive Form der landwirtschaftlichen Bodennutzung.

19 Flächenmaß im Holsteinischen: eine Tonne = 5000 m^2

20 So sprach Nachbar Ernst den Namen des Autors aus.

21 Weidmännisch – aus der Sasse treiben

22 Schräge Auf- und Abfahrt an Deichen

Über den Autor

Peter Christian Mahrt wurde 1935 in Dresdorf geboren, besuchte von 1942 bis 1952 die Volksschule in Osterhever. Im Norder-Hever-Koog lag dann auch der Schwerpunkt seiner beruflichen Tätigkeit als Landwirt; diesen Beruf übte er aktiv von 1952 bis 1991 aus.

Christian Mahrt ist verheiratet und hat zwei Kindern. Heute lebt er in Simonberg bei Husum.